忽必烈的
终极密码 下

柯胜雨 著

辽宁人民出版社

第七章 一统中华

一、大将伯颜南征

博多湾的飓风无情地粉碎了忽必烈彻底征服远东的雄心壮志，但是攻宋战争却一帆风顺，元军以摧枯拉朽之势横扫长江两岸，如同一把无比锐利的刀刃，直插向南宋的心脏临安城。

忻都、洪茶丘等垂头丧气地离开九州岛之后两天，十月二十三日，伯颜、阿术从襄阳、鄂州南下，兵临江、汉的要塞沙洋堡。沙洋堡地处汉江中游西岸，为唐朝名将尉迟敬德所筑，北可达襄阳，东可抵汉阳、鄂州，西可通川蜀，历来是兵家必争之地。

伯颜牢记忽必烈的教诲，要做大元帝国的第二个曹彬，所以在进攻之前先派断事官杨仁风前去招降，沙洋堡守将王虎臣、王大用，外号串楼王、构索王，对此一笑置之。伯颜又派宋军俘虏拿着黄榜和檄文入城劝降，王虎臣、王大用干脆砍了降俘的脑袋，把黄榜和檄文烧成一把灰。

最后，大元帝国的当朝宰相——参知政事吕文焕亲自出马，他曾经是王虎臣、王大用的顶头上司。可是吕文焕在沙洋堡下喊破了喉咙，王虎臣、王大用就是不露面。

敬酒不吃吃罚酒，伯颜绝望了，只好下令强攻。新军万户忙兀台架起十二座威力巨大的回回炮，朝着沙洋堡猛轰一阵。蒙古札剌儿大将唆都之子百家奴在回回炮的掩护之下，率先攻破东南角，缴获了一大堆宋军的战旗、弓箭、盔甲。管军总把巩信带领一支五十人的敢死队，趁机焚烧城寨，宋军大乱。战至傍晚，忽然又刮起北风。炮水手元帅张荣顺着风向，用抛石机向城里发射金汁炮——高温熔化后的铁水，烫得宋军血肉模糊。风助火势，沙洋堡陷入一片火海，烟焰冲天。元军一哄而上，终于攻陷沙洋堡，除了王虎臣、王大用之外，其余的军士全部惨遭屠戮。

沙洋堡以南五里的新城守将是南宋京湖制置帐前都统边居谊，他是李庭芝老部下，屡立战功，善于治军，由是深得人心。

十月二十四日，吕文焕在新城下绕了一圈，令他不屑一顾，拿下这么一个鼻屎大的小城只需心理战术，吓唬吓唬，边居谊就会乖乖地投降。于是吕文焕砍下沙洋堡宋军的脑袋，堆积在城下，将王虎臣、王大用五花大绑，逼他们喊话："边都统，快快投降吧！要不然大祸临头了。"

但是吕文焕的心理战术收效甚微，无论怎么闹，边居谊就是待在家里不出来。

第二天，吕文焕故技重演，又把王虎臣、王大用推到城下，高声叫嚷，吵得宋军都睡不着觉。边居谊再也坐不住了，回话说："叫吕文焕上来，我要跟他聊几句！"

吕文焕以为边居谊要向他投降，登时手舞足蹈，骑着战马来到城下。孰料吕文焕是和尚看花轿——一场空欢喜，正要亲切地呼唤边都统，蓦地城头上乱箭齐射，正中他的右臂和胯下战马，把吕文焕摔个四脚朝天。还没有等他爬起来，城头上又伸出了冷森森的铁钩，吓得吕文焕魂不附体，多亏了部下死命地拉，这才逃过一劫。

招降不成反受辱，吕文焕暴跳如雷，立即下令攻城。可是元军一冲到城下，宋军的火器烧得他们连滚带爬而走。围攻了两三天，城中军心动摇。

二十六日，守将总制黄顺攀绳子跑下来投降。伯颜大喜，让他回去招降。黄顺的旧部准备抛下绳子逃走，被边居谊一个个截杀。二十七日，副总制任宁又出城投降。宋军的士气降落到冰点，此时不攻，更待何时？伯颜立即下令总攻。

元军总管李庭突破新城外堡，后续部队像蚂蚁般爬满了城墙。边居谊散尽家财，悬赏杀敌。宋军浴血奋战到傍晚，终因寡不敌众，新城沦陷。边居谊决心以身殉城，临死之前赋诗一首："孤城高倚汉江秋，血战三年死未休。铁石肝肠忠义胆，精灵常向岘山留。"

赋诗之后，边居谊从容拔剑自刎，未死，又跳进火堆自焚而死。城中群龙无首，三千宋兵各自为战，无一人投降，最后全部壮烈牺牲。边居谊的家人宁死不屈，也在熊熊烈火之中光荣牺牲了。

边居谊的英雄气概令伯颜折服，居然拿出私房钱把边居谊的尸体买回来仔细端详。王虎臣、王大用由于失去了利用价值而惨遭杀害。

拿下沙洋堡、新城之后，元军兵锋向东。十一月十三日，进逼复州（今湖北景陵），宋将安抚使翟贵投降。二十三日，至汉口西边的蔡店。二十四日，进驻竺台寺。二十五日，伯颜乘船亲自去汉口勘察地形。

汉口与对岸的鄂州，是南宋长江中游防线两个最重要的据点。只要夺取了汉口、鄂州，通往临安的大门豁然洞开。宋军在此布下重兵，淮西制置使夏贵率战舰万艘，分守江面上的各个要塞。直秘阁湖北提举张晏然守鄂州。权知军王仪守汉阳。都统制王达率部八千，扼住汉口下游四十里处的咽喉——阳逻堡。京湖宣抚使朱禩孙率领一支舰队驻防江陵，负责机动巡逻。三路宋军形成全方位立体式的江防体系，元军要想从正面突破，简直比登天还难。

阿术的部将马福指出一条迂回之路：把战船开到汉口西北的沦河，经西湖、后湖、武湖，可在阳逻堡西边、江汉汇流处——沙芜口进入长江。

伯颜摊开地图一看，大喜。按照马福的行军路线，一旦元军攻取了阳逻堡，就切断了汉口、鄂州宋军的退路，形成关门打狗之势。于是伯颜派人过去侦察一下，发现夏贵也在沙芜口驻扎了一支精兵。

伯颜声东击西，下令包围汉阳，扬言要夺取汉口，再渡长江。夏贵果然中计，把大军都调到汉口去增援。沙芜口一时兵力空虚，战机出现了。

十二月初四，元将阿剌罕率领一支奇兵，抄小路而行，袭取了沙芜口。初九，元军在汉口凿开大坝，数千艘战船涌进沦河，过西湖、后湖、武湖，最后黑压压地出现在阳逻堡的江面上。伯颜又令长江北岸的十数万元军骑兵，协同水师，夹击阳逻堡。

十一日，夺取阳逻堡的战斗打响了。伯颜先礼后兵，派人招安守将王达。王达义正词严地拒绝："我深受朝廷厚恩，报效大宋，正在今天。唯有拿起武器，披上战甲，一决生死，哪有投敌叛国之理？大宋的生死存亡，好比赌场上的输赢，在这最后得孤注一掷了。"

话都说到这份儿上了，伯颜不再啰嗦，令旗一挥，元军千余艘"白鹞子"小战船，如同漫天蔽日的黄蜂群扑向阳逻堡，但立刻又像撞到了一堵火墙，碰得头焦额烂，大败而回。

元军猛攻了三天三夜，伤亡惨重，阳逻堡却在江中屹立不摇。

伯颜赶紧找来最得力的助手阿术，商议说："王达以为我军一定要先拿下阳逻堡，才敢渡江。可阳逻堡太坚固了，死打硬攻不一定行。你率三千精骑，趁着黑夜乘船逆流而上。明早横渡长江，袭击南岸的宋军阵地，得手之后马上向我报告。"

阿术也说："攻坚战是下下策。如能分出一半战船，沿着江岸西上，抢占阳逻堡与汉口之间的青山矶，我们就掌控了战场的主动权。"

英雄所见略同，两人一拍即合。十三日，阿里海牙、万户张弘范虚张声势，进攻阳逻堡邻近的武矶堡。武矶堡与阳逻堡唇齿相依，四面临水，形同一只大蚌。蚌头又有一块小石头，状如海螺，历来是极好的水师基地，三国时期的黄祖曾经在此训练水师。

守将都统阎某赶紧向夏贵求援。一旦武矶堡有失，阳逻堡必将不守。夏贵二话没说，立即率领上千艘战船，急急火火驰援武矶堡。孰料又中了伯颜的调虎离山计，夏贵一动身，宋军长江防线就出现了一个大漏洞。

是夜天气转寒，风雪大作。二更时分（晚上八九时），阿术率万户晏彻儿、史格等四翼军，趁着宋军无备，溯流西上，一夜急行四十里，抵达青山矶。天亮之后，远处长江南岸的沙洲清楚可见，阿术当即下令弃船抢滩登陆。

万户史格骑马第一个渡江上岸，结果遭到鄂州宋将荆鄂都统程鹏飞的袭击，史格身中三枪，部下也被打死三百人。危急之时，阿术率总管史塔刺浑等骑兵大部队赶到，在江中与程鹏飞杀得天昏地暗。

两军展开激烈的射箭大战，命运不济的史格又中了一箭，鲜血泉涌，但是仍不肯下战场。在史格的激励之下，元军士气大振。程鹏飞渐渐不敌，只得且走且战。

阿术步步逼近，终于登上青山矶滩头，来到观音山下。元军弃马攀岩，爬上陡峭的山崖。程鹏飞率众反击，一度四次将元军打散。最后元军把战马都拉上岸，向程鹏飞发起猛冲。宋军大败，程鹏飞身中六刀，只好退入城里，元军追至鄂州东门而还。

阿术缴获了一千艘战船，在江中架起一座浮桥。元军骑兵排成整齐的队列，踏着浮桥，井然有序地横渡长江。消息传来，伯颜大喜，立刻督促诸将急攻阳逻堡。

夏贵得知阿术已经渡江，登上南岸，不由得大惊失色，唯恐后路被抄，慌忙率领三百艘战船，向东夺路而逃。宋军队伍大乱，沿流所经西、南岸各处，烧杀抢掠，狂奔七八百里，退往淮西战区的老巢庐州。

夏贵一跑，武矶堡、阳逻堡孤立无援，很快就被元军攻破了。武矶堡守将阎某被俘，阳逻堡守将王达率八千人、定海水军统制刘成率部跟元军战斗到最后一刻，全部殉国。

伯颜夺取阳逻堡之后，又追到鄂州南门而还。元军诸将纷纷要求趁热打铁，把夏贵败军一网打尽。但是伯颜志在临安，断然拒绝众将的请求："阳逻堡大胜，我正要派人告捷于宋国。现在夏贵逃跑了，那就请他代劳吧。"于是率领元军，雄赳赳地过大江，跟阿术胜利会师。

十五日，伯颜登上武矶山，俯瞰江水，奔腾东流，看得伯颜浑身热血直涌，立即召开军事会议，讨论下一个作战目标。有人认为，干脆一鼓作气，夺占下游的黄州、蕲州。

阿术马上反对："如果现在东下进攻黄州、蕲州，万一失利了就退无所据。为今之计，应该稳字当头，先把上游的汉口、鄂州拿下再说。虽然要耗些时日，但那可是万全之策。"

听阿术这么一说，伯颜遂率领全军，直奔鄂州而去。十七日，元军在鄂州附近江面上击溃宋军水师，焚毁战船三千艘，火光烛天，海水如沸，烟雾腾空，弥漫四野。鄂州守军一阵恐慌。

朱禩孙率领机动舰队东援鄂州，走到半路传来阳逻堡败讯，朱禩孙战心全无，连夜逃回江陵。朱禩孙一溜走，引发宋军汉、鄂防区的大崩盘，暂时主持汉阳军民事务的权知军王仪举城降。

汉阳一失，鄂州也孤掌难鸣。吕文焕在鄂州城下摆开阵势，向守军喊话："尔等宋兵依仗的只是江、淮而已。今天大元雄师踏渡江淮碧波，如履平地。你们还不快缴械投降！"

鄂州守将张晏然、程鹏飞想也不想，立马竖起白旗投降了。只有一个叫张山翁的参谋，犹有民族大义，宁死不屈。惹恼了元军诸将，群起涌动，要将他砍头。伯颜却敬佩不已，称赞张山翁为义士，把他释放了。

经过十来天的鏖战，元军先后攻克长江中游的要塞汉口、鄂州、阳逻堡等，长江千里险阻顿时变通途。伯颜任命程鹏飞为荆湖宣抚使，取寿昌粮四十万斛补充军粮，命阿里海牙率四万人留守鄂州，自己跟阿术兵分水陆两路，侍卫亲军都指挥使秃满带殿后，顺流东下直取临安城。又任命襄阳路总管贾居贞为宣抚使，准备消灭南宋后建立行省，让他做长官。

二、贾似道溃败丁家洲

汉口、鄂州沦陷，临安城内如同火烧蜂房——乱哄哄的。南宋太学、宗学和武学的读书人群情激昂，文武百官们也是沸沸扬扬，奏疏像雪片般飞入朝中，指名道姓要贾似道亲自出马，统军作战。

十二月二十一日，也就是鄂州失守后第四天，太皇太后谢道清把整日优哉游哉的贾似道召进朝，以幼主赵㬎的名义，任命他为都督诸路军马，并诏令各路大军入京勤王。贾似道不得不离开美轮美奂的西湖游船，在临安设立都督府，私自任命亲信孙虎臣为统帅（总统诸军），黄万石、李珏为参谋（参赞军事）。

国难当头，贾似道仍不忘揽权独裁，所用之人，都是先任命后上奏，压根儿就没有把谢道清和赵㬎这一对老妇幼孺放在眼里。他甚至私自动用国库储备金——封桩库，拨出黄金十万两、白银五十万两、纸钞一千万贯，充当都督府的办公经费，大发国难财。

但是贾似道畏敌如虎，特别是投降元军的刘整，所以一整天躲在临安都督府中，不敢踏出大门半步。

元军却似秋风扫落叶，横行千里长江，沿岸各州郡好像多米诺骨牌倒下，一个接着一个投降。至元十二年（1275年）正月初二，元军逼近黄州，南宋沿江制置副使、知州陈奕降，伯颜封他为沿江大都督。十一日，元军攻蕲州，知州管景模、部将张成不战而降。十四日，元军又攻江州，守将安东知军陈严连夜逃跑。寿昌知军胡梦麟恰好在江州做客，惶惶无计自杀身亡。

吕文德的儿子吕师夔提举江州兴国宫（负责管理庐山道观太平兴国宫），贾似道为了拉拢他，提拔为都督府参赞。吕师夔早已对腐朽透顶的南宋朝廷心灰意冷，根本就不稀罕贾似道的封官授爵。伯颜一到江州城外，吕师夔立刻献出江州城池。

沿江各州郡长官，都是吕氏军事集团的人马，结果吕师夔一投降，邻近的南康知军叶阊、德安知府来兴国、六安知军曹明，争先恐后，亲自来江州向伯颜投降。

伯颜笑得合不拢嘴，没想到跟宋军打仗竟会是如此的惬意，马上赏赐给吕师夔一顶知江州的乌纱帽。吕师夔也是受宠若惊，为了报答新主子的大恩大德，他在庾公楼摆下酒宴，挑选两个赵宋皇室的美女，浓妆艳抹，献给伯颜。孰料吕师夔马屁拍在马腿上，被伯颜骂得狗血淋头："我奉天子之命，高举仁义之旗，问罪于宋国。你想用女色来腐蚀我吗？"

二月初二，吕氏军事集团的骨干分子——安庆知军范文虎，也派人挑着酒食到江州犒劳元军将士，并向伯颜献忠诚："贵国的淮西行枢密院长官刘整曾经来招降，但是大家都对他嗤之以鼻，宁愿等待伯颜宰相的到来！"

跟吕师夔相比，范文虎的马屁战术要高明得多。元军南征赵宋时，忽必烈一度让荆湖行省参知政事吕文焕、淮西行省左丞刘整同为向导，引领伯颜伐宋。但在伐宋攻略上，吕文焕和刘整针锋相对，吕文焕主张从水师荆襄出兵，刘整主张骑兵从淮西出师。后来忽必烈改淮西行中书省为行枢密院，担心两个汉将钩心斗角，就让刘整独自为一路，兵出淮西。

刘整意欲排斥吕文焕，独吞灭宋大功，力劝伯颜说从淮西直接南下进攻临安，省时省力，一战可灭南宋。可是伯颜信赖吕文焕，不为所动，最终跟刘整分道扬镳，走荆襄路线。

结果吕文焕在汉口、鄂州凯歌高奏，刘整的骑兵却屡屡受挫于无为军，成了一支碌碌无为的军队。刘整羞愤成疾，于正月初六在无为军城下含恨而逝。

范文虎身为吕氏军事集团的成员，要投降也要向吕文焕投降，自然不肯听命于刘整。伯颜本来担忧安庆城地势较高，而且兵力强大、粮草充足，易守难攻，现在范文虎自己送上门来，伯颜不由得欣喜若狂，先派阿术到安庆去受降。

阿术未到安庆，范文虎就大开城门恭迎。通判夏椅不愿意当叛徒，吞下毒药自杀。

范文虎投降之后，被伯颜授予两浙大都督的官职，从此这个可耻的逃跑将军成了大元帝国的大红人。

贾似道听说刘整死去，高兴得四脚爬地，欢呼说老天助我啊！立即仿效诸葛亮，炮制了一个数百字的《出师表》，准备亲自率兵迎战元军。谢道清让他从全国各地抽调精兵十三万，出发之日，辎重马车上满载着金银玉帛，战船舳舻相衔，绵延一百余里，颇为壮观。

这哪里是去打仗，简直是炫富大游行！贾似道生怕自己在外，大权旁落，就下了一道命令说，凡是小事朝中宰相可自行决定，但是遇到大事必须向都督府汇报，不得擅自处理，又让亲信韩震为殿前指挥使，掌领禁军，监视临安全城。

如此精心安排之后，贾似道这才威风凛凛地出行。可是走到了湖州，贾似道的座船被夹在河堤之中，动弹不得。环卫官（禁军长官的虚职）刘师勇派了一千勇士下水拉船。

结果座船纹丝不动，贾似道不得不换乘他船，最后在新安江口进入长江。可是到了芜湖之后，贾似道又不敢继续西上了，就暗中派人去找吕师夔议和。

淮西战区总司令夏贵听说贾似道亲自出马了，在江面上摆好大阵恭迎。但是夏贵给贾似道的见面礼并不是一大堆金银珠宝，而是从袖口里掏出一张小纸条，上面写着"宋历三百二十年"。自赵匡胤陈桥兵变至今，差不多三百二十年了。其含意不言自明，大宋在风风雨雨之中走了三百多年，已经到了尽头。

贾似道看了这七个字，不置可否，只是微微点头而已。

刘整可以降元，吕文焕也可以降元，甚至谢道清、赵㬎都可以降元，唯独贾似道不能降。贾似道一降，就成了仰人鼻息，再也不能恣意妄为，穷奢极欲了。

可是有没有想过，覆巢之下，安有完卵？一旦南宋真的完蛋了，要何去何从呢？贾似道的思想却没有这么复杂。君不闻，美猴王在水帘洞中高声叫呼："今朝有酒今朝醉，莫管门前是与非！"奢靡的日子且过且珍惜吧。

为了继续苟延残喘下去，贾似道又干起屈膝求和的龌龊勾当。他释放了元军的战俘曾安抚，给伯颜送去了一大筐荔枝、黄柑，又派谈判老手宋京、阮克己到元军去，提出称臣、献岁币等条件，乞求元军退兵。

阿术对此不屑一顾，提醒伯颜："宋人首鼠两端，言而无信。只有一路猛打下去，直打到宋人跪地求饶为止。要是犹存一念之仁，放过贾似道一马，我敢保证，不过今年夏天，那些归顺的宋国州郡又要竖起反旗了。"

伯颜就派投降的南宋赣州通判燕公楠去见贾似道，告诉他："当初大军还没有渡江时，你就前来议和、进贡，尚有考量的余地。现在宋国分崩离析，长江沿岸各州郡都已内附大元帝国。假如真的有议和诚意，你就亲自来一趟吧。"

让贾似道去面见伯颜，那岂不是自寻死路？贾似道就是吃了熊心豹子胆，也不敢踏进元军大营半步。

燕公楠又提出议和条件："既然你不敢去见伯颜宰相，那就写一封亲笔信也行，省得空口无凭，到时反悔。"

可要是写了亲笔信，万一元军捅出去，自己的罪恶岂不是昭然若揭？贾似道支支吾吾，连笔也不敢提起。燕公楠对贾似道的婆婆妈妈大为反感，袖子一甩，扬长而去。

来不敢来，写也不敢写，议和从何议起？伯颜火冒三丈，把贾似道的特使宋京撵回去。

既然谈不拢，那就接着打呗。

伯颜从安庆东下，淮西行枢密院副使阿塔海也渡江南下，夹击池州，此地离芜湖不过两三百里。元军战船未到，知州王起宗先遁。通判赵卯发只好挑起守城的重任，修缮工事、准备军粮，要打一场轰轰烈烈的保卫战。但是都统张林起了异心，屡屡建言赵卯发赶紧投降。赵卯发忿气填胸，把眼睛瞪得比牛铃还大，吓得张林不敢吭声。

于是张林借口带兵巡江，暗地里向元军投降，表面上假惺惺帮助赵卯发守城，结果守军全部被张林掌控了。

赵卯发自知凶多吉少，就摆下酒席，宴请亲朋好友，以作诀别。酒席上赵卯发劝夫人雍氏逃走："敌人很快就要攻进来了，我身为守将，理应与阵地共存亡。你先跑吧！"这个雍氏也深明大义，反问说："你想做忠臣，我就做不了忠臣夫人吗？"赵卯发哈哈大笑："这不关你们妇道人家的事。"雍氏正色回答："要下地狱，那就让我先下吧。"

赵卯发再也笑不出来了，决心以身殉城。第二天，遣散奴婢、仆人，把财产都给弟弟一家，还附上一首诀别诗："城池不高深，无财又无兵。惟有死报国，来生作兄弟。"

奴仆还没有走光，元军就开始攻城了。赵卯发在书桌上写下了一行字："国不可背，城不可降。夫妇同死，节义成双。"写毕，夫妻手挽手迈进从容堂，双双自挂东南枝。张林却不愿做上吊鬼，打开城门投降了。

正当元军节节胜捷之际，大元帝国的栋梁柱、平章军国重事史天泽却病死在真定。临终之前，他给忽必烈留下最后的忠言："我死不足惜，但愿大军过江，不要滥劫掠。"

史天泽生性谨慎，为人低调，从不张扬。遇到大事，慨然以天下为己任。拜相之后，门可罗雀，冷冷清清，由是深受人们爱戴，被誉为大元王朝的郭子仪、曹彬。忽必烈哀恸不已，赠谥忠武，追封镇阳王。

史天泽死后十来天，伯颜跟贾似道在丁家洲展开大决战。这也是贾似道第一场亲自指挥的大会战。为了挡住伯颜的十万元军，贾似道集结了大约十七万宋军，包括抽调的十三万精兵以及夏贵统领的淮西战区水师部队，在兵力上形成绝对优势。

二十日，贾似道将宋军分成三个兵团：孙虎臣兵团七万人为前军，是宋军精锐中的精锐，集结于池州下游百余里的丁家洲（今安徽铜陵北）；贾似道兵团六万人为后军，驻扎在芜湖西南的鲁港（又称鲁明江）；夏贵兵团拥有战船两千五百艘，横亘在丁家洲与芜湖之间的长江水面上。

宋军阵容虽然庞大，但贾似道的指导思想仍然是消极防御，跟伯颜拼消耗。由于刚刚经历了汉口、鄂州的惨败，宋军士气低落，对元军心存难以克服的恐惧感。更糟糕的是，宋军统将不和，拧不成一股绳。夏贵救援鄂州失利，生怕贾似道大胜之后找自己算账。半路杀出一个名不见经传的孙虎臣，夏贵又担心他的功劳超越自己。就这么瞻前顾后、畏首畏尾，夏贵成了一个有体无魂的稻草人，毫无战心。

面对外强中干的宋军，伯颜首先采取疲敌之计。他让士兵造了几十个大木筏，上面堆满了薪柴和干草，扬言说要焚烧宋军的战船，搞得宋军神经紧绷，昼夜严备。

在宋军的一片风声鹤唳之中，元军的攻势开始了。伯颜兵分三路、水陆夹击丁家洲的孙虎臣兵团，左、右翼万户各率骑兵沿着长江两岸推进，阿术率所有的战船与孙虎臣一决生死。

冲锋之前，元军在江岸架设了威力巨大的回回炮，展开地毯式轰炸，炸得宋军晕头转向，肝胆俱裂。接着长江上空，旌旗漫天飞舞，呼声惊天动地。阿术的数千艘战船齐头并进，犹如滚滚巨流，一泻而下。

孙虎臣的前锋战将姜才不待元军杀到，就先发制人，带上敢死队冲入元军舰队，左砍右切，与元军乒乒乓乓杀个天昏地暗。这个姜才是濠州人，身材矮短而精悍，晓通兵法，善于骑射，治军严整，是宋军中难得的将帅之才。有一次战斗，姜才的儿子从战场上跑回来报告敌情。姜才远远看见了，以为是临阵脱逃，愤怒地拔出宝剑，差点儿追上去把儿子劈了。可惜朝中奸佞当道，姜才很不得志，混了多年才做一个通州副都统。

这回担任宋军的前锋，令姜才感激涕零，恨不得长出三头六臂，痛宰元军。接战之中，姜才如虎入羊群，在敌我双方的战船上跳来跳去，砍得元军东倒西歪。姜才正杀得酣畅淋漓，忽地宋军队伍大乱，一阵喧哗，高声叫喊："步兵统帅孙虎臣逃跑了！"

姜才一瞧，果见孙虎臣正躲在小妾坐的船只上，慌里慌张地往芜湖方向逃窜。主帅一跑，宋军如无头苍蝇，陷入了大恐慌之中。姜才气得就要呕血，正要去禀报夏贵，孰料夏贵跑得比孙虎臣还快，连战船都丢弃了，驾着一叶扁舟，一溜烟就不见了。夏贵逃至鲁港，碰到了贾似道的座船，招呼也不打，就大喊大叫："敌众我寡，快顶不住了！"

贾似道登时被吓得七魂出窍，马上下令鸣钲收兵，毫不犹豫地加入了可耻的大逃命。

撤军令一下，两三千艘战船横七竖八，相互碰撞，乍分乍合，十几万宋军乱成一锅粥。元军乘势发起猛攻，阿术跟镇抚何玮、李庭等拼命地挥舞着小旗，指挥部下追击。江岸上的左右两路骑兵一路狂追，遇宋兵就砍，足足追杀了一百五十里，缴获战船两千艘，堆积如山的军资器仗以及贾似道都督府的文档、印符等都成了元军的战利品。宋军战死、溺死、踩踏而死的不计其数。元军各路大将战果累累，其中万户忙兀台俘获了孙虎臣的巨型战舰，万户李庭俘虏了二十二艘战船，千户脱欢也俘获了数艘战船。百家奴生擒宋军统制王文虎及五艘战船。万户忽刺出更是活捉宋军将校三十七人、士卒五千人、战船四十艘。总管高元长所部也杀死宋军五百余人。

二十二日三更，孙虎臣哭哭啼啼告急于贾似道："敌人追兵杀过来了。我军没有一个效忠朝廷、舍命打仗的！"旁边的夏贵无耻地报以微微一笑："我就曾经抛过头颅、洒过热血。"

魂魄皆失的贾似道却没有心情开玩笑，保住性命才是正经事。于是他问夏贵该怎么办。夏贵给贾似道支招：全军都已胆寒了，怎么打？为今之计，只有一条路可走——赶紧去扬州召集溃兵散勇，然后撤到海上准备迎接圣驾。

孰料夏贵话一说完，就扔下贾似道逃之夭夭。贾似道和孙虎臣无奈之下，只好搭乘一条小船，逃往扬州城。次日，宋军溃兵蚁群般地沿着江岸纷纷东下。贾似道赶紧派人上岸去，摇晃着战旗打招呼，答应运来军饷赏赐。溃兵们对贾似道深恶痛绝，没有一个响应的，甚至还爆发出恶毒而又粗鲁的谩骂声："要军饷做什么！己未、庚申两年的军饷在哪里？"

跋扈一时的贾似道终于到了众叛亲离的地步，只好夹着尾巴，一夜溃退两百余里，头也不回地逃到建康（今江苏南京）以北四十里的珠金沙，这才停下来。

三、赵宋危在旦夕

丁家洲大战，元军以少胜多，战果之丰出乎伯颜、阿术等的意料。伯颜怎么也想不通，十几万宋军的精锐之师会在一夜之间溃不成军。

二十一日，元军分出一队，南攻饶州（今江西鄱阳县）。知州唐震本是刚正不阿的浙西提刑官，因触犯了贾似道被赶到饶州去。元军一到，唐震发动老百姓守城，还杀死了元军的招降使者。可是元军一攻城，守兵俱作鸟兽散。城陷之后，元军拿着木牍文书，闯入唐震的办公室，要他投降。唐震扔掉手中的毛笔，怎么也不肯降，结果被杀。

二十三日，元兵从饶州继续南下进攻临江军（今江西樟树市），知军鲍廉战死。

二十四日，伯颜大军抵达芜湖县，宋江东运判、知太平州孟之缙投降。都元帅博鲁欢进抵海州，知州丁顺投降。

元军所到之处，无不望风披靡。宋军节节败溃，国土大片沦陷。战火已经燃到芜湖、建康、扬州一线，距离临安城不过五百里，元军骑兵只需两三天就可以杀到。立国三百二十年的赵宋王朝危在旦夕！

贾似道逃到扬州之后，做了三件事。第一件，把拘押了十六年之久的忽必烈国信使郝经、刘人杰放出来，以平息忽必烈的愤怒。第二件，照夏贵所说的去做，发文书给各州郡长官，让他们都集中到海上去迎接皇帝。第三件，上书朝廷，要求迁都。

太皇太后谢道清却是个很有骨气的女人，坚决不答应。当初忽必烈打到鄂州，在丁大全、董宋臣等人的强烈要求之下，要不是谢道清的阻止，宋理宗差点儿就迁都了。但这一回是贾似道的主张，所以谢道清不敢公开反对。于是她把贾似道的奏疏公开出来，让文武百官们议一议。

宋主赵㬎的老师、左丞相王爚的态度最为明确，主张坚壁固守。得知未获支持之后，王爚深感失望，一气之下提交了辞呈。结果没待批文下来，王爚就自动离岗了。

皇家子弟学校——宗学的学子们也上疏谢道清和赵㬎说："皇帝转移的路线，不是南下宁波，就是北上苏州。宁波驻扎着定海水军，苏州也驻扎着许浦水军。一旦事态紧急，可以在这两支水军的掩护之下，从海路南下福建避难。这个方案固然可行，但是逃得了初一也逃不过十五，是徒劳无功的。"

谢道清一听，有理，马上下诏不许迁都。此时的南宋已是一盘散沙、上下离心。谢道清下诏九路勤王，包括江西的黄万石、建康和江阴的赵缙、淮西的夏贵、京湖的笃万寿、广德的张彦、采石的孙虎臣、宣城的仇子真、鄂州的张世杰、平江的费伯恭和阮克己。

结果诏书下来，应者寥寥，只有鄂州守将京湖都统制张世杰和江西提刑文天祥两人。张世杰率部驰援，途中收复了饶州，可是到了临安城之后，却受到副宰相陈宜中的无端猜测，以为张世杰从沦陷区出来，一定别有用心，就把他的部队全部调走。

文天祥自六年前乞斩主张迁都的董宋臣未果之后，愤然还乡，不久又被起用为刑部郎官，董宋臣也被提拔为太监的头头都知。文天祥对这个大太监深恶痛绝，又上书弹劾其罪。可这一回文天祥吃了大亏，被赶到江西去做提刑官。

勤王诏书一到手中，文天祥就痛哭流涕，发动赣州的豪杰之士，并跟江西南部的少数民族溪峒蛮（侗族）结好，召集了一万大军，浩浩荡荡向北开进。谢道清大为感动，立刻提拔文天祥为江西安抚副使、知赣州。

这时候元军已经由芜湖顺江而下，沿途势如破竹，宋军一触即溃，闻风而逃。东南战略要地建康守将沿江制置大使赵溍不战而逃，都统徐王荣、翁福、茅世雄及镇军曹旺，献出城池，叛投元军。

东南沿海各州郡如雪崩似的大溃败，知宁国府赵与可、知隆兴府吴益弃城逃跑，知太平州孟之缙、知和州王善、知无为军刘权、知涟州孙嗣武相继投降。赵宋王朝鱼烂河决，很快就要冰消瓦解了。

宋人认为，这一切都是拜奸臣贾似道所赐。清算贾似道的呼声日益高涨，贾似道已是众叛亲离，四面楚歌。但是他万万想不到，把自己拉下台的竟然是处心积虑栽培起来的副宰相陈宜中。

陈宜中是个典型的投机政客。初为太学生时，正值权奸丁大全专政，陈宜中也是书生意气、挥斥方遒。他跟刘黻、黄镛、林则祖、曾唯、陈宗等六位太学生，联名上奏，揭发丁大全的罪行，被誉为"六君子"，结果遭到丁大全的无情镇压。陈宜中不但被除名，丧失太学生学籍，而且被发配到江西建昌军去充军。

不久陈宜中时来运转，贾似道粉墨登场了。他执政之后，为了拉拢人心，恢复了陈宜中等"六君子"的学籍，让他们免省试赴京考（相当于高中保送生）。依附着贾似道这棵参天大树，陈宜中平步青云，扶摇直上。从绍兴府推官开始步入仕途，先后做了户部架阁、秘书省正字、校书郎、监察御史，再到江东提举、浙西提刑、崇政殿说书、礼部侍郎兼中书舍人、知福州。在福州做官时他深得民心，一年后调回临安，升任刑部尚书，又在贾似道的保荐之下，被提拔为签书枢密院事（相当于军委副主席）兼权参知政事（即副宰相）。

可以说，陈宜中每走一小步，都是贾似道在背后用力推他一把。陈宜中对他也是感激涕零，唯唯诺诺。

但现在贾似道成了万夫所指，善于见风使舵的陈宜中为了保全自己，决心跟贾似道切割。丁家洲惨败之后，贾似道的幕僚翁应龙提着都督府的大印回到了临安城。陈宜中问他贾似道在哪里，翁应龙把头摇得拨浪鼓似的，说大家都只顾着逃命，谁还有心思想着别人。

陈宜中大喜，贾似道死定了。他立即上书谢道清，要求严惩贾似道误国误君的罪行。

谢道清虽然对贾似道颇有微词，但是要将他法办严惩，实在是于心不忍！贾似道可是三朝元老，没有功劳也有苦劳啊。于是在二十九日，丁家洲兵败之后九天，谢道清下诏，革除了贾似道平章军国重事、都督诸路军马的职务，让他去做醴泉观使，退居二线。

赵宋王朝崇尚道教，宫观遍布全国。外戚、宗室和宰相罢官之后留在京师的，通常给他安上一个宫观使的闲职，挂个名领取俸禄，颐养天年。罢免了贾似道之后，谢道清又宣布废除贾似道搞的那些扰民政策，并把被打压流放的正义之士都召回来。

可惜这些补救措施为时太晚了，南宋从上到下，散发出一股糜烂的恶臭，已经彻底坠入覆没的深渊，回天无力了。等待着南宋的，只有难以逃脱灭亡的命运。

三十日，南宋右丞相章鉴听说元兵日益逼近，随便找了个借口，溜之大吉。四天之内，左右丞相相继逃跑，人心溃散如此，大宋立国三百年闻所未闻。

此时临安城内，人心惶惶，完全陷入了世界末日的大恐慌。三月初一，贾似道的余孽——殿前都指挥使韩震，又把贾似道的迁都奏疏搬出来。陈宜中为了让世人看到，他早已跟贾似道一刀两断，决定杀掉韩震。

陈宜中借口要商议迁都的事，召来韩震。韩震大摇大摆地来了，结果还没有见到陈宜中，就被一个大力士用铁锤砸成肉饼。韩震的部下李大时起兵造反，进攻临安的南门嘉会门。

叛党攻势凌厉，还向内宫发射火箭，吓得幼主赵㬎哇哇大哭。太皇太后谢道清立刻下诏发兵捉拿，叛党顿时作鸟兽散，挟持韩震的家人投靠元军。

这时候元军已经杀到建康，三月初二日，伯颜进入建康城。时值天气暑热，长江下游地区闹饥荒，疫病肆虐。伯颜下令打开粮仓赈济饥民，派医生救死扶伤。老百姓们欢呼雀跃，无不视元军为最可亲可敬的人。

伯颜只用了不到三个月的时间就从长江中游的鄂州、汉口，杀到长江下游的建康、扬州，水路行程两千余里。进军速度之快、攻夺地盘之广，令忽必烈大喜过望。

但在惊喜的同时，忽必烈又是忧心忡忡。强弩之末，势不能穿鲁缟。伯颜打了几个月，恐怕早已疲惫不堪，更何况南方炎热，不利于进一步展开行动。于是忽必烈给伯颜下了一道命令，让他停下来休整，等秋高气爽之日再做打算。

伯颜正杀得兴起，不愿意就此住手，马上奏报忽必烈："宋军占据江河湖海险要之地，好比野兽占据高山险阻。现在我军已紧紧掐住了宋军的喉咙，一旦松手，就等于放虎归山。"

忽必烈是个开明的君主，一听伯颜这么说，高高兴兴地回话："将在外君命有所不受，兵书上就是这么写的。"就诏令伯颜为行省长官，驻扎在建康，指挥继续攻宋的行动。阿术屯兵扬州，跟两淮地区的淮东都元帅博罗欢一道切断淮南宋军的援路，彻底孤立临安城。

伯颜派出大军四处抄掠，元兵一到，宋军相率倒戈，大片城池瞬间易帜。元军攻占了东海州、西海州、滁州、镇江、江阴、常州、无锡、平江、宁国、广德等地，就像燎原大火，逐渐燃烧到临安城外了。

大兵压境，南宋朝廷不得不摆出一副决战的架势：令山阴县丞徐垓、正将郁天兴戍四安镇（今江苏省南通市东北郊），扼守长江入海口；浙西提刑司准备差遣刘经据守吴江，挡住无锡、平江方向的元军；两浙转运司准备差遣罗林、浙江安抚司参议张濡固守临安西北的交通咽喉独松关，拱卫京师；任命抗金名将赵葵的侄儿赵淮为太府寺丞，驻扎在银林东坝（今江苏省高淳县东坝镇），扼住芜湖、和州、建康等地元军东下的大路。

三月初五，谢道清又以幼主赵㬎的名义下了一道罪己诏，反省自己的过错。同时重建领导核心，召回帝师左丞相王爚，任命陈宜中为右丞相兼枢密使，以填补贾似道罢免之后的权力空白。但是王爚跟陈宜中两人不和，常常为了朝政大事争吵不休。

陈宜中为了操纵大权，就模仿贾似道，在临安城内建立都督府，号召各路大军进京勤王，不遗余力地收集溃兵，连同临安城内的军队，总计十七万五千人。划分为五个战区，淮东战区（淮东制置使李庭芝）、淮西战区（淮西制置使夏贵）、沿江战区（江淮招讨使汪立信）、京湖四川战区（京湖四川宣抚使兼知江陵府朱禩孙）、江西战区（江西制置使黄万石）。

江淮招讨使汪立信从建康逃到高邮之后，意欲控制淮南地区，重振大宋。结果丁家洲败讯传来，江淮沿岸望风披靡。汪立信这才知道大势已去，仰天长叹："我今日还可以死在大宋的国土上！"当即摆设酒宴，款待朋友、幕僚。留下遗书之后，半夜时分闲庭信步，引吭高歌，握拳拍案三下，喉咙也喊哑了三天。最后汪立信自扼喉咙，气绝身亡。

初八，谢道清任命左右丞相王爚、陈宜中为宋军统帅，又诏令京湖都统制张世杰为都督府总领，形成三人军事指挥小组。张世杰感恩戴德，立即部署反攻，派遣部将阎顺、李存进攻广德，谢洪永进攻平江，李山进攻常州。

十八日，谢道清又派人催促吕文焕的哥哥、湖南北路五郡（常德、澧、辰、沅、靖）镇抚使吕文福，让他赶快率兵入京勤王。但是吕氏军事集团已经四分五裂，其骨干分子吕文焕、吕师夔、范文虎等降元。夏贵成了墙头草，摇摆不定。吕文福也是心烦意乱，根本就不想继续效力于南宋朝廷。所以临安城的使者一到，就被吕文福劈为两半。

照耀着赵宋王朝长达三百二十年的太阳渐渐西坠了。

四、李庭芝喋血扬州

三月十九日，临安近郊开始出现了零零星星的元军骑兵。太皇太后谢道清不得不下诏全城戒严，禁止人们自由出入。但朝廷上弥漫着逃跑主义的气氛，同知枢密院曾渊子、左司谏潘文卿、右正言季可、两浙转运副使许自、浙东安抚使王霖龙，侍从陈坚、何梦桂、曾希贤等几十个贪生怕死的官员，纷纷卷起铺盖走人。整个朝廷为之一空，以至于朝会之时冷清得可以抓麻雀了，看得人们唏嘘不已。

两位军事副长官签书枢密院事文及翁，同签书枢密院事倪普似乎一片丹心，上疏把自己骂得体无完肤。孰料这只不过是在掩耳盗铃，奏疏还没有送到谢道清手中，就已不知去向了。

谢道清这个满头白发的妇人闻讯之后，掩不住心中的无限酸楚，泪纵横、肝肠断，在朝堂上贴出一张大字报，上面写着：

我朝三百余年，待士大夫以礼。吾与嗣君遭家多难，尔大小臣未尝有出一言以救国者，内而庶僚畔官离次，外而守令委印弃城，耳目之司既不能为吾纠击，二三执政又不能倡率群工，方且表里合谋，接踵宵遁。平日读圣贤书，自许谓何？乃于此时作此举措，生何面目对人，死亦何以见先帝？天命未改，国法尚存，其在朝文武，并转二资，其负国弃予者，御史台觉察以闻。

可惜谢道清苦心婆口的劝诫都是枉然的，朝官们依旧我行我素，逃得不亦忙乎。

二十日，忽必烈出使南宋的使臣——兵部尚书廉希贤（廉孟子廉希宪的堂弟）、工部侍郎严忠范、秘书监丞柴紫芝抵达建康。由于元宋交恶，廉希贤对自己的行程充满了恐惧，要求元军统帅伯颜派遣一支军队保护他们。

伯颜劝廉希贤说："使臣靠的是一张嘴巴，而不是一支护卫队。护卫一多，反而会招来杀身之祸。"

廉希贤根本就听不进，缠着伯颜闹个不停。伯颜无奈之下，只好拨出五百人马，护送他们到南宋去。果然不出伯颜所料，廉希贤、严忠范等人到达独松关之后，遇到大麻烦。

独松关守将张濡以为廉希贤要来搞突然袭击，下令截杀。冲突之中，严忠范被杀死，廉希贤受重伤之后被捆抓到临安去，结果死在那里。

大元使臣被杀，这下子惹出大祸了。忽必烈怒不可遏，立即下令将南宋从地图上抹去。攻宋战争到了最后的决战阶段。

元军在长江中游和长江下游同时发起进攻，具体部署是这样的：鄂州的阿里海牙留下贾居贞守城，自己亲率大军进攻南宋的京湖战区；建康的元军分出一支，由阿术统领，进攻南宋的淮东战区总部扬州。

阿里海牙的第一个目标是洞庭湖东畔的岳州。南宋湖北安抚使、知岳州高世杰在此集结了郢州、复州、岳州三地的一千六百艘战船、两万大军，扼住荆江入口，准备跟元军一决雌雄。

二十一日，阿里海牙督率水师，屯驻在洞庭湖东岸。高世杰乘着黑夜，把战船都开进洞庭湖。可是到了半夜，高世杰战心动摇，连夜向西逃跑。翌日黎明，跑到洞庭湖口，又在此排开阵势。阿里海牙督促麾下的几个万户以及水军张荣实、解汝楫等部，大破高世杰于洞庭湖口的夹滩。

阿里海牙派遣郎中张鼎招降高世杰，高世杰无路可逃，只好放下武器，乖乖举起双手。阿里海牙又让高世杰招降岳州。岳州守将总制孟之绍想也不想，就把城池献出来。

可是拿下岳州之后，阿里海牙过河拆桥，立刻杀了高世杰。

四月初五，阿里海牙从岳州北上进攻沙市。宋军英勇抵抗，终因寡不敌众，沙市陷落，宋军都统孟纪战死。监镇官司马梦求是大史学家司马光的五代孙，虽然职位卑微，但是很有气节，城破之日自缢而死。

次日，阿里海牙又派遣张鼎到江陵去招降。南宋荆湖制置朱禩孙，湖北制置副使高达，京西湖北提刑青阳梦炎、李湜等心灰意冷、斗志全无，张鼎一到，马上出城投降。江陵一下，南宋京湖战区全军覆没。湖南北路五郡镇抚使吕文福也在二十日归顺元军。长江中游的归、峡、郢、复、鼎、澧、辰、沅、靖、随、常德、均、房诸州，就像崩塌的雪山，纷纷倒向元帝国。

阿里海牙先后攻取南宋荆南湖北路的三府、十一州、四军、五十七县，合计八十万户、一百一十四万口，以最小代价，取得了最大的胜利。捷报传到大都，就连忽必烈也吓了一跳，告诉身边侍从说："伯颜顺江东下，阿里海牙孤军驻守鄂州，我正为他捏了一把大汗。想不到这个畏兀儿小子会取得如此之丰的战果！京湖既定，伯颜就可以高枕无忧了。"

荆南一战，打得太漂亮了。忽必烈龙颜大喜，亲自拟诏褒奖阿里海牙，并在江陵设置了荆湖行省，任命中书右丞廉希宪、参知政事脱博忽鲁秃花为行省长官，让阿里海牙回到鄂州，镇守荆湖。

高达素称名将，曾经在鄂州跟忽必烈交手过。忽必烈对他十分钦佩，授予参知政事一职。朱禩孙却没有那么幸运，他北上之后，死在上都。

西线阿里海牙的表现可圈可点，东线伯颜、阿术也不甘落后，集中兵力，加紧进攻江淮战区的宋军。他们期待迎来更大的辉煌，夺取临安城，彻底征服南宋。

二月三十日，伯颜下令阿术朝着扬州方向进攻。宋军淮东战区总司令——淮东安抚制置使兼知扬州李庭芝激励士卒，积极备战。阿术先派李虎拿着招降榜进城去见李庭芝，李庭芝啥也没说，大手一挥，李虎掉了脑袋，招降榜也被烧成灰烬。

总制张俊雄赳赳地出城作战，可是回来时却送上叛将孟之缙的亲笔信，要李庭芝投降。李庭芝二话没说，立即把张俊拉到闹市去砍头示众。在李庭芝的字典里，从来就没有投降这个词语。他拿出金银布帛，宰杀牛羊，大摆酒宴犒赏士卒。在李庭芝的勉励之下，守军精神振奋，随时准备跟元军同归于尽。

李庭芝斗志昂扬，南宋朝廷上却是投降主义暗潮涌动。主政的右丞相陈宜中派度支尚书吴浚到建康去见投降元军的徐王荣，低声下气求他向伯颜乞和："廉希贤被杀，纯属边关守将的擅自行为。太皇太后和幼主根本就不知情。不知者无罪，朝廷愿意缴纳岁币，请元军退兵通好。"

伯颜告诉徐王荣："这是陈宜中在耍诡计，窥探我军虚实。应当让人随同前往临安，见机行事，令宋主速速归顺。"

于是伯颜派遣中书议事官秦中和张羽、淮西行院令史王章，跟随南宋来使马驭，拿着徐王荣的答书，结果到了平江府驿亭，全都成了宋军的刀下鬼。

跟这样背信弃义的南宋还有什么可谈的？

三月二十日，阿术进攻扬州的门户真州。宋知州苗再成、皇室宗子赵孟锦率部在老鹳嘴进行顽强抵抗。老鹳嘴附近就是一百五十年前韩世忠大破金兀术的黄天荡，但是这一回并没有重现黄天荡大战的辉煌，宋军一败涂地。赵孟锦趁着浓雾要搞突然袭击，可惜老天不助，还未杀到北岸，就艳阳高照，雾霾消散。阿术立即组织反攻，赵孟锦登船失足落水。由于身上穿的甲胄太厚重，赵孟锦扑腾了几下，溺水而亡。

二十二日，阿术进驻距离扬州只有四十五里的瓜洲。李庭芝实行焦土抗战政策，把扬州的老百姓都迁移到其他地方去，烧毁城内的所有民屋。

二十九日，阿术开始对扬州发起总攻。宋军悍将都统姜才在三里沟摆下三叠阵。三叠阵是南宋抗金名将吴玠为了对付金军骑兵所创的一种步兵防御性阵形。第一排是长枪手和盾牌手，迟缓骑兵的强大冲击力。第二排是弓弩手，用以杀伤敌军骑兵。两侧有大杀器神臂弩，射程可达三四百米。第三排是精锐的步兵。吴玠曾经利用三叠阵在仙人关之战中大破金军。

面对颇为棘手的三叠阵，阿术并未强攻硬打，而是采取诱敌之计，假装不利后退，姜才中计追赶。姜才一出动，以防御为主的三叠阵就失去了作用。阿术趁机杀了个回马枪，杀到扬子桥，扬州拨发官雷大震出战，为元军所斩。

阿术与姜才隔着一条小河对峙，双方都在小心谨慎地试探对方，棋逢对手，谁也不敢怠慢。惜乎姜才生不逢时，要是能投奔大元帝国，准会是汉人中的第一悍将。元军大将张弘范憋不住了，率先带上十三名剽悍的骑兵渡过小河，冲击姜才的阵地。但是姜才坚如磐石，岿然不动。

张弘范又耍了诱敌之计，伪装败退，于是上演了《三国演义》中两军对阵的经典一幕。姜才的部将回回怒喝一声，拿着一把大刀，骑马飞奔过去，直取张弘范的人头。张弘范突然间掉转马头，反手一刺，将回回挑落下马。元军中立即响起一阵雷鸣般的欢呼声，宋军士气为之一泄，陷入慌乱之中。阿术和张弘范果断下令进攻，宋军大溃，自相践踏、挤坠壕沟，死伤累累。姜才拦也拦不住，肩膀上还中了一箭。姜才怒目圆睁，忍着剧痛拔出箭，挥舞着大刀，不要命地扑向元军。唰唰几下，如砍瓜切菜，元军倒下一大片，吓得阿术赶紧下令撤军。姜才趁机退进扬州城，跟李庭芝一道，发誓城在人在，城亡人亡。

阿术不敢直接攻城，四面构筑堡垒，从扬子桥到瓜洲，东北跨湾头抵达黄塘，西北到丁村，准备打一场持久战，采用囚笼战术将李庭芝和姜才困死在城中，再次上演襄樊大战的惨烈情形。

四月初七，阿术在扬子桥筑起木栅栏，令万户史弼扎下大营，负责切断淮东粮道，屏卫瓜洲。

宋军将领趁着元军主力围攻扬州城，发起了局部小反攻。二十二日，环卫官刘师勇表现最为抢眼，一举收复常州，极大地提振了宋军士气。浙江西部归降元军的城池重新又竖起了宋军的战旗，跟张世杰会合。二十九日，南宋湖北安抚司计议官吴继明也光复了蒲圻、通城、崇阳三县。

可南宋实在是无可救药，将士们在前线杀得不可开交，后方却是烂到掉渣。六月十五日，知潭州兼湖南安抚使留梦炎来到了临安城，在朝廷上掀起波澜。此人狡黠多端，是一只人见人烦的老狐狸。

王爚、陈宜中都争先恐后将相位让给留梦炎，以求得解脱。太皇太后谢道清很不高兴，大骂说："两位宰相不要瞄着这个机会，卸下身上的担子！"干脆下诏让王爚做平章军国重事，五天一上朝。陈宜中为左丞相，留梦炎为右丞相，并为枢密使，统领各路军马。另外，陈文龙、黄镛金书枢密院事。谢堂镇抚使，家铉翁知领安府。王爚巴不得图个清闲，谢道清的任命书一下来，马上搬到民房去住，把丞相府留给陈宜中。

陈宜中是很有心计的人，他假惺惺推辞说："一个让出，一个接下，如何受得了世人的讥讽？"于是也辞官而去，慌得谢道清连忙派人在路上强拉硬扯，才把陈宜中追回来。

二十七日，扬州大战进入了第三个月。宋将姜才与副将张林率步骑兵两万人乘夜进攻扬子桥的元军大寨。宋军攻势甚急，元军守将史弼渐渐挡不住了，赶紧向瓜洲的阿术求援。阿术率总管管如德星夜驰救，天亮时抵达扬子桥，又跟姜才隔水对阵。

战事是那么的枯燥无味，阿术率骑兵涉水进攻宋军。姜才奋力抵抗，阿术退却，姜才追击，阿术反攻，击退姜才。元军步骑并进，两面包抄过去，宋军几乎覆没，阵亡一万八千人，副将张林被俘，才仅以身免。宋军付出沉重代价，依然未能打破元军的封锁，形势异常严峻。

七月初一，阿术集中建康的元军战船于长江北岸的瓜洲，阿塔海、董文炳也在镇江城西的西津渡集结了淮西元军的战船。

这个阿塔海出身于蒙古逊都思部，他的祖父塔海，骁勇善战，是随同铁木真同饮班朱尼河泥水的十九位开国功臣之一，被赐封为千户。塔海死后，其子卜花、其孙阿塔海相继袭任千户。阿塔海身材魁梧，为人大度，曾经跟随名将兀良哈台转战大西南、远征交趾国，战功显著，被忽必烈授予镇国上将军、淮西行枢密院副使。

元军在镇江摆下最强阵容，意欲跟宋军决一胜负。南宋淮东战区总司令李庭芝下令出击，沿江制置使赵溍、枢密都承旨张世杰、知泰州孙虎臣等陈兵列船于瓜洲以东十数里处江中的焦山。宋军的战船超过一万艘，每十艘为一小方阵，在长江中流抛碇停驻，严令各个小方阵不得擅自起碇，否则斩首示众。

决战一开始，阿术先派遣万户张弘范率领一千只两栖小艇——拔都鲁轻疾舟西取珠金沙，确保元军后路安全。

初二，阿术跟阿塔海爬上长江南岸的石公山，此山地形异常险要，因为形状如两头象在江中汲水，所以又叫象山。石公山跟焦山相互对峙，在此可以窥探宋军的一举一动。

阿术仔细观察宋军密集的水师阵形，虽然阵势吓人，却有一个致命的短板。由于宋军战船紧密相挨，缺乏灵活机动的作战能力，这样的阵形跟三国赤壁之战时曹操的铁锁战船没什么两样，一旦使用火攻计，宋军定将败得更惨。

阿术立即定下火烧之策，实施三路夹击计划。

第一路，元军水军万户刘琛循着长江南岸，向东绕到焦山背后，抄袭宋军后路。

第二路，元军主力直取焦山南麓，其中招讨使刘国杰攻打宋军左翼、万户忽剌出直捣宋军中军、参政董文炳攻打宋军右翼。

第三路，元军万户张弘范从上游的珠金沙赶回来，进攻焦山北麓。

阿术还派遣一千名元军的大力士，携带强弩，搭乘巨舰，从左右两翼夹射宋军。

辰时（上午八时许），惊天动地的战鼓声和欢呼声响彻云霄，各路元军同时向焦山的宋军发起凌厉攻势。在势不可当的冲锋之后，元军顺着风向发射火箭，登时宋军数千艘战船陷入一片火海，篷樯俱焚，烟焰蔽江。

张世杰督促宋军死战，但是江水如沸，烈火弥天，烧得宋军嗷嗷大叫。

别说战斗了，就连跑也跑不了。宋兵像下水饺似的纷纷跳进江水，淹死万余。张弘范、董文炳、刘国杰又派出敢死队，乘坐战船，横冲直撞，杀得宋军片甲不留。战至午时（中午十二时），张世杰、孙虎臣等见大势已去，只好率领残部向镇江东边六十里的圌山溃逃。阿术、张弘范又狂追不舍，缴获了黄鹄、白鹞船七百艘。宋军经此惨败，一蹶不振，再也无法组织一支像样的水师了。

翌日，宋军各作鸟兽散，刘师勇回到常州，孙虎臣回到真州。张世杰上疏朝廷，要求增援。但此时朝中已是人心摇荡，谁也不敢率兵赴援。

五、贾似道之死

焦山败讯传到临安城，立即引发大地震。七月初五，太学、宗学和武学等三学生率先起哄，御史谏官、侍从官们纷纷响应，汇成一股愤怒的洪流，劈天盖地，直奔贾似道而来。

贾似道虽然下台了，但仍是尸位素餐，做个逍遥自在的宫观使。贾似道不杀，南宋就永远沉沦下去，万劫不复。太皇太后谢道清犹有妇人之仁，不肯砍了贾似道的脑袋。贾似道吓得魂飞魄散，赶紧上书自我弹劾，并把责任推到夏贵、孙虎臣身上，说是被这两个家伙所误，乞求饶他一命，安度余生。

于是谢道清下诏剥去贾似道的所有官爵，让李庭芝护送他回到浙江绍兴的私宅颐养大年。可是贾似道到了扬州之后，就赖着不走。天地虽然这么大，但此时贾似道已无容身之处。

平章军国重事王爚对贾似道恨之入骨，大骂他不忠不孝，要谢道清下诏切责。贾似道只好灰心丧气地回到绍兴。可贾似道早已成了过街老鼠，绍兴人将他列为最不受欢迎的人，连城门都不让进。

王爚趁机痛打落水狗，告诉谢道清说："大宋开国三百二十年以来，还没有出现过像贾似道这样祸国殃民的权奸。不严惩贾似道，何以谢天下？"

谢道清再也不敢袒护了，将贾似道赶到婺州去。没想到婺州的老百姓也将贾似道视为走到哪里哪里就遭殃的扫把星，听说贾似道要来了，群情激愤，到处张贴布告，声言要驱逐贾似道。

这样的一个烫手山芋还真是千古罕见！谢道清无奈之下，只好把贾似道甩到福建的建宁府去。建宁那么遥远，这回贾似道应该可以过几天清闲的日子吧。贾似道到了建宁府之后，确实也过得逍遥自在。他住在开元寺里，身边竟然还有几十个女人在服侍着他。

但是快乐的日子没几天，七月二十一日，朝廷诏书又下来。谪贾似道为高州团练副使，抄家充公，四下差人把他押送到岭南循州（今广东河源龙川）去囚禁。

"多行不义必自毙，子姑待之。"贾似道的末日很快就来临了。会稽县尉郑虎臣的父亲曾经被贾似道刺配过，郑虎臣早就想复仇了。想不到贾似道也有今天，这真是踏破铁鞋无觅处，得来全不费工夫。郑虎臣立刻毛遂自荐，就是自己掏腰包，也要陪伴着贾似道这个仇家走到天涯海角。

郑虎臣到了建宁开元寺，见贾似道左拥右抱，依然是那么优哉游哉，不由得恨上心头，把那些女人赶得一个不剩。干脆送佛送到西天，又掀翻轿子的顶盖，骄阳似火，烤得贾似道头上直冒烟。除了肉体虐待，郑虎臣还在精神上折磨得贾似道死去活来。他别出心裁地把贾似道的恶行谱成临安的流行曲调，下令几个轿夫一路高唱，直呼贾似道的名号，骂得痛快淋漓。

不久，走进了一座古寺，墙壁上有已故宰相吴潜的题词。吴潜曾经冒犯了权奸丁大全，被弹劾贬谪建昌军，后来又贬为授化州团练使，流徙循州，跟贾似道走的是同一条路。

郑虎臣指着吴潜的字对贾似道大呼小叫："贾团练，吴丞相是怎么到这里来的？"贾似道憋得大汗淋漓，不敢回答。

如此一路难堪窘迫，坐船到了南剑州（今福建南平）闽江上游的黯淡滩。郑虎臣又呵斥贾似道："水这么清澈，为什么不死在这里？"

吓得贾似道差点儿尿出来："太皇太后不让我死，我不敢死啊！"

过泉州洛阳桥时，贾似道遇到从漳州流放归来的太学生叶李。他曾经发起太学生运动，攻讦贾似道的投降主义政策。贾似道一怒之下，就把叶李赶到漳州去。孰料冤家路窄，这回轮到贾似道倒霉了。在客舍里，叶李给贾似道写了一首词：

君来路。吾归路。来来去去何时住。公田关子竟何如，国事当时谁汝误。

雷州户。崖州户。人生会有相逢处。客中颇恨乏蒸羊，聊赠一篇长短句。

贾似道无言以对，唯有俯首称谢而已。

可是走到了漳州，贾似道的日子又好过了。知漳州赵介如早年进士及第之后，依附贾似道为门下客。这个赵介如颇懂得知恩图报，贾似道一到，立即大鱼大肉伺候。不料赵介如的热忱款待反而加速了贾似道的死亡。

郑虎臣暗自思量，贾似道的门生党徒遍天下，广东潮汕尤其多，一旦进入广东境内，就等于纵虎归山，那时候要想取贾似道的项上人头，比登天还难，心下一狠，决定在走出福建前，送贾似道入地狱。

作恶多端的贾似道注定难逃一劫，身边的郑虎臣动他的主意，远在临安城的两位谏官监察御史孙嵘叟、给事中王应麟也整天在谢道清面前叽叽歪歪，说什么贾似道家中私藏乘舆、黄袍等器物，谋反迹象已成，死有余辜。谢道清赶紧派人捉拿贾似道审问，孰料朝廷使者还没有赶到漳州，贾似道就呜呼哀哉了。

出漳州城门后，郑虎臣下令弃轿步行。八月，走到九龙岭下的木棉庵时，贾似道累趴在地，再也起不来了。郑虎臣猴急了，这个老滑头还真是棘手，干脆叫他自行了断。贾似道狡辩称谢道清许他不死，要是有赐死的诏书，立刻就自杀。郑虎臣登时火冒三丈，都死到临头，还搬出一个老太婆来吓唬人。气得郑虎臣大声怒吼："我为天下杀贾似道，死而无憾！"于是将贾似道的小妾、儿子关在另一处，准备将贾似道单独处死。

十月十三日，贾似道腹泻上厕所，郑虎臣趁机拿了一个尖锤，狠命地重击他的胸肋，只听见咔嚓一声，贾似道的肋骨七断八裂。这个曾经一手遮天、恶贯满盈的大权奸就这样死在世界上最脏臭的地方。

赵介如听说贾似道被谋杀了，跌跌撞撞，跑到木棉庵去哭祭："哎呀！吴潜死在循州，是死在知州刘宗申之手；贾先生死在福建，是死在郑虎臣之手。"一年后，宰相陈宜中流亡到福州，害死了郑虎臣。郑虎臣虽惨死，但他为民除害，为国除奸，永载史册。

剪除了一个贾似道，只能给正义之士心灵上一点点安慰，并不能拯救南宋覆灭的命运。七月十四日，忽必烈下诏对奄奄一息的南宋发起最后一击。长达一千五百多里的战线上，元军同时开辟了江淮、江西、湖南三个战场。

江淮战场，右丞相伯颜直捣临安城，左丞相阿术攻淮南。

江西战场，统帅有蒙古万户宋都带，汉军万户武秀、张荣实、李恒，兵部尚书吕师夔。

湖南战场，由驻守鄂州的畏兀儿大将阿里海牙负责。

数十万元军磨刀霍霍，正准备把宋人砍得体无完肤。南宋朝廷却无视刀剑交颈的凶险，内耗加剧，在王爚的暗中指使之下，二十二日，太学生刘九皋率先发难，将擅权政客左丞相陈宜中拉下台，赶出临安城。

两天之后，主政的右丞相留梦炎下了一道莫名其妙的诏书，任命淮西战区总司令——知庐州夏贵为枢密副使、两淮宣抚大使，让他去做淮东战区总司令，让淮东战区副总司令（淮东制置副使）——知扬州朱焕去跟夏贵调换，去做淮西战区总司令。而原淮东战区总司令李庭芝由于在焦山打了败仗，留梦炎似乎很不满，就把他调到临安去，在朝中随便安了个职务。

但是这道诏书三面不讨好，夏贵早已暗中跟元军勾搭上了，根本就不买留梦炎的账。

朱焕就像一个铁钉子，待在扬州城内，动也不动。战事正急，李庭芝也不愿意离开前线。

眼见朝廷有被架空之危，谢道清再也坐不住了，把权兵部尚书（暂代兵部尚书）高斯得罢免了，提拔江西安抚副使文天祥为兵部尚书。

文天祥接到勤王诏书后，从赣州向北直奔临安。可是走到了吉州，曾经与文天祥有仇的江西制置副使（江西军区副司令）黄万石生怕文天祥威望大增，会爬到自己的头上，就给谢道清上疏说，文天祥率领的只是一支乌合之众，打仗可不是小孩子玩过家家，文天祥只会误了国家大事。

留梦炎就诏令文天祥留在隆兴府（今江西南昌），不必再北上了，气得文天祥就要呕血。

路遥知马力，日久见人心。国难思良将，家贫思贤妻。夏贵、朱焕、李庭芝都指挥不动了，谢道清这才想起江西还有个文天祥，于是把他从隆兴府召到临安城来。除了起用文天祥之外，谢道清还任命殿中侍御史（相当于中纪委书记）陈文龙为同签书枢密院事（军事副首长），焦山败将张世杰为神卫四厢都指挥使、总都督府诸兵。

八月二十六日，文天祥风尘仆仆来到临安城。他顾不上休息，就给谢道清献上救国御敌之策：

本朝惩五季之乱，削藩镇，建都邑，虽足以矫尾大之弊，然国以浸弱，故敌至一州则一州破，至一县则一县破，中原陆沉，痛悔何及！今宜分境内为四镇，建都督统御于其中，以广西益湖南而建阃于长沙，以广东益江西而建阃于隆兴，以福建益江东而建阃于鄱阳，以淮西益淮东而建阃于扬州。责长沙取鄂，隆兴取蕲、黄，鄱阳取江东，扬州取两淮；地大力众，乃足以抗敌。约日齐奋，有进而无退，日夜以图之，彼备多力分，疲于奔命，而吾民之豪杰者，又伺间出于其中，如此则敌不难却也。

文天祥的策略大致是将南宋重新划分为四个战区：广西跟湖南为长沙战区，广东跟江西为隆兴战区，福建跟江东（苏浙一带）为鄱阳战区，淮东跟淮西为扬州战区。然后四大战区同时反攻，长沙战区负责收复鄂州，隆兴战区负责收复蕲州、黄州，鄱阳战区负责收复建康，扬州战区负责收复两淮一带。如此一来，宋军全线出击，元军顾此失彼，必陷入被动的局面。击退元军，兴复宋室，指日可待。

文天祥的建议积极大胆，颇具前瞻性和可操作性。只可惜南宋朝廷已经完全失去了进取心，保命都来不及，有谁还想到反攻。结果文天祥被斥为迂腐、浮夸，当政的宰相留梦炎把他调到苏州去做知平江府。

本来是壮志凌云，要去临安勤王卫国，现在却被权相留梦炎所压制，被赶到苏州去挡住元军。文天祥气恼不已，向谢道清提出抗议。谢道清只好给文天祥安上一个都督府参赞官（参谋人员）的职务，但知平江府依旧。

就在文天祥报国无门雄心壮、满怀惆怅地踏上平江之程的时候，几十万元军雷霆万钧般的进攻开始了。

九月十五日，元军攻陷泰州（今江苏泰县），常败将军孙虎臣自杀。

二十七日，阿术在扬州的东郊、京杭大运河畔筑起了湾头堡，开始勒紧套在宋军脖子上的缰绳。宋军守将姜才出动步、骑兵一万五千人，跟元军展开激烈的阵地争夺战。二十八日，元军又攻陷常州以北七八十里的吕城，守将张彦被俘后变节投降。攻克吕城，元军一箭双雕，不但切断了扬州南下的路线，形成关门打狗之势，而且逼近苏浙的中心重镇——常州城。

事态万分紧急，十月初二，南宋朝廷任命张世杰为沿江招讨使、刘师勇为福州观察使，让他们率军出战。初十，谢道清又召回在温州的陈宜中，让他做右丞相兼枢密使，都督诸路军马，掌理军政大权。留梦炎失宠，为左丞相。

眼见南宋就要倾覆了，朝中依然是一片乌烟瘴气。大权奸贾似道死后，王爚、留梦炎、陈宜中等跳梁小丑走马观花、轮番上台，他们的行径如江湖骗子，给奄奄一息的南宋又压上了几块大石头。更可怕的是，几十万元军大部队就像滚滚而来的推土机，终于把摇摇欲坠、千疮百孔的赵宋大厦摧垮了。

六、元军横扫江南

赵良弼告诉忽必烈，击倒南宋，只待最后一记铁拳了。南宋的重兵都在扬州一带，应当避实击虚，把最后一拳直接打在临安城上。于是在十月，伯颜带着忽必烈的旨意来到了湾头堡。此时阿术已经完成对扬州的合围，宋军得不到任何外援，粮尽弹绝，饿殍满城，死者枕藉。但是守将李庭芝、姜才野菜充饥志更坚，随时做好殉国的准备。

伯颜抵达湾头堡不久，元军另一大将阿剌罕也从建康赶来相会。伯颜决意贯彻忽必烈的旨意，留下淮东都元帅孛鲁欢、副都元帅阿里伯守卫湾头堡，阿术继续围攻扬州城。

伯颜亲率大军，横渡长江，兵锋直指南宋的心脏临安。二十五日，伯颜抵临镇江，召集众将商议之后，兵分三路南下。

左路：董文炳率水陆军十数万，以范文虎为向导，自镇江顺流而下，取道江阴，在澉浦、华亭出长江口之后，循海道迂回到杭州湾、钱塘江，从背后直插临安城。

中路：伯颜和阿塔海，以吕文焕为开路先锋，自镇江南下常州，取道太湖杀向临安城。

右路：阿剌罕率步骑兵十余万，自建康出广德四安镇，夺占独松关，与左、中两路合击临安。

次日，常州告急。谢道清派遣张全率两千余人救援。在苏州的文天祥也派遣部将尹玉、麻士龙、朱华率三千人马，与张全一道北上赴援。但是两路援兵相互猜忌，麻士龙跟张全挺进到常州郊外的虞桥之后，遭到元军的阻击。麻士龙陷入重围，张全却见死不救，跑到五木去跟朱华会合。麻士龙孤军奋战，壮烈牺牲。

张全在五木又跟朱华闹矛盾。朱华准备挖深沟、设鹿角（相当于现代战争的铁丝网）。张全却横加干预，阻挠朱华构筑防御阵地。元军杀到，朱华率广东兵殊死搏斗，从上午辰时一直杀到午后未时，杀伤大量元军，双方胜负未决。傍晚时分，元军绕道山后，偷袭尹玉的江西兵。尹玉奋起反击，毙杀元军千余人。孰料对岸的张全却隔岸观火，不发一兵一卒。尹玉的江西兵寡不敌众，纷纷跳进水里去，争先恐后爬到张全的战船上。丧心病狂的张全竟然下令砍断江西兵的手指，导致江西兵溺死者不计其数。

尹玉收集残兵五百人，继续鏖战。从晚上杀到翌日凌晨，毙伤元军人马无数，尸首堆满了田野。最后尹玉筋疲力尽，手刃数十人之后被元军活捉。气急败坏的元军残忍地把四条长枪架在尹玉的脖子上，然后用木棍活活地将他打死。江西兵全部殉难，无一人投降。此番救援常州失利，罪在张全胡作非为。文天祥大怒，要将他斩首示众，但是临安都督府却不许。

十一月十二日，右路阿剌罕击溃银林东坝的宋军，守将赵淮跟小妾被擒。元军杀死小妾之后，把赵淮给到扬州的阿术。阿术逼他去扬州城招降李庭芝，一旦事成，高官厚禄少不了。赵淮假装答应，结果到了扬州城下之后，赵淮大喊大叫："李庭芝，你身为男子汉，死则死矣，千万不可投降！"阿术恼羞成怒，立即将赵淮杀死。

阿剌罕继续东下，广德代理知县赵时践自杀、总制许贵战死。十三日，阿剌罕又攻陷四安镇，宋军正将胡明战死。元军势如破竹，锋芒直向临安西北的独松关。消息传到临安城，又是天崩地裂一般。主政的右丞相陈宜中束手无策，慌乱之中把临安城内年满十五岁以上的人都拉去当兵，临时拼凑了一支毫无战斗力的业余军队，称之为武定军。人们一瞧，所谓的武定军尽是些身高一米有余的娃娃部队，大为寒心。

此时各个战场上的宋军一塌糊涂，只有苏州的文天祥堪可一战。于是陈宜中又令文天祥赶回临安，勤王救国。

江淮战场杀声急，江西战场的元军也进展顺利。十六日，蒙古万户宋都带兵至隆兴府，南宋江西转运使、知府刘槃投降。江西制置使（江西军区司令）黄万石还没有见到一个元兵，就吓得屁滚尿流，狼狈逃到建昌去。元兵继续追到建昌，黄万石又跑到福建去。

结果把战火引燃到福建境内，十七日，元兵攻进兴化县（今福建仙游钟山、游洋一带），知县胡拱辰自杀。

只有都统密佑在进贤坪组织军队，迎战元军。还没有交手之前，元兵战场喊话："你们要打还是要降？"密佑振臂高呼："血战到底！"呼声未落，就指挥部下朝着元兵猛冲过去。

冲到龙马坪，被元军围得水泄不通，箭如雨下。密佑身中四箭、三枪，可手中的两把大刀挥舞得如同风车一般，率领敢死之士数十人胡乱砍杀，终于冲出重围。孰料在过桥时，桥断了，密佑落入元军之手。宋都带非常欣赏密佑的顽强战斗精神，很想把他挖过来。但是密佑被关押了一个多月，除了每天大骂黄万石为卖国小人，使自己志不得伸外，就是不投降。宋都带又让刘槃、吕师夔送给密佑一大堆金符，说只要他肯投降，什么官都可以做。密佑根本就不屑一顾。

宋都带最后抓住了密佑的儿子，教他在密佑面前哭哭啼啼："父亲死了，我要怎么活下去？"气得密佑把儿子臭骂一顿："我死了，你可以去讨饭吃啊！只要说是密都统密佑的儿子，还怕讨不到吃的？"骂完儿子之后，密佑淡定地解开衣衫，坦然受死，看得围观的元兵大为感动，泪如雨下。

伯颜和阿塔海的中路军于十三日从镇江出发，十六日兵临常州城下。宋军守将是知州姚訔、通判陈炤、都统王安节和刘师勇。姚訔是南宋名臣资政殿学士姚希得之孙，王安节的父亲就是扬威钓鱼城的一代名将王坚，刘师勇是身经百战的猛将，陈炤虽然职位卑微却也是满腔热血。这四人情投意合，紧密团结，拧成一股劲，誓死守城。伯颜派人前去招安，动之以情、晓之以理，说得喉咙都冒烟了，姚訔等人就是不理会。

十七日，伯颜下令将招降书射进城去，姚訔等又不听。伯颜怒从心头起，让投降的武进县丞王良臣把老百姓都赶去运土块，运到常州城下之后连土带人，填堆成堡垒，上头安放火炮，把抓来的老百姓剥皮之后，切成一块块的，熬制成滚烫的人油，然后抛洒到城里去。

伯颜亲率帐前精锐的卫队数千人，在城南布阵，拆下城外的木牌，涂抹膏油，点燃后射进城焚烧房屋。如此不分昼夜地狂打猛攻，城中哀声连连，但是姚訔等人依然不为所动，斗志反而更加顽强。

伯颜没辙了，只好组织强攻，喝令帐前卫队上阵死战。元军将士奋勇争先，从常州城的各个角落乱打一通。守军兵力不济，顾此失彼，激战至十八日巳时（上午十点左右），元军终于把伯颜的红色帅旗高高插在常州城头上。守将姚訔第一个阵亡，陈炤与王安节率部继续展开巷战。有人劝陈炤说："城北东门还没有出现敌军，可以从那儿逃走。"陈炤宁死不逃，回答说："只要离开阵地半步，就不是我的葬身之处了。"血战到中午，骄阳当空，元军大部队杀到，陈焌以身殉城。王安节被俘之后，送到伯颜跟前，不屈而死。只有刘师勇带着八个骑兵，溃围而出，向苏州方向逃去。

二十三日，右路的阿剌罕猛攻四天之后，也占领了独松关要隘，守将冯骥、冯骐兄弟双双阵亡。另一守将张濡逃走。独松关一陷落，邻近的各个阵地无不望风而溃。临安震动，朝廷上下如同沉船上的老鼠，惶惶不安。

此时文天祥与张世杰都赶到临安勤王，但是城中军队只有三四万人，纵然有三头六臂也挡不住伯颜的数十万大军。文天祥对张世杰说："淮东各城还在我们手中，广东、福建也是完好无损。死地则战，干脆豁出去了，把临安的军队都开出城去，跟敌人做最后一搏。万一得胜，就诏令淮东各部截击敌军侧背后。如此犹有翻盘的可能！"

张世杰大喜，立即奏告陈宜中，陈宜中根本就不敢出战，搬出太皇太后谢道清的诏书，拒绝了文天祥的战法。

秘书监陈著也上疏给陈宜中说，与其坐以待毙，不如背城一战！希望他认真考虑一下文天祥的方案。结果惹毛了陈宜中，把他赶到台州去做知府。陈宜中把持朝政，作威作福，国难当头，却连半条计策也想不出，只有蒙上欺下，搞得将士离心，山河破碎。左丞相留梦炎更是形同行尸走肉，除了在朝中掀风鼓浪、搬弄是非之外，无所事事。一听说独松关沦陷了，竟然连左丞相的乌纱帽都丢弃了，逃得不见踪影。

留梦炎一跑，陈宜中就更慌张了，只好派遣太府卿柳岳到元军去乞和。十二月初四，伯颜从常州南进，初五驻军于无锡西边。翌日，搭起帐幕，召集诸将，接见南宋求和使柳岳。

柳岳一见到伯颜，就恭恭敬敬地捧上谢道清和幼主赵㬎的国书以及陈宜中给伯颜和吕文焕的亲笔信。柳岳泪汪汪地向伯颜求情："太皇太后年事已高，幼主是个五岁小儿，还在为先帝披麻戴孝之中。自古以来，礼不伐丧，恳请伯颜大丞相息怒班师。宋主愿意年年进奉，岁岁修好。如今两国闹到这个地步，都是那奸臣贾似道所害的。"

伯颜破口大骂："你们宋国实在无赖。大元特使郝经被你们囚禁了十六年，去年你们又无故杀害了廉希贤、严忠范，这难道都是贾似道一人的过错吗？要想休兵和平，何不学学吴越王钱镠纳土、南唐后主李煜归降？你们宋国的江山是从一个小儿手中夺过来的，现在又从一个小儿手中丢失了，天意如此，你还想说什么话？"

柳岳无言以对，只有点头哭泣而已。

打发走南宋的乞和使之后，伯颜下令继续前进。十一日，兵至苏州，南宋都统王邦杰、通判王矩之率众出降。伯颜派遣燕公楠、范文虎的下人王政，带上自己给宋主以及陈宜中的书信，随同柳岳去临安。

火烧眉毛，就是菩萨也救不了了。陈宜中决意屈辱求和。他认为伯颜最听吕文焕的话，于是就追封吕文焕的哥哥吕文德为和义郡王。任命吕文德的儿子吕师孟为兵部侍郎，准备跟伯颜谈判。十三日，柳岳、燕公楠到达临安城。根据柳岳和燕公楠的报告，陈宜中决定送伯颜一封乞和大礼。

十七日，陈宜中又任命宗正少卿陆秀夫、兵部侍郎吕师孟为乞和使，跟随柳岳、燕公楠回到无锡去见伯颜。这回陈宜中提出的乞和条件非常荒唐，南宋称侄、纳岁币，要是伯颜还嫌不够，那就干脆再降一个等级，称侄孙，每年向忽必烈这个叔公孝敬足够的岁币。同时还给吕文焕下一道诏书，求他说情，通好退兵。

二十五日，陆秀夫、吕师孟等人面见伯颜。伯颜本以为南宋要纳土投降，一听到要认忽必烈为叔公，伯颜就来了脾气，别说叔公，就是喊一百声"爷爷"也不退兵。伯颜右手一挥，下了逐客令，把陆秀夫、吕师孟、柳岳赶回临安。

陈宜中愁眉苦脸的，难道真的要大宋跪下叩头称臣吗？最后他想了一个花招，向谢道清提议，南宋奉表求封为小国。泱泱大宋，现在竟然成了附庸小国，跟高丽、交趾、缅国等小邦平起平坐了。谢道清心如刀割，可是形势比人强，做附庸小国，总比俯首称臣好啊。

但是伯颜却不愿意跟南宋讨价还价，坐失战机。只有给宋人猛揍一顿，才懂得叫疼。

伯颜毫不犹豫地下令打到临安城去，至元十三年（1276 年）正月初三，至嘉兴，知府刘汉杰降。

嘉兴距离临安不过一百五十里，朝中人情汹汹，上演了疯狂的末日大逃亡。初四，参知政事陈文龙、同签书枢密院事黄镛成了逃亡领跑员，文武百官几乎跑光了，就剩下一个陈宜中苦撑着。初五，谢道清不得不任命吴坚为左丞相兼枢密使，端明殿学士常楙参知政事。可是中午在慈元殿宣读麻纸草诏任命书时，与会的稀稀疏疏，武将倒有几个，文臣只有六个人。大家都忙于逃命，无论谁做丞相，与自己有什么关系呢？这就是泱泱大宋最后日子的真实写照，谢道清唏嘘不已。

南宋的富庶令元军垂涎欲滴，临安城定都一百五十年，古玩奇珍、文物典籍，几乎是一座取之不尽用之不竭的超级大宝藏。元军将领无不在军营中想入非非，只要一脚踏入了临安城，随手捡起一件东西，就足够让子孙后代享受了。于是整天围着伯颜，吵个不休，非要杀到临安不可。

伯颜不厌其烦，赶紧叫来郎中孟祺问计，孟祺回答说："宋人只有最后一条路可走了，逃到福建去。如果我们逼得太急，宋国朝廷就会溜之大吉。那时候就出大事了，整座临安城陷入无政府状态，打砸抢烧的暴力事件层出不穷。临安城三百多年的积蓄，一夜之间荡然无存。留给我们的将是一座破破烂烂的空城，有什么用呢？不如派人过去安慰安慰，替我们暂时看管一下临安城。采苹果也要等苹果熟透了再采啊！"

伯颜大喜，马上派使者到临安去给谢道清和陈宜中吃了一粒定心丸。陈宜中这时候成了一个大忙人，陆秀夫从元军大营带回的消息令他寝食不安。

称侄儿、侄孙，甚至龟孙子都无法使伯颜笑开颜。

陈宜中不胜纳闷："难道非得要大宋俯首称臣吗？"

太皇太后谢道清很干脆，"那就称臣吧！"

陈宜中倒有点不甘心，"大宋三百二十载，其间有多少帝王将相、英雄豪杰，一旦俯首称臣，英明的太祖皇帝赵匡胤泉下会答应吗？"

谢道清心都碎了，泪流满面："别再说下去了，只要能够保住江山社稷，称臣不称臣，无所谓了。"

《马可·波罗游记》中有这么一个传说。谢道清召来临安的术士，让他占卜胜负。术士说元军要想攻下临安城，必须派一个长着一百只眼睛的大将来打。谢道清为此信心爆棚，世界上哪有这样的怪人。靠着术士预言的支撑，谢道清决心坚守到底。可是有一天随从告诉她，敌军的统帅叫伯颜。谢道清大吃一惊，伯颜，岂不是"百眼"吗？正应了术士的预言。谢道清的信念瞬间崩塌，于是屈辱的媾和开始了。

七、赵宋的日暮

正月初九，南宋监察御史刘岊到嘉兴去见伯颜，奉表称臣，上尊号，每年纳贡绢、银二十五万两、匹。乞求元军不要再打到临安城去了，大发慈悲，给赵氏的子孙后裔留一个地方来祭祀老祖宗吧。

见刘岊说得可怜兮兮的，伯颜有点心软了："那就叫陈宜中来长安镇（今浙江嘉兴长安镇）跟我当面约好吧！"

十一日，南宋都统洪模带着丞相陈宜中、吴坚的书信，屁颠屁颠地来到嘉兴，告诉伯颜："等宋国宗室的老大福王赵与芮来了之后，就马上结盟修怨。"

伯颜却没有那么傻，这分明是南宋的缓兵之计。第二天把洪模打发走之后，伯颜留下万户忽都虎、千户王秃林察镇守嘉兴府，任命刘汉杰仍为嘉兴府安抚使，自己亲提大军，离开嘉兴，继续南征。

南宋朝廷听说伯颜要杀来了，立即又吓逃了一大半。刚刚做了八天参知政事的常楙第一个撒腿就跑，谢道清让夏士林签书枢密院事，孰料任命书未下，夏士林就神秘地蒸发了。

十六日，伯颜抵临长安镇。董文炳的左路军也在崇明岛出长江口之后，顺着海路南下，沿途抄掠乍浦、海盐、澉浦，在杭州湾登陆，赶到长安镇与伯颜会师。但是伯颜左等右等，就是不见南宋丞相陈宜中和吴坚的踪影。

伯颜气得暴跳如雷，发誓再也不跟宋人媾和。马上下令，杀到临安城，活捉陈宜中问罪。次日，伯颜兵至长安镇临平。此时临安城内成了一座恐惧之城，谢道清已经安排好了流亡的路线，她进封八岁的吉王赵昰（幼主赵㬎的庶长兄）为益王，判福州，五岁的信王赵昺（幼主赵㬎的弟弟）为广王，判泉州。准备在非常时刻逃到福建，继续战斗下去。

陈宜中更变成高速运转的陀螺，忙得晕头转向。由于长安镇结盟违约，伯颜早已把他列入信用黑名单。陈宜中惶惶无计，最后带着一大帮人去见谢道清，请求迁都。谢道清不答应，陈宜中就跪地不起，哭得死去活来。谢道清无奈之下，只好让他打点行李，准备走人。

可是到了夜里，还不见陈宜中前来请谢道清出宫。谢道清震怒，把陈宜中骂得狗血喷头："我本来就不想走，是他苦苦哀求才答应的。现在竟然欺负到我这个老太婆头上来！"

骂完之后，谢道清把发簪和耳饰都取下来，恨恨地往地上摔去，砰的一声巨响，关上大门，再也不见任何人了。

陈宜中去哪儿了？原来他忙着准备逃跑，竟然忘记了奏告谢道清。

十八日，伯颜进至临安城北郊数里的皋亭山。右路统帅阿剌罕、左路统帅董文炳相继来会，临安北关门外已经可以看到元军游骑的行踪了。

临安城岌岌可危，文天祥、张世杰再三恳请太皇太后谢道清、太后全氏、幼主赵㬎暂时躲到海上去。他们两人要背城一战，跟元军拼命了。但是陈宜中坚决不肯，反而打起了投降的主意。

在陈宜中的擅自主张之下，保康军承宣使赵尹甫、和州防御使赵吉甫、安抚使贾余庆等带上赵宋的国玺、降表，跟随燕公楠去见伯颜。

伯颜这时候正因夫人的不请自来而感到不悦。伯颜虽然有点不耐烦，但是更多的是豪迈，踌躇满志，他对夫人说："你来得正好啊！我马上就要飞黄腾达了，你吃一盏酒就回家吧，别在这儿碍手碍脚的。宋主要投降了！"

伯颜夫人的后脚跟还没有踏出大门，赵尹甫、赵吉甫、贾余庆、燕公楠四人的前脚跟就迈了进来，恭恭敬敬地把赵宋的传国玉玺和降表呈给伯颜。降表上写着：

大宋国主㬎，谨百拜奉表于大元仁明神武皇帝陛下：臣昨尝遣侍郎柳岳、正言洪雷震捧表驰诣阙庭，敬伸卑悃，伏计已彻圣听。臣眇焉幼冲，遭家多难，权奸似道，背盟误国，臣不及知，至于兴师问罪，宗社贴危，生灵可念。臣与太皇日夕忧惧，非不欲迁辟以求两全，实以百万生民之命寄臣之身，今天命有归，臣将焉往？惟是世传之镇宝，不敢爱惜，谨奉太皇命戒，痛自贬损，削帝号，以两浙、福建、江东西、湖南北、二广、四川见在州郡，谨悉奉上圣朝，为宗社生灵祈哀请命。欲望圣慈垂哀，祖母太后耄及，卧病数载，臣茕茕在疚，有足矜，不忍臣祖宗三百年宗社遽至殒绝，曲赐裁处，特与存全，大元皇帝再生之德，则赵氏子孙世世有赖，不敢弭忘。臣无任感天望圣，激切屏营之至。

伯颜一阵狂喜，宋主降服了，了不起啊，从窝阔台大汗开始，苦征恶战了近半个世纪，如今终于在自己手中实现了。

伯颜高高兴兴地收下传国玉玺和降表之后，马上让燕公楠等四人回到临安城去，邀请陈宜中前来商议投降事宜。孰料陈宜中做出投降的决定之后，趁着黑夜，神不知鬼不觉地溜出嘉会门，逃往温州清澳。

南宋朝廷的不战而降，令正义之士张世杰、刘师勇、苏刘义等人倍感寒心。但是覆水难收，投降已成既定事实，张世杰、刘师勇、苏刘义等人各自悻悻散去。张世杰撤到定海，元军副都元帅石国英派遣都统卞彪前来劝降。张世杰念及卞彪跟自己曾经共同战斗过，就杀了一头牛，好酒款待。可是吃到一半时，卞彪侃侃而谈，劝张世杰弃暗投明，早得富贵。张世杰一听见投降两个字，立即翻脸不认人，下令割了卞彪的舌头，把他推到巾子山五马分尸。刘师勇逃到海上去，看到南宋大势已去，整天郁郁不乐，喝酒度日，终于暴食暴饮而死。

只有文天祥坚守岗位，留在谢道清和幼主赵㬎身边。谢道清彻底成了一个孤家寡人，患难之中见真情，于是提拔文天祥为右丞相兼枢密使、都督诸路军马，家铉翁签书枢密院事，贾余庆同签书枢密院事兼任临安知府。这可算是三百二十年赵宋王朝的最后一届政府了。

伯颜到达临安以北的十五里之后，听到陈宜中逃走了，气得差点儿就要跳进杭州湾。自己驰骋天下，杀敌无数，算得上一代英豪，想不到却被陈宜中这小子三番五次耍弄。立即下令右军阿剌罕，左军董文炳、范文虎，守住钱塘江，不得让一个宋人逃走。又派精兵五千人，追击陈宜中，务必将其缉拿归案，可是追到浙江境内就不知去向，只好扫兴而归。

驸马都尉杨镇护送着益王赵昰、广王赵昺以及赵昰的生母杨淑妃、秀王赵与择，要逃到浙江婺州去。范文虎率一队元军紧追不舍，眼见快要追上了，情况非常紧急，杨镇大喊一声："我跟追兵同归于尽，你们走吧。"杨淑妃的哥哥杨亮节赶紧背起赵昰、赵昺两人，拉着杨淑妃，弃车徒步，在深山老林中躲避了七天七夜。幸亏宋军统制张全带着几十个士兵及时赶上，听说陈宜中在温州，于是杨淑妃等人都跑向温州。

虽然逃走了陈宜中和赵昰、赵昺，但是南宋政权的象征——谢道清和幼主赵㬎还在临安城。此时城内乱象丛生，社会治安严重恶化，南宋的三司卫兵竟然在大白天行凶杀人，张世杰的余部在街坊小巷横行霸道，一些不法分子趁机作案，老百姓叫苦连天。伯颜下令元军将士不得私自入城，违者军法严惩。还让吕文焕到处张贴黄榜，告知临安城内军民，要安居乐业，不准闹事。告示一贴出来，治安马上改观，老百姓无不拍手称快。

于是伯颜派遣宣抚程鹏飞，计议官孙鼎亨、燕公楠、洪君祥，千户洪双寿等人到临安皇宫，去安慰谢道清和赵㬎。

二十二日，谢道清派遣左丞相吴坚、右丞相文天祥、同知枢密谢堂、安抚贾余庆、中贵官邓惟善等到皋亭山明因寺去见伯颜。

文天祥身为南宋的顶梁柱，肩负着国家的尊严和民族的命运。文天祥理直气壮地告诉伯颜："本朝是黄帝的嫡系传人，承接华夏正统，是中华文明的圣地。尔等北朝将对本朝怎样？难道要颠覆本朝的政权吗？"

伯颜拿出忽必烈诏书，声言决不会动赵宋的祖宗社稷，也不会滥杀一个老百姓。

文天祥立即予以反驳："既然尔等有如此之心，那就退到平江府或嘉兴，双方坐下来好好谈。先搞定岁币和金帛，而后尔等全部撤军，这是上策。如果胆敢动本朝社稷宗庙的一块砖瓦，那么两淮、浙江、福建、广东的宋军就会蜂拥而起，谁负谁胜还不知道呢。到那时，你们的大麻烦才刚刚开始！"

文天祥引经据典，论武功伯颜天下无敌，但是文斗决不是文天祥的对手。激烈的唇枪舌剑还没有几个回合，伯颜就垂头丧气地败下阵来，气得他嗷嗷大叫，咆哮着要砍了文天祥的脑袋。文天祥镇定自若："我南朝状元、宰相，已经位极人臣，无所求了。只是还欠国家一条命，不论上刀山还是下油锅，要是眉头皱一下，我就不姓文了。"

伯颜顿时蔫了，民不畏死，奈何以死惧之？元军诸将也听得瞠目结舌，面面相觑，真想不到南宋还有如此不要命的人物。

这么一个英雄豪杰要是放走了，无异于纵虎归山，后患无穷。伯颜就下令万户忙兀台、宣抚唆都扣押下文天祥，把吴坚、谢堂、贾余庆等人轰回去。

文天祥破口大骂："我来这里就是共商两国友好大计，为什么留下我？"

伯颜平静地回答："老兄少安毋躁！你既然是宋国的顶梁柱，肩上责任不轻啊。就留在这儿，我们从长计议。"

文天祥怒不可遏，吵吵嚷嚷。伯颜只是满脸堆笑，充耳不闻，任他叫骂。仔细看了看降表，开头的几个字"大宋国主"，跟下文的"大元皇帝"，相提并论，平起平坐，哪里有俯首称臣的意思？于是又令程鹏飞、贾余庆、洪双寿，到临安把降表退还给南宋朝廷，换上写有降帝号字样的表文。

二十四日一大早，旗鼓开路，伯颜在左右万户的前呼后拥之下，绕着临安城巡游一圈，然后到钱塘江去观览海潮。虽然此时还不是最佳的观潮节，但伯颜是第一回看到浩渺的海水，不由得心花怒放。更令他高兴的是，南宋的宗室、大臣们排着整齐的队伍，恭候着自己。伯颜这才真正感受到胜利者的滋味！

翌日，张弘范、孟祺、程鹏飞又献上重新拟写的南宋称臣降表以及谢道清招抚各州郡的手诏，宣告南宋已经完成了投降的手续。接下去就是接管临安城的问题了。

二十六日，伯颜登上西湖北的狮子峰，俯瞰临安城，繁华美景尽收眼底，果然是人间天堂。狮子峰高一百八十八米，周边尽是声誉满天下的龙井贡茶。伯颜可不是来爬山喝茶看戏，他观察了一下整座临安城的地形险要，立即部署元军把守好城门，又派遣万户克齐尔岱、李劳山和总管王俊进城保护宫城。伯颜决心要把一座完美无缺的天城献给忽必烈！

在伯颜严厉的管制措施之下，除了将独松关守将张濡斩首、族诛，以报廉希贤之仇外，极少发生元军抢劫杀戮的事件。

二十八日，元军接管了全城，南宋的马步军殿司以及诸司卫兵，全部进行整编，供元军随时调遣。临安城的和平占领其意义之大，堪比平津战役中的和平解放北平。

二月初一，太阳出现了大黑子，人们都说这是天意所在。于是南宋幼主赵㬎率领文武百官在祥曦殿面朝北方，献表乞为大元帝国的藩属。伯颜却不领这份情，他按照忽必烈的旨意，在临安设置两浙大都督府，任命忙兀台、范文虎为都督，将南宋辖地并入大元的版图。又派遣程鹏飞去取谢道清的手诏以及三省、枢密院、左丞相吴坚等朝廷文书，檄令南宋其他州郡尽速降服。

但是枢密院的最高长官——签书枢密院事家铉翁坚决不肯签字。家铉翁状貌奇伟，身材高大，为人严谨，精通儒学。他不签字，文书就无效，等于一张废纸。程鹏飞大怒，窜进了家铉翁的办公室，拿出绳子要将他五花大绑。家铉翁抗议说："在中书省哪能随便可以捉拿一个执政大臣？待我回府之后再签字吧。"

二月初六，对所有的宋人来说，是一个悲伤的日子。立国近三百二十年的赵宋王朝终于在历史大舞台上潸然谢幕。数十万元军涌入临安城，伯颜派遣张惠、阿剌罕、董文炳、石天麟、杨晦、张弘范、唆都等开始全面接管南宋朝廷的各个机构。查封官府金库，没收史馆、秘书省的图书档案以及各司的符印、告敕，登记军民钱粮之数，宣告解散官府和侍卫禁军。文天祥所招募的勤王军队，也被视为非法，就地解散。南宋两浙路八府、六州、一军、八十一县，二百九十八万户，五百七十万口，从此永远并入大元帝国的版图。

文天祥回不来了，谢道清就提拔贾余庆为右丞相兼枢密使，刘岊同签书枢密院事，任命贾余庆、吴坚、刘岊、谢堂、家铉翁五人为祈请使，向伯颜乞和。

伯颜念念不忘那位宁可上刀山、下油锅，也不愿屈膝的文天祥。只要能把文天祥挖过来，绝不亚于降服十万宋军，就带着吕文焕以及南宋的五位祈请使，组成一个豪华的劝降团，去做文天祥的思想工作。

孰料贾余庆等人一见到文天祥，就被泼了一身狗血。文天祥痛斥贾余庆无耻卖国，元军统帅伯颜也成了失信小人。一旁的吕文焕试图当好好先生，从中和稀泥。文天祥一不做二不休，从吕文焕骂起，一直骂到吕文德、吕师夔、吕师孟父子三人及其兄弟堂侄，深受国恩，不肯以死报国，宁愿做卖国贼。直骂得吕文焕面红耳赤，如丧家犬夹紧尾巴不敢吭声。

元军接管临安城的工作持续了五天，到十一日基本完成。伯颜下令到处张贴布告，慰抚新附的官吏军民。派遣太监王野入宫，将南宋的衮冕、圭璧、符玺，还有宫中图籍、宝玩、车辂、辇乘、卤簿、麾仗等物，全部没收充公，临安城内积累了一百五十年的财富一扫而尽。元军又在宫中大肆搜捕宫女、侍从，那些不堪受辱的宫女投水自尽者数以百计。

国都临安沦陷，南宋迅速土崩瓦解。二月二十三日，南宋淮西制置（淮西战区司令）夏贵熬不住元军糖衣炮弹的轰击，终于竖起白旗，向阿术投降。淮西、浙东各州郡长官从者云集，相继依附。福王赵与芮也从越州来降，赵宋宗室的嫡系子孙就剩下益王赵昰和广王赵昺了。

忽必烈乐得不行，诏令伯颜，赶紧让他陪着赵宋君臣来大都。三月初二，伯颜入临安城，住进城南的万松岭卢源宅。第二天，在原南宋朝廷中枢三省办公地举行盛大的庆功酒宴。谢道清思念幼主赵㬎，提出要见他一面。伯颜坚决不肯："到大都去觐见大元皇帝之前，断无相见之理。"

初八，伯颜又在万松岭园中召集诸将，通报最新的战况。围攻扬州的大元帅阿术送来了两条消息：一条是好消息，躲在庐州的夏贵已降；另一条是坏消息，拘押在镇江的文天祥越狱逃走。荆湖南路行中书省长官阿里海牙也报告说，经过三个月数十次的猛攻之后，终于在大年初一拿下湖南重镇潭州，湖南安抚使兼知州李芾死于帐下沈忠之手。湖南州郡袁、连、衡、永、郴、全、道、桂阳、武冈等望风而降，得五十六万户、一百五十三万口。

军事会议之后，伯颜留下阿塔海，秘密商议如何将谢道清、赵㬎及那些亡宋遗臣送到大都去。只有尽早把谢道清、赵㬎等人转移到北方去，才能断绝宋人复国的梦想。

兹事体大，可是临安初定，人心不稳，必须做到万无一失。

初十，伯颜令忙兀台镇守浙西，唆都镇守浙东，令阿剌罕、董文炳继续扫荡福建、浙江的南宋残余势力。江西都元帅宋都带报告说，福建、广东的宋军打着益王赵昰和广王赵昺的旗号，准备进攻江西。于是伯颜让塔出、李恒、吕师夔，会同阿剌罕、董文炳，齐心合力消灭益、广二王的势力，自己则胜利北归。

十二日一大清早，阿塔海、张惠、阿剌罕、董文炳全副戎装，带着一队士兵凶狠狠地闯进皇宫，召唤赵㬎及其生母全太后，由郎中孟祺宣读忽必烈的诏书。读到"免牵羊系颈之礼"这句话时，全太后忆起了一百五十年前的靖康之变，金军攻陷开封城，宋徽宗、宋钦宗被掳。金军用绳子套住两个皇帝的脖子，像赶山羊似的，牵着他们去见金国皇帝。金人戏称为"牵羊系颈之礼"，宋人却视为奇耻大辱，每每谈起，无不扼腕叹泣。今天，这屈辱的一幕又在自己和儿子身上重演，但所幸的是，元军并没有套上绳索，加以凌辱。

全太后泪流满面地告诉赵㬎："大元皇帝仁慈，饶了我们母子的性命。你快快北望叩谢吧！"赵㬎朝北拜谢之后，拉着母亲的手，坐上轿子，跟着身边的宫女，永远离开了这一座金碧辉煌的皇宫。随行的有福王赵与芮、沂王赵乃猷、宋度宗赵祺的生母隆国夫人黄氏、谢道清的侄儿谢堂、签书枢密院事兼参知政事高应松、翰林权直刘哀然等人。他们被赶出临安城之后，当晚就在北新桥下的船中过夜。

谢道清却不愿意走，这里是她的家，也是她一辈子的归宿。就借口疾病在身，怎么也不走。阿塔海无奈之下，只好派万户赵兴祖到瓜洲去请示伯颜。一个年过花甲的老太婆，还能瞎折腾多久？伯颜就让谢道清暂时留在临安城中。

由于元军策划周密，行踪诡秘，伯颜和赵㬎母子北上之日，临安城内的老百姓几乎不知晓。但是走到了瓜洲，消息走漏。扬州守将李庭芝、姜才不胜愤慨，散尽金帛钱财，召集四万大军，准备夜袭元军，把全太后母子解救出来。可惜元军早有防范，双方在瓜洲江面上展开了激烈的拉锯战。战至半夜三更（午夜十二点），元军簇拥赵㬎和全太后而去。

姜才追到蒲子市，眼看就要追到了，这时候阿术率大部队杀到，姜才不敌退去。李庭芝的劫狱行动遂宣告失败。真州安抚使苗再成也试图抢回全太后母子，仍是无果。

眼见着繁华的临安城愈来愈遥远，这辈子再也回不去了，全太后一行悲悲戚戚，哀鸣不已。一位名叫王清惠的昭仪在馆驿的墙壁上题写下一首词，读之令人泪下。词云：

太液芙蓉，浑不是，旧时颜色。曾记得，恩承雨露，玉楼金阙。名播兰馨妃后里，晕潮莲脸君王侧。忽一朝，鼙鼓揭天来，繁华歇。

龙虎散，风云灭。千古恨，凭谁说？对山河百二，泪沾襟血。驿馆夜惊尘土梦，宫车晓碾关山月。思嫦娥，相顾肯从容，随圆缺。

赵㬎被抓走了，临安的谢道清完全在元军的掌控之下。宋人都把复国希望寄托在益王赵昰和广王赵昺二王身上。闰三月，陆秀夫和苏刘义听说二王逃往温州，一路狂追，终于在半路追到。陆秀夫让二王召来躲在清澳的陈宜中。陈宜中归队之后，又让二王召来在海上闲荡的张世杰。张世杰手头有一支军队，护着二王安全抵达温州。

温州的江心寺中有一张宋高宗赵构南下避难时坐过的椅子，陆秀夫、陈宜中、张世杰等人睹物思情，跪在椅子下哭得天昏地暗。哭完之后，仿效当年的赵构，奉益王赵昰为天下兵马都元帅，广王赵昺为副元帅，开始谋划复国运动。又任命秀王赵与择为福建察访使，让他先去福建招抚官民、宣谕百姓，号召各路忠义之士，共扶赵宋王室。

这时候谢道清也派来了两个太监、八个士兵，要把赵昰和赵昺二人召回临安城。陈宜中生怕他们扰乱人心，将八个士兵全都沉入江中溺死。由于二王行踪暴露，众人决定，全部转移到福建去，准备在那儿建立抗元根据地。

第八章　铁血丹心

一、文天祥越狱

陆秀夫、陈宜中、张世杰等在温州高举赵宋大旗，展开轰轰烈烈复国运动的同时，文天祥也在真州上演了一场惊心动魄的越狱大片。

贾余庆和吕文焕受到文天祥的痛骂之后，怀恨在心，劝伯颜把文天祥送到北方去，让他尝尝大漠风沙的厉害，伯颜就把文天祥拘押在瓜洲。当时扬州还在宋军手中，为防不测，文天祥、吴坚等几个祈请使都被转移到镇江去。

身在曹营心在汉，文天祥恨自己一念之差，身陷囹圄，误了军国大事。于是跟随从杜浒、余元庆、金应、张庆、夏仲、吕武、王青、李茂、吴亮、邹捷、萧发等十一人密谋越狱。但是想从元军严密的监视之下逃出去，无异于火中取栗。在决定逃亡之前，杜浒问文天祥："如果成功脱逃，实在是万幸。要是不幸密谋泄露，难逃一死。你会后悔吗？"

杜浒做过浙江天台县令，曾经率领四千义兵到临安去勤王。可是在临安，杜浒备受冷落，一气之下准备回到天台。不巧在西湖边碰到文天祥，文天祥对他大为赏识。杜浒从此成了文天祥的死忠。文天祥要深入虎穴，到明因寺去跟元军统帅伯颜交涉。部下都不敢跟从，杜浒却自告奋勇，第一个抢着去。进入元军大营之后，杜浒成了文天祥的贴身侍卫。

文天祥用手指心，对天发誓：宁死不悔！并拿出一把明晃晃的匕首，郑重表态，不成功便成仁。见文天祥说得如此坚定，众人都举手赞成。可是逃亡的目标在哪里，意见不一。杜浒主张渡江逃到东南的浙江去，那儿仍然是宋军抵抗运动的中心。另一个随从余元庆却异想天开地提出，逃往西边五十里的真州。那儿是距离镇江最近的宋军据点。而且余元庆是真州人，对江淮一带的地理人情了如指掌。

文天祥当即拍板，行！于是责成杜浒、余元庆制订周密的逃跑计划。

元军把文天祥安顿在镇江土豪沈颐家中，由一个凶残似豺狼的王姓千户实行全天候监控。杜浒仔细观察了几天之后，发现虽然王千户监控甚严，但也有机可乘。王千户只防范文天祥一人，对其他随从掉以轻心。杜浒就利用这个漏洞，天天跑出去喝酒，回来大发酒疯。刚开始王千户有点狐疑，可是几天之后就习惯了，一个酒疯子，能干啥啊？没想到杜浒除了喝酒之外，还广交朋友，特别是那些内心同情南宋的人。镇江的老百姓恨元军恨到骨子里去了，对文天祥却是敬若神明，谁都愿意帮他脱离苦海。可是城里离江边还有十几里的路，沿途都是元军的哨所，怎么逃啊？有个养马的老兵，思念南宋，给文天祥指明了一条小路，绕过闹市，穿越三四条街巷，直达江边一处偏僻无人的荒野，那儿是极佳的渡口。

出逃的路线也有了，最后只剩下船只了。众人苦苦找寻了十天，一无所获。文天祥正为此"惨惨椎心泪血流"，陷入无比绝望之际，二月二十九日，余元庆邂逅了一位老友，他就在元军里看管船只。文天祥急不可耐，立即塞给他一千两银子，并许诺事后保荐他做承宣使。

不料此人侠肝义胆，振振有词地说："我为大宋救出一个宰相，已经立下大功。还图什么金银财宝？只求赏我一张字帖，日后投靠时也有个凭证。"

众人正要为此欢呼雀跃，忽然中午来了元兵，说上头有令，几个祈请使都过江到瓜洲去。贾余庆、刘岊最先得到命令，早已过江了，文天祥跟吴坚接到命令时天色已晚。眼见精心策划的逃亡计划就要化为泡影，文天祥赶紧耍了个滑头，骗元兵说，明天跟着吴坚一同过江。

元兵一走，文天祥当机立断，趁着夜色赶快行动，再不走就要到大漠去吃黄沙了。

逃亡的一共十二人，分成三个行动小组。第一小组两人，先过江到甘露寺去找余元庆的朋友，向他要船只。第二小组三人，到养马的老兵家，请他带路。第三小组七人，随后跟进。

文天祥首先借口明日要去瓜洲，宴请沈颐和王千户，把两人灌得不省人事。当然有没有下蒙汗药那就不得而知了。

但是第二小组的三人找到老兵的家后，老兵怕引火烧身，临时变卦，喝得烂醉如泥，怎么唤也唤不醒。老兵的老婆以为是强盗闯入，吓得要叫喊邻居。杜浒闻讯之后迅速赶到，弄醒老兵，掏出三百两银子绑在他的腰间。老太婆看到白花花的银子，傻呆了，再也不敢声张。二更时分，老兵引路，文天祥等人悄悄穿过街巷，向江边的渡口进发。

当时镇江是军管区，实行宵禁，夜间有元兵巡逻。但是精明过人的杜浒早有应对之策。前些日子负责宵禁的刘姓百户到沈颐家做客。杜浒问他宵禁是怎么回事，刘百户回答说只要提着官灯，就可以来去自如。杜浒就百般讨好刘百户，还行八拜之交，约为兄弟，经常拉着他在窑子里鬼混。趁着刘百户快活之际，杜浒骗他说："我跟随文天祥在此，每次要等他入睡之后才能够溜出来。可是就怕宵禁，来去不便。干脆你送我一只官灯，如此我们兄弟俩就可以随时快活了。"

杜浒约定二十九日晚上，让刘百户派人送灯给他，两人再去逛窑子。是夜，果然一个小兵提灯过来。文天祥、杜浒等人乔装打扮，小兵提灯在前，元军巡逻以为是自家人，不加追问。众人在一老一小的带领下，穿过街巷，来到一个人烟稀少之处。杜浒又塞给小兵一点银子，约定明日在某处见面。那小兵是个十五六岁的毛孩，根本就不懂事，拿到银子，高兴得一蹦三尺高。于是众人顺利逃脱。

逃到了市井尽头，有一个元军的哨所。元军把十几匹马拴在大路口，只要有人过去，马儿就会惊醒哨兵。果然文天祥等靠近之后，十几匹马都惊惶躁动。大家紧绷神经，准备做困兽之斗。孰料犹如神鬼相助，元军哨兵们都睡得像木头似的，文天祥又侥幸逃过一劫。

到了甘露寺的江边，麻烦又来了。江边空荡荡的，一条船都没有。文天祥急得就要拔出匕首自残，可是这样的死法也太窝囊了。文天祥暗中决定，要是元军赶来，就学着屈原投江自尽。

余元庆却不信他的朋友会是个背信弃义之人，卷起裤腿在水中摸索了一两里，终于找到船只。文天祥大喜过望，天无绝人之路啊！

江面上尽是元军的战船，连绵不绝数十里。众人壮着胆子，在元军的眼皮底下搭船溯流直上。可是到了七里江处，遇到了一艘巡逻船，突然大喝：“什么船？”艄公灵机一动，答说：“河豚船。”元军巡逻却不信，大喊大叫：“歹船也！”

众人吓得冷汗直冒，这回彻底完蛋了。

眼见巡逻船就要冲过来了，文天祥立即准备杀身成仁，做屈原第二。没想到又是神差鬼使似的，江水退潮了，元军巡逻船在暗滩搁浅，动弹不得。文天祥等人惊喜未定，又刮起东南风，一下子把他们送到远方去。

文天祥今天走狗屎运了。总算脱离了险境，大家都舒了一口气。照这样的速度，五更时分就可以抵达目的地真州。但是文天祥高兴得太早了，东方吐白之时没风了。此时离真州还有二十余里，要是被岸上的元军发现，恐怕文天祥就连屈原也做不成了。大家都紧张兮兮的，划船的划船，推船的推船，撑篙的撑篙，拉纤的拉纤，用尽了吃奶的力气才把船弄到离真州五里的岸边。

上岸之后众人在真州城下高呼："宋军弟兄，文丞相从镇江越狱成功，径来投奔。"知州苗再成大开城门，亲自出迎，文天祥当场泪奔，这一路走的是什么路啊？

那天恰好是三月初一，凌晨时分一钩月牙儿挂在天边，依稀可见。

文天祥进入真州城后，见到的都是衣装亲切可人的宋人兄弟，仿佛一个流浪远方的孤儿回到老家，不由得感慨万千。苗再成也是高兴得两行热泪直流："老兄归队了，两淮有李庭芝和夏贵两员大将，可惜他们不和，要不然光复宋室就有望了！"其实夏贵早已叛投元军，只是宋人还不知道。

文天祥问道："那该怎么办？"

苗再成构思了一个反攻作战方案：先让淮西战区总司令夏贵佯攻建康，吸引元军的主力。淮东战区的宋军趁机发起大破袭运动，通州、泰州宋军进攻湾头，高邮、宝应、淮安宋军进攻扬子桥，扬州宋军进攻瓜洲，真州水师直捣镇江。宋军四路齐进，先扫荡江岸的敌军，而后夹击瓜洲。拿下瓜洲之后，李庭芝的淮东军进攻京口，夏贵的淮西军进攻建康，如此则大事可定。

文天祥大喜，二话没说，立即以丞相的名义写信给李庭芝，约他出兵。但是事情坏就坏在李庭芝身上。

文天祥还没有抵达真州时，有一个逃兵跑回扬州，密报李庭芝说元军派了一个南宋的丞相到真州去劝降。至于这个逃兵是不是元军的间谍，那就不得而知了。不管其他人信不信逃兵的话，反正李庭芝是信了。局面那么混乱，南宋叛徒多如牛毛，还是小心为妙。于是李庭芝给苗再成下达死命令，要是有所谓的丞相混入真州城，格杀勿论。

三月初三，李庭芝的书信送到真州，苗再成不忍心杀掉文天祥，但是对他惊险的越狱传奇半信半疑，就把书信拿给他看，然后将其撵出扬州城。不久又派两人试探文天祥，如果真的是元军的说客，那就当场宰杀。两人分别与文天祥交谈之后，发现他的碧血丹心比钢铁还难熔化。苗再成就把文天祥送到扬州去，让他自个儿向李庭芝辩白。

四更时分，文天祥等人到达扬州城下，果然抓捕文天祥的消息满天飞。受此不白冤屈，文天祥悲愤不已，于是改名换姓为清江刘洙（文天祥一个老部下的名字），准备取道高邮、通州，渡海去浙江。但是在路上余元庆、吴亮、李茂、萧发再也忍不住奔波之苦，偷盗银子，抛离文天祥而去，剩下的八个人跟着一个砍柴的樵夫蹒跚而行。

历经千辛，又逢万苦。途中碰到一大堆元军，赶紧躲入路边的一个土围子。饥肠辘辘之下，只好向樵夫讨点糟糠团吃。初五，赶了四十里路之后逃到板桥，遭遇一股元军骑兵，混战之中，张庆的眼睛中了一箭，脖子上挨了两刀。王青、杜浒、金应被抓走。杜浒、金应掏出黄金贿赂元兵逃了出来，又找来几个樵夫，用箩筐把文天祥抬着北上高邮稽家庄。稽家庄统制官稽从很敬佩文天祥，设宴款待，然后让儿子稽德润护送他南下泰州。

二十一日，文天祥离开泰州，二十四日到达通州。在通州，文天祥最亲密的战友金应不幸逝去。一个月后，文天祥得知宋人拥戴赵昰、赵昺二王在温州江心寺建立元帅府，喜不自禁。于是在闰三月十七日辞别通州，南下温州。二十二日，搭船出海。四月初八，抵达温州。虽然赵昰、赵昺早已转移到福建去了，文天祥仍是兴奋异常，坚信最黑暗的日子已经过去了，抗元复国的光明一天迟早会来临。

二、血洗江东

逃走了文天祥，伯颜如临大敌，下令提高戒备，加紧将全太后、赵㬎母子及南宋祈请使团送到北方去。闰三月初十，祈请使团先行到达大都，入住会同馆。十四日，贾余庆病死会同馆。这个龌龊的南宋末代丞相死后尸体被抬出后门，草草埋葬。二十一日，伯颜回到大都，善于溜须拍马的南宋祈请使团中竟然有人竖起"天下太平"的旗号。二十四日，全太后母子也莅临大都。随行的后宫有隆国夫人黄氏、王昭仪、新安宫正（宫廷女官）、新定安康朱夫人、安定陈才人以及宗亲福王赵与芮、沂王赵乃猷等，大小车驾九十三辆，宫女和太监六十余人。

忽必烈已经赴上都避暑了，于是在四月十五日伯颜又押送全太后母子去见忽必烈。二十八日，抵达上都，在南城门明德门官舍里歇脚。

忽必烈在上都西城门五里外的左北边设置一个紫锦罘罳（门屏），里边是蒙古人的家庙。五月初一，忽必烈派官员祭拜蒙古人的列祖列宗，自传说中的苍狼和白鹿，到弯弓射大雕的成吉思汗，再到窝阔台、拖雷和尊敬的母亲唆鲁禾帖尼，最后到蒙哥汗等等。敬告老祖宗的在天之灵，南宋已平，从此混宇一统，四海晏然。

全太后、赵㬎、福王赵与芮、隆国夫人和太监为一班，后头跟着吴坚、谢堂、家铉翁、刘岊等，作为战利品被押送到紫锦罘罳前两叩头。让伟大的成吉思汗瞧瞧，他的子孙征服的是一个怎样的王朝。

翌日天刚蒙蒙亮，全太后、赵㬎等排着整齐的队伍，从明德门出行，去朝拜名震天下的征服者忽必烈大帝。他们走了十余里，来到了一块草地上，那儿是忽必烈的行宫。草地上摆满了一百多张桌子，桌上尽是闪耀夺目的金银、玉帛。行宫殿宇比桌上的金银还要灿烂，恢宏壮丽，美轮美奂。

随着帘幕徐徐卷起，诸王及其王妃们按次序坐在大殿之上，忽必烈和察必皇后像两尊菩萨，一动不动地端坐在正中间。

全太后母子等人腰佩金银鱼袋，身穿紫袍，其他的南宋官员浑身绯绿，就像在南宋觐见皇帝，依序班列，表情虔诚严肃。宋人的矜持并没有使忽必烈感到不悦，反而大加赞赏："你们都没有改变服色，只依宋国，甚好，甚好！"

亡国让全太后万念俱灰，后来她剃发遁入空门，在大都的正智寺与青灯为伴。太皇太后谢道清也被接到大都去，但是被降为寿春郡夫人。谢道清屈辱地苟活了七年，至元二十年（1283年）故去，享年七十四岁。

忽必烈的最大满足不是征服南宋的领地，而是征服宋人的心。把自己当作南宋的皇帝加以膜拜，还有什么比这更让忽必烈兴奋的呢？全太后母子等从遥远的万里之外，不辞辛劳北上朝拜，这一行动足以表明他们的赤诚了。召见之后，忽必烈大摆宴会，犒赏南宋的君臣们。

吴坚年纪六十有三，胡子一大把，苍老的脸上还泛着金莲川草原的风霜，看得忽必烈感动有加："你这么老了还做宰相，不嫌累吗？"

吴坚委屈得就要哭出来了："右丞相陈宜中以下文武百官逃之夭夭，朝廷上空空如也，谁都不想做宰相。我是赶鸭子上架，才做几天的左丞相就被派到这里来了。看在老臣年迈如霜降的分儿上，恳请皇帝让我回乡养老吧。"可惜吴坚终究没能回到他的老家——位于东海之滨的浙江仙居。他被拘羁在大都，不久闷闷地撒手而去。

小皇帝北上巡狩去了，这并不等于延续了三百多年的赵宋王朝就此终结。临安沦陷了，福州成为南宋抵抗运动的新中心。陈宜中、张世杰、陆秀夫在此把八岁的益王赵昰拱上帝位，改年号景炎。遥尊赵㬎为孝恭懿圣皇帝，又上太皇太后谢道清尊号，册杨淑妃为皇太妃，进封广王赵昺为卫王。升福州为福安府，任命王刚中知福安府。以大都督府为垂拱殿，便厅为延和殿。

新的朝廷机构也迅速建立起来，陈宜中为左丞相兼枢密使、都督诸路军马。陈文龙、刘黻参知政事，张世杰为枢密副使，陆秀夫直学士院，苏刘义为殿前都指挥使。又任命扬州守将李庭芝为右丞相，姜才为保康军承宣使。召回辞职在家的前任丞相叶梦鼎为少师，充太一宫使。叶梦鼎虽已七十八岁高龄，但是诏书一到，不顾年老体弱，奋然赴命。结果坐船到了温州，海上掀起巨浪，不得南进。叶梦鼎在船上号啕恸哭，悲伤而还。

但是福州新朝廷仍然摆脱不了内讧倾轧的恶性传统，陈宜中嫉恨直学士院陆秀夫通晓军事，深得军心，于是把他甩到广东潮州去。

福州新朝廷的最重要使命就是驱逐元军，恢复宋室。陈宜中下令向浙江、江西、广东外围的元军发起反攻。具体部署是江西制置使赵溍北攻邵武，江东制置使谢枋得进兵饶州，李世达、方兴等进兵浙东，毛统由海道进攻两淮，傅卓、翟国秀等也分道出兵。

在宋军嘹亮的反攻号角声中，南宋幼主赵㬎却迎来了最屈辱的一天，被福州新朝廷抛弃之后，在五月十一日忽必烈把他降为开府仪同三司、检校大司徒、瀛国公。幼小的赵㬎成了那个时代最失落的人。从行的安康朱夫人、安定陈才人，无法直面惨淡的现实，万念俱灰，与两名婢姬一道沐浴更衣之后，相约上吊自杀。死前在裙带上留下泪迹斑斑的八个字："誓不辱国，誓不辱身！"安康朱夫人还在衣袖上留下一首绝命诗：

既不辱国，幸免辱身。世食宋禄，羞为北臣。

妾辈之死，守于一贞。忠臣孝子，期以自新。

两位大无畏妇人坚贞不屈的临终誓言，给南宋最后有气无力的咆哮增添了几分悲凉的声调。

赵匡胤于后周显德七年（960年）发动陈桥兵变，从幼主手中夺取了政权。孰料三百一十六年之后，德祐二年（1276年）赵宋王朝丧失在另一个幼主手中。赵宋亡君名㬎（显），与其年号"德祐"恰好组成"显德"。从一个幼主到另一个幼主，从"显德"到另一个"显德"，完美地来了一次命运的大轮回。也许，这就是所谓的冥冥中自有天注定吧！

与此同时，各路元军开始地毯式的扫荡，福州新朝廷的大反攻很快就夭折了，征服南宋的战争进入了收官阶段。

元军面临的最大威胁是在浙江战场。宋军控制了临安以南的衢州和婺州，随时就可以北攻临安的门户严州。董文炳告诫唆都，要是严州守不住了，宋军就会一窝蜂涌向临安城。果然不出董文炳所料，五月初十，衢州和婺州的宋军联手进攻严州。唆都顽强抵抗，苦战数月击溃宋军，并乘胜转入反攻，拿下婺州，继而掉转矛头，直扑西边的衢州。唆都率元军总管高兴身先士卒，一举攻破衢州城。宋军守将权知府萧雷龙逃走。

临安南面的威胁刚刚解除，福王赵与芮的侄儿赵孟桼又在毗邻的绍兴密谋暴动。不幸事泄，赵孟桼被抓到临安去。两浙大都督范文虎责问他为什么谋反作乱，没想到反被赵孟桼骂得狗血喷头："忘恩负义的狗贼，朝廷待你不薄，你却不思图报，反而背叛国家，助纣为虐，颠覆大宋政权。我乃皇室胄裔，准备一洗宗庙之耻。怎么是谋反作乱？"

范文虎恼羞成怒，下令把赵孟桼拖到刑场去砍头示众。途经赵宋宗庙时，赵孟桼高声惨呼："太祖太宗在天有灵，怎么会眼睁睁看着孟桼遭此大难？"看得临安城内的老百姓为之飙泪不已。

浙江平定了，淮东宋军又成了元军的眼中钉。宋军以扬州为核心、真州和泰州为左右翼，三点连成一条线，互为呼应，让元军统帅阿术头痛不已。阿术就派总管陈杰攻下泰州新城，然后交给万户乌马儿，准备伺机夺取泰州城。

扬州守军不肯坐以待毙。都统姜才亲自率部出击东边的湾头堡阵地。战斗很激烈，元军的右卫亲军千户董士元被打死，但是姜才也损失了步骑四百余人，被迫退回城去。

唇亡齿寒，泰州、扬州战事急，真州的苗再成坐不住了。他派出冯都统率兵两千，战船一百艘袭击瓜洲。阿术遣万户昔里罕、阿塔赤等出战。宋军不敌，溃退至珠金沙，遭到元军的围歼，几乎覆没。统将冯都统投江死，七十七艘战船被缴获。

在元军铁桶般的围堵之下，淮东扬、真、泰三城的宋军彻底成了瓮中之鳖，束手待擒。

六月十一日，扬州守将姜才听说高邮的粮饷要南下了，率五千人马夜袭北边的丁村堡，意在打通高邮的运河粮道。元军守将史弼、苫彻出战，姜才发起猛攻，杀伤无数。鏖战至天亮，眼见丁村堡阵地就要攻下了，元军左副都元帅阿里伯、都督陈岩从湾头堡冲出，包抄姜才的后路。元军千户伯颜察儿又率三百重甲精骑突然杀到，反将姜才重重包围。

宋军远远望见阿术的战旗，立即溃散。元军趁机追杀，结果撞上了宋军的运粮队，缴获大米五千石。阿术料到高邮的水路被切断，粮援必走陆路，于是派千户也先忽都率千余骑兵沿途截击。几天之后，高邮又运来了粮饷，也先忽都杀死背米的宋兵数千人，获米三千石。

高邮的水陆粮道被切断之后，扬州城内弹尽援绝，福州小朝廷又来了诏书，李庭芝和姜才决定弃城。二十九日，李庭芝留下朱焕守城，自己跟着姜才带上七千骑兵向东突围，要逃到泰州去。

元军统帅阿术亲率百余骑兵尾后截杀，左副都元帅阿里伯、万户刘国杰分路追击，在泰州城西歼灭宋军千余人。李庭芝和姜才进入泰州城时，部下所剩寥寥无几。李庭芝下令筑长围、挖壕沟，准备固守泰州。阿术独率一队在泰州东南面扎下大营，斩断李庭芝的退路。但是李庭芝再也不想跑了，决心与泰州共存亡。

元军攻陷临安城时，阿术曾经让人带着谢道清的亲笔信，要坚守扬州城的李庭芝放下武器投诚。李庭芝甚至连门都不让使者进，爬上城头告诉他，自古以来只有奉诏守城，从未听过奉诏弃城的。

赵㬎北上途经瓜洲时，谢道清又给李庭芝写了一封令人心寒的书信："前日劝你投降，许久不得回音。难道你不懂得我的意思，一意顽抗到底吗？现在我跟幼主已经臣服于大元帝国，你还想替谁守城？"

李庭芝无语以对，大宋江山又不是你谢道清一个人的。他气呼呼地下令拉开最强劲的弓弩，射死一个使者，其余的抱头鼠窜而逃。

李庭芝进了泰州城之后，阿术倾其精锐，撒下天罗地网，将李庭芝困得严严实实。东南边，阿术亲自遏其退路；北边，元军占领高邮、宝应，绝其粮道；西边，博罗欢攻占泰州新城；东边，则是荒芜的盐碱滩涂。除了四面围城之外，阿术还把夏贵的淮西降兵赶到泰州城下，对宋军展开心理攻势。

李庭芝的部下有点动摇了，劝他赶快为自己找条出路。李庭芝仍是岿然不动，淡定地说："我只有死路一条而已。"

总攻之前，阿术又派人拿着忽必烈的诏书招降李庭芝。元军使者客客气气地被请进了泰州城。没想到一踏进城门，就被李庭芝砍成两半。忽必烈的诏书也被拿到城头上烧成一把灰，以此向元军示威。

不久，淮河沿岸淮安、盱眙、泗州的宋军因为粮食吃光，活不下去，都向元军投降。李庭芝孤军奋战，只好征集民间余粮。熬了几天之后，老百姓的口粮都吃光了。李庭芝让那些当官的交出口粮，又熬了几天之后，当官的自己都得喝西北风了。李庭芝就逼军中将校拿出粮食，杂以牛皮、刍草禾苗，让士兵们充饥。到最后，城中出现了比易子而食、析骸而爨更惨的情况。士兵们饿得鸠形鹄面，竟然把自己的孩子都杀了。李庭芝就是靠着这股钢铁般的意志，击退了元军疯狂的轮番进攻。

七月十二日，留守扬州的朱焕投降，更令泰州守军雪上加霜。城内已是鱼游沸鼎，气若游丝。由于姜才背上长出一个大肿块，无法出战，李庭芝独木难支，军心日益涣散，在饥荒和元军的双重打击之下，终于垮掉了。二十二日，知泰州孙良臣，裨将孙贵、胡惟孝、尹端甫、李遇春以及李庭芝的帐下士卒刘发、郑俊，打开北门，向元军投降。李庭芝绝望之下跳入莲花池自杀，结果水浅不死，跟着姜才成了元军的阶下囚。

阿术把他们抓到扬州去，痛斥李庭芝不肯投降，荼毒老百姓。姜才替他开脱："不想投降的是我！"

你越是坚强，你的对手就越敬重你。阿术实在敬佩李庭芝和姜才的忠义、才勇，不忍心杀害他们。扬州叛将朱焕深恨李、姜二人，劝阿术说："扬州自用兵以来，尸骸盈野，这都是李庭芝和姜才的所作所为。不杀了他们，留着干啥？"

八月十三日，阿术将李庭芝和姜才杀害于扬州闹市，城中老百姓无不痛哭流涕。二十二日，元军又攻陷真州，安抚使苗再成阵亡。淮东有州十六、县三十三，户五十四万，口一百零九万，至此全部沦陷。阿术让总管乌马儿镇守泰州，自己押送战俘北上去见忽必烈。

淮东战场尸山血海，其他的江西、广东战场也是硝烟弥漫，头颅乱滚。荆南元军统帅阿里海牙荡涤湖南全境之后，兵锋横扫江西。

战火马上就要蔓延到广东了，南宋的广东经略使徐直谅惊慌失措，派遣部将梁雄飞北上隆兴府，向阿里海牙乞降。可是梁雄飞刚走出广州城，徐直谅就后悔得肠子都青了。

梁雄飞到了隆兴府之后，被阿里海牙任命为广东招讨使，让他回去赶走徐直谅，取而代之。

这时候福州小朝廷的诏书也到了广州，徐直谅决定洗心革面，做一个大宋的纯臣，就派遣权通判李性道、摧锋军将黄俊，抢占广州以北的石门要隘，抵挡梁雄飞。可惜为时已晚，李性道怕死不战，黄俊战败。石门眨眼间就沦陷了，吓得徐直谅弃城而逃。六月初四，梁雄飞大摇大摆，进入广州城。除了黄俊拒绝投降被杀之外，其余的都戴上了大元的乌纱帽。

广东本来是南宋最可依仗的大后方，现在也成了抗元的最前线。但是元军的咄咄逼人之势，令宋军的反攻举步维艰。

六月，陈宜中、张世杰摩拳擦掌，调集十万大军，任命都统张世虎、江西招讨使吴浚为统将，准备大举反攻江西。张世虎和吴浚集结于广昌，收复了南丰、宜黄、宁都三县。另一路宋将翟国秀夺回邻近的铅山，江东招谕使傅卓也攻入浙江境内，挺进到衢州、信州一线。

元军江西都元帅宋都带招架不住了，频频向大都求援。忽必烈立即诏令长江中游安庆、蕲州、黄州一带的元军南下增援。结果吴浚、张世虎在建昌附近遭到元军江西左副都元帅李恒的迎头痛击，大败而回。翟国秀只得撤兵，傅卓孤掌难鸣，战败投降。宋军在江西方向的反攻瞬间化为泡影。

文天祥从温州到了福州之后，被授予通议大夫、右丞相兼枢密使、都督诸路军民等职，但是他与当权派人物陈宜中、张世杰尿不到一个壶里，决定另起炉灶，回到温州招兵买马，收复两浙。但是陈宜中倚重张世杰，拒绝了文天祥的计划。

七月十三日，文天祥只好在福建的南剑州建立同督府，延揽人才，招募士兵，图取江西。同督府成员大都是豪杰名流之士，主要有：

参赞：大将吴浚

参议官：宗室赵时赏、以清廉著称的陈龙复

都统制：老将巩信（兼江西招捕使）

招谕：傅卓（兼江东招谕使）

督府干办：太学名士谢杞、福建人吴文炳和林栋

咨议：赵孟

咨事参军：谢翱翔

文天祥统领的同督府军成了南宋当时战斗力最强的部队。

随着宋军抵抗力量的增强，元军发现，临安城内的谢道清对躁动不安的宋人起不到任何作用，甚至有人怀疑，谢道清暗中支持沿海人民的反抗运

动。元军对谢道清下达了驱逐令，把这个病恹恹的老太婆连床带人抬出去，跟着随从侍卫七十二人，被送到大都。

八月，忽必烈下诏，将这个命运多舛的南宋太皇太后降封寿春郡夫人。谢道清膝下无子，七年之后，她在大都孤零零地撒手人寰，终年七十四岁。

三、文天祥的抗争

太皇太后谢道清被赶出临安城，意味着元军对愈演愈烈的宋人抵抗运动完全抛弃了怀柔政策，取而代之的将是血腥恐怖的高压政策。

九月初一，江浙、江西的元军开始大举南下，就像两个巨大的铁钳，兵锋直指宋人的最后两块地盘——福建和广东。江浙元军以水师为主，在阿剌罕、董文炳、忙兀台、唆都的统领下从宁波、婺州出发，沿着海岸水陆并进，主攻福州、泉州、漳州。江西元军以骑兵为主，在塔出、吕师夔、李恒的统领下，从赣州出发，越梅岭关，直扑向广州。

福州小朝廷也做好最坏的打算，一旦福建守不住了，就转移到广东。但投元的叛将梁雄飞窃据了广州城，已经严重危及宋军的大后方。陈宜中、张世杰就派遣江西制置使赵溍，南下收复广州。东莞的抗元义士熊飞闻讯在潮、惠地区举兵响应。熊飞一路向西，梁雄飞不敌败逃。熊飞又趁热打铁，拿下了韶州、新会，推举曾逢龙为新会知县。两人合力进攻广州城，变节投元的李性道见风使舵，亲自出城迎接。熊飞、曾逢龙趁机杀了这个叛贼，恰逢赵溍赶到，宋军顺利光复了广州城。

但是不久吕师夔、李恒的江西元军杀到梅岭，危及广州。赵溍派熊飞、曾逢龙北上迎敌。结果南雄一役，宋军败溃，曾逢龙壮烈殉国。熊飞退守韶州，被吕师夔团团围住。守将刘自立献城叛变，熊飞与元军展开激烈的巷战，最后也跳水自尽。赵溍吓得屁滚尿流，元军未到就逃之夭夭，广州又失陷了。

江西元军势如破竹，捷报频传。江浙元军也在攻克处州之后，温州港战船云集，准备由海道直捣宋军的老巢福州。为了协调好江西、江浙两路大军，忽必烈将唆都提拔为福建道宣慰使、征南元帅，让他接受江西元军统帅塔出的指挥。塔出命令他先拿下东方的大港泉州，而后由海路南下广东，与江西元军会师于广州的官富盐场（今香港九龙尖沙咀与茶果岭之间）。

唆都精神抖擞，不料双脚还没有踏上战船，信州守将就送来了十万火急的求救书，声称邵武、建宁的宋军正对信州虎视眈眈，唆都不来，信州不保。唆都打开地图一看，还真有点悬。要是元军南下福州、泉州，邵武的宋军从背后捅一刀，到那时不但信州难保，也会影响元军的整个进攻部署。于是唆都改变作战计划，掉转兵锋，飞越仙霞关，在崇安大破宋军，斩首千余，直取建宁。

此时文天祥已经把同督府转到毗邻江西的汀州，留守南剑州的张清率部北进，准备夜袭建宁，结果中了唆都的埋伏，打了败仗，连南剑州也丢失了。唆都拿下南剑州之后，在汉奸王世强的向导之下，元军兵锋转向东南的福州。

南剑州到福州不过两三百里，元军骑兵急行一天就可以杀到。福州城内登时又如天塌地陷一般，人心慌乱。陈宜中、张世杰把小皇帝赵昰、卫王赵昺、杨太妃拉上战船，又开始大搬家了。随行的有士兵十七万、民兵三十万、淮兵一万，组成南宋史上一支规模最为庞大的流亡大军，乘坐近万艘大小船只，浩浩荡荡地开往茫茫大海。孰料刚刚出了大海，就遇到元军的战船。所幸的是那一天海面上大雾弥漫，如同黑夜一般。宋军战船配备先进的指南针，趁着元军晕头转向顺利逃脱。宋军船队在泉州外港靠岸补给，福建广东招抚使蒲寿庚亲自来迎，并请小皇帝到泉州安家。

这个蒲寿庚的先祖原是侨居占城国的阿拉伯商人，后来在广州经商。蒲寿庚自广州迁居泉州，从事走私贩运香料的勾当，一夜暴富，曾经做过三年的提举泉州舶司。提举泉州舶司就是南宋的海关总长，油水多得要撑死人。后来蒲寿庚击退海盗有功，先后被宋廷授予福建安抚使兼沿海都置制使、福建广东招抚使，垄断了东南沿海的贸易长达三十多年。

要是能把小皇帝留在自己的地盘上，那蒲寿庚就成了挟天子以令诸侯，简直就是无本万利。但是张世杰却拒绝了蒲寿庚别有用心的好意，留在泉州跟留在福州没有什么两样，元军一到，又得逃跑。

这时候有人劝张世杰说，蒲寿庚掌控的泉州舶司拥有的船只比天上繁星还要众多，那可是一笔不可估量的财富。干脆把蒲寿庚扣押下，他的庞大船队就会不令自随，乖乖为我所用。刚开始张世杰觉得这么做有私吞他人财产的嫌疑，并非大丈夫所为，就把蒲寿庚放了。可是启程南下广东时，张世杰发现由于补给太多，船只严重缺乏。于是改变初衷，打起了蒲寿庚的歪主意，强行征用泉州舶司的船只，连船上的货物、资财一并没收。

苦心经营了三十多年的资产就这么被张世杰劫掠一空，蒲寿庚一怒之下，恶从胆边生，就大开杀戒，那些待在泉州城内的宗室、士大夫以及淮兵惨遭屠戮。这个刽子手究竟杀害了多少人，说法不一，从三千人到数万不等。有人统计，泉州大屠杀死难者超过七千人，其中赵氏宗室三千三百人，淮兵二千五百人。

惨绝人寰的大屠杀严重削弱了南宋的实力，这令陈宜中和张世杰始料不及。还没来得及准备报复，就传来消息称，守卫福州城的福建制置使王积翁、知府王刚中向元军投降。数十万元军正不分昼夜，直奔泉州而来。陈宜中和张世杰只好拥着赵昰等人，慌里慌张地往潮州而去。

阿剌罕、唆都占领福州之后，又在王世强、王刚中的向导下进攻兴化军（今福建莆田）。知军陈瓒是前任宰相陈文龙的堂叔，面对着来势汹汹的元军，陈瓒有点担忧老百姓的安危，就提出投降。可很快地又后悔了，紧闭城门，准备抵抗。阿剌罕、唆都亲自到兴化城下劝降，陈瓒以猛烈的箭、石头作回答。于是元军大造云梯、抛石机，疯狂进攻了几天，兴化城陷落。不屈的兴化军民在惨烈的巷战之中，杀伤大量元军。激战一整天，守军、百姓阵亡者超过三万人，尸体堆满了每一个街头，甚至可以听到血水汩汩的流动声。元军抓到陈瓒之后，残忍地将他五马分尸。

攻陷了兴化军，阿剌罕、唆都又直取泉州。元军一到，蒲寿庚就跟知州田子真摇晃着白旗投降了。唆都接着又进攻漳州，激战数日，守军阵亡数千人，知府何清也放下武器。

就在阿剌罕、唆都扫荡福建东南沿海的同时，文天祥的同督府军也在汀州兵分两路，反攻江西。一路由赵时赏、赵孟溁西攻宁都，邹沨接应，另一路由吴浚北取雩都。江西境内的刘洙、萧明哲、陈子敬也遵照同督府的命令，起兵接应。但是文天祥的这一反攻无异于飞蛾扑火，在元军优势兵力的打击之下，同督府军接连战败，伤亡惨重。

至元十四年（1277 年）正月，元军大部队逼近汀州。文天祥奋起抵抗。知州黄去疾听到赵昰渡海逃跑的消息后，抗战决心动摇，暗中密谋投元。文天祥单丝不线，只好撤往漳州龙岩县，结果在那儿碰到了进攻宁都失利的赵时赏和赵孟溁。

吴浚攻打雩都失败后，退回汀州，跟黄去疾可耻地叛投元军。吴浚投降之后，江西元军副统帅李恒让他到漳州去招抚文天祥。文天祥最恨这类反反复复的小人，先把他臭骂一顿，然后拉出去砍头。

在漳州休整了一个月之后，三月，文天祥收复梅州。五月，由梅州北进，开始第二次反攻江西。吉州、赣州的宋军残部闻讯相继来投，同督府军士气大振，一举收复会昌。六月初三，文天祥又取得雩都大捷，乘胜袭取兴国。七月，文天祥以主力进攻赣州、偏师出击吉州。这次反攻江西一扫上次失利的阴霾，同督府军在江西南部的山区地带打起游击战争，先后光复了兴国、黄州、吉水、永丰、万安、永新、龙泉等地，各地元军龟缩在城中，号令不出，文天祥声威大震。

这时候那木罕帐下大将脱脱木儿与蒙哥汗次子撒里蛮、四子昔里吉发动叛乱，绑架了忽必烈的四皇子那木罕，投奔窝阔台汗王海都。狡猾的海都汗把那木罕交给了金帐大汗忙哥帖木儿，亲自率领大军从阿力麻里气势汹汹地杀向和林城。

忽必烈急忙把最杰出的将帅伯颜从南方召回，抽调大量元军到北方去打仗。宋军暂时获得喘息之机。在文天祥屡战屡捷的激励之下，逃到广州浅湾（今香港新界基湾一带）的赵昺小朝廷也趁着这个机会，开展自救运动，积极部署局部反攻。张世杰亲自率领淮兵从海上杀回泉州城，要找刽子手蒲寿庚算账，替死难的淮兵兄弟报仇。汀、漳地区山民义军陈吊眼、畲族女首领许夫人起兵配合，吓得蒲寿庚紧闭城门，躲在家里不敢出来。

张世杰又派高日新收复了邵武军。在福州的淮兵也密谋干掉王积翁，接应张世杰。不幸事泄，福州淮兵全都遭到王积翁的杀害。

张世杰围攻泉州的行动也很不顺利，部将谢洪永进攻南门，劳而无功。狡猾的蒲寿庚暗中厚赂许夫人的畲军，分化攻城部队。蒲寿庚又秘密派人求救于唆都，唆都亲自来援，张世杰只好解围而去，撤回广州浅湾。

文天祥的同督府军成了陆地上硕果仅存的一支宋军抵抗力量。他们在江西搅得天翻地覆，让元军夜里都睡不好觉。忽必烈如鲠在喉，决心集中兵力，铲除这一威胁。七月，诏令置江西行中书省，任命塔出为右丞，麦术丁为左丞，李恒、蒲寿庚、程鹏飞并参知政事。

八月，元军反扑开始。李恒大张声势，扬言要进攻在兴国的文天祥。文天祥万万想不到元军会来得如此之快，赶紧派江西招抚副使黎贵达迎战。黎贵达率一千同督府军跟数千义军在兴国西北百余里的泰和钟步遭遇李恒的主力，义军毫无战斗经验，一触即溃。黎贵达战不利，也被元军击溃。

打垮黎贵达之后，李恒并不急于袭取兴国，而是虚晃一枪，南下救援赣州。张汴、赵时赏、赵孟溁正率领数万同督府军，昼夜不停地进攻赣州。李恒组织一支百余人的骑兵敢死队，呼啸着冲进同督府军中。同督府军虽然人数众多，但都是步兵，遭到元军骑兵的袭击之后，阵脚大乱，李恒又趁机掩杀，同督府军不得不撤围而去。

解救赣州之后，李恒又迅速折回去从背后袭击兴国，打得文天祥猝不及防。文天祥只好撤往永丰，准备跟邹沨的数万义军会合。孰料邹沨早已被元军击溃，文天祥又逃向西南，八月十七日在庐陵东固的方石岭被李恒追上。

危急之时，同督府都统制巩信豁出命了，率几十个人冲过去跟元军短兵相接。李恒吓蒙了，误以为文天祥设下埋伏，在搞诱敌之计，心中狐疑，不敢前进。巩信坐在一块大石头上，如同雕像一般动也不动，手下拿着武器左右相护。

李恒立即下令射箭，尽管箭下如雨，巩信依然镇定自若。这么一来，李恒疑心更重了，赶紧抓来附近的一个农夫，让他带路绕到山后，四处侦察一下，没有发现任何伏兵。于是李恒紧紧缩小包围，准备将巩信等人一网打尽。结果跑过去一看，不由得肃然起敬。巩信遍体鳞伤，早已成了一个死人，只是还没有倒下而已。

由于巩信的死命掩护，让文天祥安全逃脱。夜里文天祥跑到空坑，手下的人都走散了。山路崎岖难行，元军又追上来了。赵时赏坐着轿子，元军问他是谁，赵时赏淡定地回答："我姓文。"元军大喜，就把他抓走。李恒没见过文天祥的模样，半信半疑，但是赵时赏一口咬定自己就是文天祥。李恒只好把所有的人都送到隆兴府，慢慢拷打。结果有人招供说此人是通判赵时赏，气得李恒就要撞墙。

空坑之战，同督府军损失殆尽。所幸部下五百人砍倒树木，设置路障，文天祥跟杜浒、邹沨侥幸逃脱。但是文天祥的夫人欧阳氏、儿子佛生、两个女儿柳娘和环娘及其生母颜靓妆和黄琼英落入敌手。其他的如赵时赏、刘沭、吴文炳、林栋、萧敬夫、萧敬燕等被俘，英勇就义。张日中、谬朝宗、张汴、彭茂才等阵亡。文天祥一路辗转，在十一月南逃至循州，收拢旧部，屯兵于南岭（今广东紫金县南），继续高举抗元大旗。

元军在江西重兵围剿同督府军的同时，也在四川、广西战场发动凌厉攻势，扫荡南宋的残余势力。攻取广西的战争由畏兀儿悍将阿里海牙指挥，仅用几个月的时间就平定了广西全境，至元十四年（1277年）在桂林置广南西路宣抚司，将大元帝国的版图扩充到属国交趾的边界。

东、西川战事由忽必烈的第三子安西王忙哥剌负责。忙哥剌招来太原总管李德辉做助手，在长安设立安西王府。在忙哥剌和李德辉的指挥之下，元军先后克泸州、重庆，生擒南宋四川制置使（四川战区总司令）张钰。接着又挥师东川，下涪州、夔州等地。有"东方特洛伊"之称的钓鱼城也在坚守三十六年之后投降李德辉，元军夺取四川全境。南岭的文天祥同督府军余部和浅湾的流亡朝廷成了南宋最后的两股主要力量。

四、困守孤岛

至元十四年（1277年）八月，忽必烈发出了向浅湾最后一击的号召。塔出、李恒、吕师夔率江西元军步骑逾越大庾岭，忙古带、唆都、蒲寿庚、汉军副元帅刘深率江浙元军水师顺海南下，合击广州。

忽必烈又诏令阿塔海，让他挑选精锐士卒，重点防守江西隆兴府等要地，防止张世杰和文天祥联手反击江西，确保南下元军后方安全。

十一月，唆都占领兴化军和漳州之后，又从海上进攻广东潮州。潮州守将马发拼死抵抗，唆都屡攻不下。由于担心影响广州会战的计划，就舍城而去，南下惠州，在那儿跟吕师夔合军，直向广州城。但是塔出的江西元军捷足先登，赶到广州城下，宋军广东制置使张镇孙、侍郎谭应斗投降。浅湾的赵昰小朝廷陷入腹背受敌的困境，彻底成了瓮中之鳖、釜中之鱼，再也逃不出忽必烈的手掌心。但是忽必烈还等不及南宋咽下最后一口气，就在十一月十五日诏告天下，江南既平，从今以后南宋只许称亡宋，临安只许称杭州。

赵昰小朝廷成了历史上绝无仅有的海上流亡政府。五十万军民紧紧拥护着一个九岁的孩童，在海上度过飘荡的日子，浮沉不定，朝不保夕。但是他们心中只有一个信念，永远做一个最忠诚、最坚定的大宋子民。虔诚的赵宋信徒除了文天祥、张世杰等之外，还得提到一个陆秀夫。此人博学多才，就像一个待字闺中的姑娘，文静低调。谁也想不到，在清秀柔雅的外表下，却隐藏着一颗比钢铁还要难以熔化的赤子之心。

陆秀夫与文天祥是同榜进士，两淮战区总司令李庭芝闻其才高八斗，就聘到扬州做秘书，主管机宜文字。陆秀夫紧紧跟着李庭芝，在江淮一带英勇抗击元军，由此通晓军事，被提拔为淮南东路提刑官（司法官）。当时淮南战乱动荡不安，提刑官游离失所，没有固定的办公点，更没有优厚的薪水收入，但是陆秀夫泰然处之，赴任之后尽心尽责。后来元军攻陷两淮地区，李庭芝身边的人都跑光了，陆秀夫却像纯情少女守候着情郎，不离不弃。李庭芝大为感动，当即把他推荐到朝中去做官。于是陆秀夫先后做了司农寺丞、宗正寺少卿、起居舍人、礼部侍郎。

再之后，元军杀到临安，谢道清、赵㬎俯首称臣。益王赵昰、广王赵昺逃到温州去，陆秀夫与苏刘义誓死相从。在福州，陆秀夫跟陈宜中、张世杰拥戴赵昰为帝，陆秀夫任端明殿学士、签枢密院事，与陈宜中、张世杰同掌军国大事。

陆秀夫正准备为拯救国难而大显身手时，陈宜中却嫉妒陆秀夫在军中的威望，把他赶下台。张世杰心痛不已，大骂陈宜中："现在都是什么时候了，还要蛮狠，动不动就让言官弹劾人？"陈宜中想一想，确实自己有点过分，大难临头当同舟共济，于是把陆秀夫叫回来，让他做个同签书枢密院事（军事副首长）。

流落天涯海角的赵昰小朝廷，就像一只不起眼的野麻雀，虽然也算是南宋的合法政府，但是威望全无。垂帘听政的杨太妃跟臣下商议国事时，总是低声细语，自称为奴家，决不敢摆出高高在上的太后架子。大家也都习惯了，心里头谁都清楚，这个流亡政府折腾不了几天，早晚会散伙的。所以每次朝会很松垮，根本就没有威仪可言。只有一个陆秀夫手里拿着一个笏板，笔直地站立着，神情庄严肃穆。上下朝的时候，一想起国家的惨状，陆秀夫就两眼泪汪汪，还时不时提起袖子擦拭泪珠，结果是悲泪满衣襟，看得人们唏嘘不已。

陆秀夫有心杀贼，无力回天。面对着比潮涌惊涛还要凶猛的元军，宋军一败涂地。元军统将刘深进攻浅湾，张世杰与陆秀夫殊死力战。宋军不敌，张世杰和陆秀夫只好护着小皇帝，撤往西北的秀山（今东莞虎门的虎头山）。山中住着一万多户人家，张世杰买下富家大院，改装成世界上最简陋的皇宫，把小皇帝赵昰安顿下来。可惜好景不久，军中疫病流行，死者无数，张世杰和陆秀夫不得不向西南边的珠江口方向转移。陈宜中则借口要去占城国搬运救兵，溜之大吉。

十二月二十二日，船队到达井澳（今珠江口外大横琴岛），洋面上突然刮起一阵飓风，浪涛比大山还要高，冲散了整个船队，也打翻了御船，差点儿就淹死赵昰。小皇帝受到惊吓，从此一病不起。张世杰和陆秀夫花了十来天的时间，才渐渐收拢人马，结果清点一下，大半宋军死于海难。真是老天不可怜南宋！

福无双至，祸不单行。突起而来的飓风成了元军的帮凶，还没有等宋军安宁下来，刘深率元军水师又杀到井澳。张世杰和陆秀夫惶惶无主，只好又扯上精神失常的小皇帝，仓皇躲到邻近的谢女峡（今珠江口外小横琴岛）。

为了甩开刘深，宋军掉头向东，在距离岸边不过十余里的九洲洋（今珠海九洲列岛），被元军追上了。双方再次交手，宋军大败，赵昰的舅舅俞如珪被俘。张世杰和陆秀夫想步陈宜中之后尘，准备护送赵昰逃到占城国去避难，由于去路被元军挡住了，只好回到广州去。

但是广州外洋到处都是元军的战船。江西行省右丞塔出自北方来，福建宣慰使唆都、沿海经略使兼左副都元帅哈剌带自东边来，汉军副元帅刘深自西边追来。各路元军拼命地围追堵截，宋军慌不择路，只好跑到千里之外的硇洲（今湛江硇洲岛）去。

赵昰脆弱不堪的幼体抵挡不住风雨飘摇的摧残，终于在次年四月十五日龙御归天了。小皇帝一死，宋军中又弥漫着悲观主义论调。群臣们心中的精神支柱早已崩溃，整天喊着要散伙。

这时候坚强的陆秀夫站出来了，慷慨激昂地说："度宗皇帝（赵禥）还有一个儿子啊，我们就这么把他抛弃了，于心何忍？在古代只要有一支部队就可以光复天下，今天朝廷虽小，但五脏俱全，更何况还有数万忠诚的军队。老天不灭大宋，我们怎能做亡国奴？"

陆秀夫一说，众人都同仇敌忾，那就战斗到最后一滴血吧。只要赵宋尚存一个后裔，红旗就得继续高扛下去！于是把八岁的卫王赵昺扶上帝位，改年号祥兴。

陈宜中去占城国搬运救兵，已经很久了，陆秀夫和张世杰天天盼望着他能够回来，共同辅佐新皇帝。但是两人盼花了双眼，大海浩渺无垠，别说陈宜中了，就连一只小渔船也难看到。两人由盼望变成绝望，人各有志，天各一方吧。最后决定张世杰主持朝政，陆秀夫为副。

陆秀夫成了小朝廷的中流砥柱，内外军政、民政一手抓，整天忙得不可开交。尽管如此，陆秀夫还担负起帝师之责，每天都忙里抽闲，抄写《大学章句》教导赵昺。在陆秀夫和张世杰的悉心辅佐之下，这个史上绝无仅有的流亡小王朝，在一个荒无人烟的小岛上顽强地生存下去。

但硇洲是一个火山岛，连杂草都难以生长，更别说种植农作物了，筹粮成了最大的问题，宋军又面临着饥荒的威胁。张世杰和陆秀夫让人到海南岛去征粮，同时派遣张应科、王用登上雷州半岛，进攻雷州城。

不料张应科三战三败，王用向元军闽广大都督、行都元帅府事忙兀台投降，供出了宋军的秘密：赵昰已死，张世杰等人拥立赵昺为帝，如今就躲在硇洲。岛上严重缺粮，听说从海南岛调来了粮食一万石。海道难行，只有一个杏磊浦（今广东湛江徐闻县杏磊村）可停泊船只。

杏磊浦位于雷州半岛的最南端，距离海南岛不过六七十里。忙兀台大喜，立即派兵守住杏磊浦。海南岛的粮食都运不过去，硇洲上困顿不堪，饿死者比比皆是。

六月初五，为了突破困境，张应科又登岸进攻雷州城，结果战死城下。张世杰亲自率众倾巢而出，围攻雷州。城中缺粮，元兵只得以野草充饥。守将史格利用漕运，运来钦州、廉州等地的粮草。张世杰屡攻不克，只好退回硇洲。

回到硇洲之后张世杰立即又头大起来，岛上空无一物，就连老鼠都被吃光了，再也活不下去了。于是张世杰和陆秀夫下令把船只都开往广东，那儿虽然有元军，但总比活生生饿死在硇洲强。

张世杰在珠江口找到了一个极佳的藏身之处——厓山（今广东新会南崖门镇）。广东新会城南八十里的海面上岛礁众多，犬牙交错。厓山最为峻险，与西边的汤瓶咀山紧邻相望，中间夹着宽约两三里的银洲湖，就像一扇大门扼守在珠江口的西侧。张世杰一瞧，这样的海上天险还真是少见。厓山是老天赐予小朝廷的最好礼物。

张世杰来到这里之后，再也不想走了。他派人进山砍伐森林，大兴土木，营造宫殿房屋以及防御工事。经过了三四个月的叮叮当当，有史以来世界上第一座海上都市跃然眼前。共有行宫三十间、军屋三千间。其中正殿叫作慈元殿，是杨太妃和赵昺的起居室。

大船千余艘，连云蔽日，蔚为大观。二十多万官、兵和民都以船为家，他们是泱泱大宋的最后守卫者。此外还有兵工厂，张世杰到处招募工匠，造战船、造武器。后勤供应主要取自广东东部各地以及海南岛。

张世杰的指挥部设立在一个无名高地上（今广东新会古井镇官冲村），在北起银洲湖、南至厓山，方圆五六十里范围之内，集结了十来万宋军。

张世杰声势浩大的造城工程惊动了元军的江东宣慰使张弘范。他亲自去大都觐见忽必烈说："张世杰在海上立八岁的广王赵昺为皇帝，福建、广东的老百姓纷纷响应。张世杰已成大元帝国的心腹之患，不可不除啊！"

忽必烈就任命张弘范为蒙古、汉军都元帅，让他带兵去消灭张世杰。张弘范成了凌驾于蒙、汉之上的最高统帅，但他却心惊胆战，迟迟不敢接下帅印。

忽必烈奇了："如此的殊荣可是前所未有啊。"

张弘范解释说："在蒙古帝国历史上，还没有开过汉人统领蒙古人的先河。我是一个汉人，蒙古人恐不买我的账。请派一个有威望的蒙古大臣跟我一起共事！"

忽必烈坚决不同意："你还记得令尊张柔跟两淮蒙军统帅察罕的事吗？在攻克安丰之后，令尊要留兵驻守，但是察罕不肯。结果大军离开之后，宋军乘虚而入，又把安丰夺走了，让我军进退失据，陷于被动之中。令尊事后悔恨不已，恨就恨军中缺乏统一的指挥权。如今我岂能让你重蹈令尊覆辙？"于是又赏赐锦衣、玉带给张弘范，表示对他高度的信任。

张弘范哭笑不得："我的大皇帝啊，指挥打仗要那些锦衣、玉带做什么？请赏我宝剑、盔甲，让我借着陛下的威武，去统领三军，横扫天下。"

忽必烈对张弘范的豪言壮语大加敬佩，二话没说，立即赐他尚方宝剑，授予先斩后奏之权："宝剑，就是你的副手。有胆敢不听令的，就让他去见宝剑吧。"

张弘范临行之时，又推荐大将李恒做自己的助手。两人到了扬州，调兵两万，分水陆两路，张弘范率战船从海上袭取漳、潮、惠三州，李恒率步骑由梅岭袭取广州。张弘范的加盟，成了击沉厓山小朝廷的最后一块巨石。

五、最后一战：厓山悲鸣

张弘范当务之急就是围剿广东南岭一带的文天祥。文天祥惨败于空坑之后一蹶不振，不得不躲在高山丛林之中与元军打起游击战。得知弟弟文璧和老母亲都在惠州，文天祥率同督府军余部向惠州转移，途中顺手牵羊，收复海丰县，最后屯兵于海丰的丽江浦。

在那儿文天祥与厓山的流亡小朝廷取得了联系。文天祥听说赵昺被立为皇帝，浑身打了鸡血似的兴奋不已，"老天不灭赵宋啊！"立即上书自劾空坑惨败，并要求到厓山去勤王。

可惜主政的张世杰小肚鸡肠，对文天祥怀有戒心，就借口说陈宜中虽然在占城，但他好歹还是个丞相，厓山已无文天祥的立锥之地了。要官要爵、要钱要粮都行，你就不要过来添堵了。

为了安抚文天祥，让他在外线继续抗元斗争，八月十八日，小朝廷赐文天祥为少保、封信国公，张世杰封越国公。同都督府的那些老部下也都加官晋爵，并拨出黄金三百两作军费。

报国无门，文天祥痛不欲生，写信大骂陆秀夫："皇帝这么年幼，陈宜中又逃到占城去了。一切都是由你们做主，怎么可以花言巧语，拒人于千里之外？"

陆秀夫也是满脸的无奈："陈宜中跑走了，如今是张世杰一手遮天。"

文天祥祸不单行，去厓山勤王被拒，不久军中又疫病肆虐，士兵们病死的有数百人。文天祥的老母亲和长子文道生相继弃他而去，亲属几乎殁尽。国破家亡，但是并没有把文天祥击垮。他东上潮阳，决定仿效战国时期的齐国名将田单，把潮阳当作即墨和莒，在那儿建立复国根据地。

到了潮阳之后，两个老部下邹沨、刘子俊从江西相继来会，文天祥兵威复振，于是举兵围剿当地的两个匪首陈懿、刘兴。文天祥的同督府军轻松消灭了这股乌合之众，刘兴被打死，陈懿逃走了。

文天祥万万料不到，就是这次剿匪行动葬送了自己。陈懿逃走之后投降元军，向张弘范泄密，文天祥就躲在潮阳港。十二月十五日，张弘范派弟弟、先锋张弘正，与总管燕公楠率轻骑五百人，在陈懿的引路之下，以迅雷不及掩耳之势直扑向潮阳港。文天祥猝不及防，慌忙撤往海丰。

二十日中午，文天祥跟着刘子俊、邹沨等四人正在海丰北郊的五坡岭上吃饭，张弘正率一大队元兵突然从地底下涌出来。文天祥肚子都没有填饱，就落入元军千户王惟义之手。邹沨拒不投降，自刎而死。

文天祥万念俱灰，只有一死，以求解脱。他让元军砍死自己，元军不肯。于是吞下二两龙脑香，闭上眼睛等死。可又想到龙脑香只有跟冷水同时服下才会毒性发作，就骗元兵说口渴，跑到田间去吞下大口大口的水。孰料这龙脑香不但无毒，而且还是治眼病的灵药。阴差阳错之间，竟然治好了折磨文天祥十来天的眼疾。求生不得，求死又不能！一切只有听天由命了。

刘子俊被抓住了之后自称是文天祥，希望可以稳住元军，让文天祥安全逃脱。没想到途中遇到了押送文天祥的元兵，于是出现感人肺腑的一幕。两人争吵不休，都说自己才是真正的文天祥，搞得元军晕头转向。确认文天祥本人之后，元军架起油锅，残忍地把刘子俊活活烹死。

元兵押解文天祥到潮阳，要他向张弘范跪拜。文天祥宁可双腿被打断也不下跪，张弘范不怒反喜，盛赞说真乃忠义之士！下令给文天祥松绑，以礼待之。文天祥并不领情，又是求死。越不怕死，活得越好。张弘范把文天祥留在身边，恭恭敬敬地当作堂上贵宾。

至元十六年（1279 年）正月初六，张弘范带上文天祥，由潮阳港入海搜寻赵昺的下落。元军在甲子门（今广东陆丰甲子镇）抓住两个宋军间谍刘青、顾凯，审讯之后供出赵昺就躲在厓山的西山。张弘范大喜过望，立即下令直取厓山。十二日，途经珠江口外的零丁洋时，囚禁在船上的文天祥望着茫茫大海，悲伤地忆起自己为拯救国难，不惜赴汤蹈火，如今却沦为异族的阶下囚，生死不能。悲哀、痛苦、无奈、凄切，百感交集，直涌如泉，终于留下了一首流传万世的《过零丁洋》：

辛苦遭逢起一经，干戈寥落四周星。

山河破碎风飘絮，身世浮沉雨打萍。

惶恐滩头说惶恐，零丁洋里叹零丁。

人生自古谁无死，留取丹心照汗青。

十三日，元军抵近厓山外洋，让无数汉人摧肝断肠的厓山海战渐渐揭开了帷幕。

张弘范先派人侦察一下敌情，只见厓山与汤瓶咀山之间的银洲湖水面上黑压压一大片。张世杰将千余艘战船依山面海，一字形排开，船首朝内、船尾向外，用粗大的铁索紧密相连。四周筑起了数不清的高大的木栅、木楼，小皇帝赵昺就住在中间，形成了一座宏伟壮观的海上坚城。

张世杰这样的排兵布阵实在眼熟得很，五年前的郢州之战，时为都统制的张世杰也是铁索横江，用数十条大船构筑一条水上封锁线。四年前的焦山水战，已经升任为枢密都承旨的张世杰又是故技重演，将一万艘战船排成一千个小方阵，结果被元军烧得一塌糊涂。

水上交战，胜在战船的机动进攻。一旦战船相连，就等于作茧自缚，坐以待毙。张世杰一味消极防御，只懂得守，不懂得攻，结果让张弘范捡到了一个大便宜。此外张世杰还犯下一个大错，没有扼守厓山的出海口。一旦被元军乘虚而入，堵住出海口，就会形成关门打狗之势。观战的文天祥目睹这一些，气得捶胸顿足，大骂张世杰不懂兵法，贻害无穷。

此时两军水师实力对比，宋军占有绝对优势。张世杰拥有船只千艘，其中多数为大型战船。宋人打仗不行，但造船能力在当时的世界上可是响当当的。反观元军，张弘范只有大小船只五百艘，其中还有两百艘由于海上迷路，没有按期到达作战区域。更糟糕的是，元军都是来自北方的旱鸭子，不习水战。一登上战船，就晕头转向、呕吐连连，浑身乏力，连弓箭都拿不起来。如果张世杰把千余艘战船都开出厓山，趁着元军初来乍到，阵势不稳，放手一搏，那么厓山海战的结局就不得而知了。

文天祥最担忧的事还是发生了。张弘范派遣战船排成长蛇阵，封锁厓山海口，切断了宋军的淡水供给通道。十来万宋军只能啃着硬巴巴的干粮，喝着咸苦的海水，无异于往肚子里吞下一大把盐巴，结果上吐下泻，浑身虚脱无力，战斗力急剧下降。

决战一开始，张弘范绕过厓山之北，准备偷袭宋军的侧背后，但是北方水域滩浅礁多，战船根本就过不去。张弘范只好顺着厓山东面南下，在外洋遇到了张世杰的船队，由此打响了厓山大海战的前哨战。

张弘范率元军战船发起正面冲锋，并派一小股骑兵悄悄登岸，放火焚烧赵昺的行宫。张世杰赶紧调遣大批斗舰、快船前来灭火。张弘范又令总管乐某包抄宋军后路，断其汲水之道，很快就将赵昺的行宫烧毁成一堆瓦砾。

幸亏张世杰及时地将赵昺转移到一艘巨大坚固的战船上，但也暴露了目标，张弘范命令乐总管集中所有的石炮瞄准赵昺座船，乱轰一通，结果让世人看到了宋人精湛的造船工艺，石块冰雹似的落在船上，却像蚊子叮大象，根本就造不成伤害。

见小皇帝有难，千余艘乌蜒船——广东水上居民的小船——前仆后继，赶去护主救驾。张弘范大笑，这些小鱼小虾简直就是去送死。夜里派战舰偷袭乌蜒船队，那些水上居民完全没有战斗经验，张世杰又不敢派兵救援，结果死伤惨重。乌蜒船几乎被掳走，反成了张弘范实施火攻计的战具。

元军用乌蜒船载运干草、芦苇，泼上脂油，乘着风势，纵火焚烧宋船。但是张世杰早已料到这一招，战船四周都涂抹厚厚的泥巴，或者覆盖着湿毛毯。宋军的消防工作也干得非常出色，船上捆绑一条长长的木棍，船侧挂满了水桶。一旦元军的火船来袭，宋军先用木棍或竹条撑住，再用水桶取水浇灭大火。元军忙了大半日，累得东倒西歪，却没有烧到一只宋船。

张世杰曾经是张柔的老部下，后来犯了军法，逃到南宋去，如今却成张弘范的劲敌。张弘范无计可施，忽然想到帐下有一个万户府经历（办事员）韩某，是张世杰的外甥，于是就派他去劝降舅舅。

韩某来回走了三次，张世杰不但不降，反而罗列出古代的忠臣来教导外甥。张弘范又让文天祥写信招降张世杰，文天祥不禁哑然失笑："自己没办法救父母，现在还要教人背叛父母，世上有这样的荒唐事吗？"断然拒绝之后把《过零丁洋》拿给张弘范看。张弘范看到"人生自古谁无死，留取丹心照汗青"这两句诗，连声大笑，说了两个好："好人！好诗！"

招降张世杰不成，张弘范试图瓦解宋人的军心。他派人到厓山去四处宣扬说，"你们的陈丞相逃跑了，文丞相被抓了，你们还有什么能耐守下去？"但是这样的心理战收效甚微，没有一个宋人投降。

二十二日，江西南下的李恒带着一百二十艘战船从广州赶到厓山以北水域，与张弘范南北夹击，遥相呼应。元军水师实力大增，于是有人主张发炮轰击。张弘范不同意："一旦炮攻，宋军到处逃散，大海那么宽广，我们怎么去追赶啊？不如设计稳住宋军，聚而歼之。"

李恒也认为，元军虽然围住宋军，但是宋军躲在海港里，每天潮起潮落的，应当尽早解决。要不然宋军耗尽粮草之后，自知力穷，趁着涨潮起风逃走，到时候恐怕又是功亏一篑了。商议之后，张弘范决定正面出击，以定胜负。

二月初二，宋军都统张达乘夜袭击元军。张世杰已经蠢蠢欲动了，张弘范立即先发制人，初五夜里誓师，初六凌晨发起总攻。元军分为四路，李恒进攻厓山的北部以及西北角城楼，另外两路分别进攻厓山的东、南面。张弘范自率一路在一里外的海面上机动，准备拦截逃散的宋军战船。

张弘范又做了详细的战斗部署：宋军背靠厓山，潮涨之后必定向南逃窜。负责南线进攻的部队务必猛攻痛打，不得有失。主攻西北角的李恒不要心急，等待元军阵中声乐奏起，再行进攻。宋军的西南角守将左太是一个骁勇战将，张弘范决定亲自去对付。

张弘范刚刚发号施令，突然间有一股莫名其妙的黑气从厓山西边腾空而起，毛毛细雨漫天飞舞。张弘范大喜："这可是打胜仗的前兆啊！"

不一会儿潮退，海水从北向南直灌。厓山以北的李恒水师战船如同决堤洪水、下山猛虎，猛冲向宋军船队。

快要接近时，李恒下令掉转船身，让元兵们站在船尾上跟宋军交战。李恒又事先在船尾设置了射击木栅，七八个神箭手躲在木栅后面箭无虚发，射得宋军人仰马翻。元兵趁机砍断连接宋船的铁索，跟宋军短兵相接。元军千户林茂第一个跃上宋船，千户曾胜、百户解清也不甘落后，紧随其后，不要命地挥舞着大刀，扑向宋军。但宋军大多是江淮的锐卒，面对强敌，毫不畏惧，登时厓山上空矢石乱飞，杀声震天。

鏖战至于巳时（上午十时前后），两军互有胜败。这时候涨潮了，李恒只好带上缴获的三只宋船向北退去。但是李恒刚退，张弘范的船队又趁着潮水从南边杀过来了。宋军腹背受敌，正准备决一死战，突然从张弘范的座船上传来了悠扬的乐声。

宋军误以为元军要吃午饭，杀了一个上午肚子里也是大唱空城计，斗志马上松懈下来。孰料这是张弘范发出的总攻号令，各路元军发疯似的狂奔过来。张世杰也不是吃素的，迅速从北边抽调兵力，迎战南边的张弘范。同时搬出看家武器——火炮，轰个不停，压得元军都喘不过气来。张弘范不得不投入全部的预备队，才勉强占了上风，夺取一只宋船。

于是张弘范转攻西南角的左太水师阵地。但张弘范的座船比左太的座船低矮，要是贸然进攻，左太占据制高点，张弘范难免要吃大亏。张弘范就在座船的船尾筑起一个高高的木楼，四周用布帘遮掩起来。命令元兵拿着盾牌，躲在里边，要他们听到战鼓敲响之后才能出战，违令者斩。抵近左太阵地时，张弘范又下令掉转船身，屁股朝向宋军，上演了一幕人们耳熟能详的"草船借箭"。

左太发现敌军帅船上来了，立即下令射箭攻击。箭如飞蝗呼呼而来，很快地张弘范座船的木楼布帘、桅索插满了箭，就像海上爬行的一只刺猬。张弘范估计左太的箭快要射光了，下令撤去木楼布帘、敲响锣鼓声。蓦地弓箭、弩炮如雨注，落在左太的座船上。左太战死，连座船也被元军夺走了。

张弘范又进攻宋军夏御史的船队，一下子就夺取七艘战船。各路元军气势大盛，大呼而进。北方的李恒也转入反攻，弓箭、弩石交加，杀声惊天动地，大海为之沸腾。两军展开了惨烈的肉搏战，到处都在厮杀，鲜血染红了海水，尸体塞满了崖山水道。

战至申时（下午四点前后），一艘宋军战船的桅杆上绳断旗落，紧接着周边各条宋船上的战旗也相继落下。在元军的凌厉攻势之下，宋军节节败溃。张世杰知大势已去，就抽调精兵锐卒到阵中去护卫赵昺。宋军遂一败涂地，防线完全被元军摧毁。承宣使翟国秀、团练使凌震等先后脱下盔甲，向元军投降。那些达官贵人的子女都把金子绑在腰间，而后纵身跳入大海自沉，死者数万。

日暮时分，海面上风雨交加，雾气四塞，犹如黑夜，不辨咫尺。张世杰派一条小船去找赵昺，准备将他接到自己的座船上。但是守护着小皇帝的陆秀夫却起了疑心，唯恐被人出卖，又担忧小船是元军假冒的，死也不肯交出小皇帝。

这时候元军又杀到了，张弘范乘坐小船去见李恒，两人胜利会师，共同指挥最后的清扫作战。眼见元军就要逼近了，但是赵昺的座船高大无比，而且停泊在内侧，外围塞满用铁索相连的战船，根本就难以脱逃。

于是宋元战史上最悲怆的一幕发生了。陆秀夫把自己的妻妾、子女都赶下海，他们紧紧抓住船身不敢往下跳。陆秀夫含着泪水说道："你们先走一步吧，我很快就跟来了。"

把家人都逼下海之后，陆秀夫又去见九岁的小皇帝赵昺，说："国家大事至此，陛下应当为国而死。德祐皇帝（赵㬎）被抓到北方去，受够了奇耻大辱，陛下不可再受辱啊！"话罢把金印挂在赵昺的腰间，然后背上他，纵身一跃，如同一片飘零的树叶落进海中，腾起一点细浪之后，南宋的最后一个皇帝和他最忠实的臣仆，终于无声无息地消失在暗黑浩渺的大海之中。船上还有一只白色的鹇鸟，看到小皇帝坠海，在竹笼里狂躁不安地鸣叫，双脚乱踢，终于跟着竹笼一起落海。畜生尚知情义，那些后宫、大臣再也没有活下去的信念了，紧跟在赵昺和陆秀夫之后纷纷跳海自尽。

张世杰和殿卫军头头苏刘义、都统张达、尚书苏景瞻等找不到赵昺，只好率领十余艘战船，在浓雾、暮色的掩护下，斩断铁索，夺港而去。张弘范令李恒继续追击张世杰，自己就留在厓山水域清理战场，缴获了宋军战船八百余艘。

囚禁在元军船上的文天祥目睹了南宋末日覆没的惨状，那种撕心裂肺的悲痛之感远远胜于遭受到世间最残酷的刑罚。

文天祥瞬间精神崩溃，恨不得跳海一死。但是元军防备甚严，不许文天祥走出船舱半步。文天祥只好坐在船中，向南掩面痛泣，赋诗一首，以表心志：

> 南人志欲扶昆仑，北人气欲黄河吞。
>
> 一朝天昏风雨恶，炮火雷飞箭星落。
>
> 谁雌谁雄顷刻分，流尸漂血洋水浑。
>
> 昨朝南船满崖海，今朝只有北船在。
>
> 昨夜两边桴鼓鸣，今朝船船鼾睡声。
>
> 北兵去家八千里，椎牛酾酒人人喜。
>
> 惟有孤臣雨泪垂，冥冥不敢向人啼。
>
> 六龙杳霭知何处，大海茫茫隔烟雾。
>
> 我欲借剑斩佞臣，黄金横带为何人。

七天之后，海面上浮满了十来万具尸体，密密麻麻，让海水为之断流。元兵们贪婪地在尸体上搜索宝物，有一个士卒遇到了一具幼小白皙的尸体，身穿黄衣，腰间还挂着一颗金印，上面刻着"诏书之宝"的字样，于是将它据为私有。不久张弘范严令部队上缴掳获的财物，得到了这颗金印。

张弘范大吃一惊，这可是赵宋皇帝的玉玺啊！立即派人去搜寻小尸体，但再也找不到了。张弘范只好向忽必烈奏称："亡宋广王赵昺溺死！"于是在一块巨石上刻下"镇国大将军张弘范灭宋于此"十二个大字，并让宣慰使司同知白佐写下《平厓山记》，纪念自己的丰功伟绩之后，回到大都。李恒追击张世杰到高州（今广东茂名高州）时，传来赵昺溺死的消息，也撤军回去了。

杨太妃跟着张世杰一起逃亡，听到赵昺殉难的噩耗，杨太妃捶胸恸哭：

"我之所以忍辱负重，苟延残喘到今天，就是因为赵氏的一块骨肉。今天一切都完了！"哭声未毕，也跳海而终。张世杰捞上她的尸体，草草葬于海滨。

张世杰要流亡到占城国去，但手下都是广东当地的土豪，他们强烈要求回到老家。张世杰只得把战船开回南恩州（今广东阳江）附近的螺岛，在那儿召集旧部。

五月，忽然海面飓风大作，众人都劝张世杰躲到岸上去。张世杰却不为所动，爬到后舱的柁楼上，烧香祷祝老天："张某为赵宋已经尽了力，一个皇帝没了，又立一个皇帝，现在又没了。我之所以苟活在世上，就是希望元军撤走后再找一个赵氏的骨肉，以延续赵宋宗室的香火。如今却沦落到这个地步，难道一切都是天意吗？"张世杰祷告未完，风涛愈急，一下子把他卷到海里去，三百二十年的赵宋至此彻底覆没。

后人在评述这段令人不堪回首的历史时，总要愤愤不平地引用一句话："崖（厓）山之后无中国，明亡之后无华夏。"据说这句话出自邻邦日本明治维新时期的某个思想家之口。有人考证，最早提出这个论调的是明末清初江左三大家之一钱谦益，他在《后秋兴之十三》中写道"海角崖山一线斜，从今也不属中华"。钱谦益在诗中本是借古喻今，哀叹大清入关，大明亡国，华夏沉沦，结果被曲解为中华文明在宋灭之后也随之断绝。

还有人信誓旦旦地宣称，宋亡之后，日本举国茹素，如丧考妣云云。所谓的日本学者甚至胡诌说宋亡标志着中华文明古典时代的结束，把厓山之战跟英国殖民者发动的鸦片战争相提并论，说中国第一次完全沦落于外族人的统治，独立发展的历史进程被迫中断，从此正宗的华夏文明在亚洲大陆彻底消失，只有在日本这个弹丸小岛才可以看到。

最令人气愤的是，在日本人别有用心的大肆渲染之下，"厓山之后无中国，明亡之后无华夏"成了日本侵略扩张的最堂皇借口。厓山海战后六个世纪，自诩承袭汉唐文化衣钵的日本侵略者，在甲午战争中无耻地打着"攘夷主义""匡扶中华""驱赶鞑虏"的旗号，结果骗过了很多麻木不仁的中国老百姓。

应当清楚，从茹毛饮血、结绳记事的远古时代开始，中华文明在形成过程当中融入了各种族群的基因。起初是长江流域、黄河流域、辽河流域等地的先民，之后周边各戎狄也跟进来了，匈奴、羯族、鲜卑族、越族、羌族、党项族、契丹族、女真族、蒙古族等等，百花齐放，争奇斗艳，共同点缀了灿烂辉煌的中华文明。

宋元战争也决非中华与外族的战争，实则两个儒家政权之间为争夺正统地位的内战。一个是经过无数儒学家改造后的游牧民族政权——雄踞中原的大元帝国，另一个是世代靠田地存活的农耕政权——偏安一隅的赵宋王朝。宋亡，中华并没有亡。相反，在忽必烈的手中，华夏文明又续写了新的辉煌篇章。

第九章　挥师海外

一、杜世忠之死

从端平入洛宋蒙交恶到厓山海战赵宋覆灭，经历了长达四十五载艰苦卓绝的攻伐，号称当时世界上科技最发达、文化最昌盛、经济最繁荣的泱泱大宋，在元军摧枯拉朽般的攻势之下，三百二十年的祖宗基业，如同被熊熊烈焰吞没的一只小飞蛾，瞬间就化为灰烬。蒙古人的世界由此从"天苍苍，野茫茫，风吹草低见牛羊"的大漠，伸展向天涯海角的每一个角落。

这时候忽必烈征服世界的野心已经膨胀到快要爆炸的地步。忽必烈唯一的宏愿就是能够超越他的前辈成吉思汗、窝阔台汗、蒙哥汗等等，成为有史以来最伟大的君主。

但是西域各大汗国已经分崩离析：金帐汗国远在欧洲，对蒙古本部和中原的事漠不关心；窝阔台汗国雄踞西北，海都汗虎视眈眈，妄图卷土重来；察合台汗国早已成了海都汗的附庸；伊利汗国的大汗阿八哈跟自己有伯侄之亲，能够尊奉自己为宗主就大幸了，忽必烈不想、不能，也无力把它并吞到自己的旗下。西域，成了忽必烈心中永远的伤痛。忽必烈最大的欣慰在东方，孱弱无能的南宋、屈膝求辱的高丽让他尝到一番别样的征服快感。

要想超越老祖宗成吉思汗，那就向东方、向海外扩张吧。击败弟弟阿里不哥，登基肇始，忽必烈就开始觊觎那些从未听说过的化外之邦，构想一幅完美无缺的大元帝国版图，除了南宋之外，还囊括了蒙古铁骑从未践踏过的地方，诸如日本、占城、交趾、缅国，甚至遥不可及的爪哇等等。忽必烈发誓要抡起手中的大铁锤，将这些硬核桃一个个砸得破破碎碎。

忽必烈的雄心壮志可嘉，但是他犯了一个毛躁甚至致命的错误——为了急于证明自己将无可争议地超越祖辈父兄们，毫不顾忌地全面出击、四面树敌。忽必烈仿佛长出三头六臂，攻伐南宋刚刚拉开序幕，就迫不及待地向日本、缅国、占城、交趾等同时伸出铁掌。

可惜十个手指按不住跳蚤，结果忽必烈连连吃了败仗。其中败得最惨的当数两次征日战争。

至元十一年（1274年）的第一次元日战争，日方称之为文永之役。元军铩羽而归，虽说给大元帝国带来一股不小的冲击波，但是丝毫撼动不了忽必烈征服东方的信心。

忽必烈恨恨地诅咒飓风，就像吃人不吐骨头的恶魔，埋葬了无数蒙古勇士，让自己在成吉思汗威武的画像前抬不起头来。但他仍旧坚信蒙古勇士是天下无敌的，侥幸脱身的东征将士回来报告说，一路上他们如同饿虎驱赶绵羊，被杀死的日本人尸体沿着博多湾筑起了一道血肉长堤，在海水的冲刷下整个博多湾为之赤红。要不是突起而来的可恶飓风，恐怕龟山、后宇多这两个倭王早跪在大都的宫殿上鸡啄米似的讨饶。

于是没等博多湾的风暴平息下来，忽必烈又暗中谋划一次更为猛烈的报复行动。博多湾灾难之后四个月，至元十二年（1275年）二月，忽必烈召来嗜书如命的翰林院学士王磐，询问他要不要进攻日本国。此时大将伯颜的数十万雄师正飞越千里长江，直下临安城。

王磐一向很耿直，说："如今攻宋战事正酣，当集中力量，全力以赴，一举拿下。如果再开辟一个东征战场，那就陷入两线作战，分散兵力，旷日持久，大元帝国耗不起啊。等灭宋之后再考虑日本的事也不迟啊。"

忽必烈一听，有理。经过一顿猛揍之后，日本人也应该知道什么叫疼痛了，那就再派几个人过去招谕吧。

二月初九，礼部侍郎杜世忠、兵部郎中何文著、计议官撒都鲁丁、书状官杲都携带国书踏上险恶的赴日之途。这已经是忽必烈第七次派出的国信使了。

杜世忠是来自中原的汉人，官居中顺大夫。何文著来自南方的赵宋，官居奉训大夫。撒都鲁丁、杲都是畏兀儿人。他们于三月初十抵达高丽王京。高丽王谌刚刚派遣国相金方庆、大将军印光秀到大都去向忽必烈哭穷，孱弱不堪的高丽国再也无法忍受战争之痛了。现在诉苦使还没有回来，又来了一帮大元国使。王谌苦不堪言，只好硬着头皮派舌人郎将徐赞充当翻译，还有三十个水手护送他们去日本。

四月十五日，杜世忠使团到达日本长门国室津浦（今日本山口县丰浦），据说倾国倾城的大美女杨贵妃并没有在马嵬坡被勒死，而是逃到这里隐居起来。室津浦在九州岛以北，杜世忠使团是走错了水路，还是要绕过遭受战火洗劫的九州岛直接到镰仓去，那就不得而知了。但长门国的日本官员却毫不含糊地将他们扭送到太宰府去。

执权北条时宗听说长门国出现了忽必烈的使者，立即紧绷神经。第一次元日战争九州岛是主战场，战火还没有波及本州岛。这次杜世忠违反交往常理，直接在本州岛上岸，显然是为下一次入侵探路。北条时宗如临大敌，赶紧下令长门、周防、安艺、备后等地区提高警备："一旦有外寇来侵，宜齐心勠力防战。"同时让太宰府少贰武藤经资把杜世忠等人送到镰仓去。

八月，杜世忠等人抵临镰仓时是何等的兴奋与自豪，因为他们将是大元帝国第一个进入镰仓的使团。但是很快地就发现大事不妙，北条时宗根本就没有待客之道，脸孔冷酷而又僵硬，仿佛刚从坟墓里挖出似的。北条时宗已经拒绝接受来自元帝国的任何事物，破天荒地让杜世忠等来到镰仓幕府，也并非友善之举，而是要亲手送他们上西天，以消除心头难解之恨。

日本记载极力丑化杜世忠等人，说他们低垂着脑袋，爬行着去见北条时宗。北条时宗却趾高气扬地命令杜世忠等抬起头，并蔑称忽必烈这个"蒙古帝国伟大的君主"为"全世界的强盗"，由此激起了杜世忠等人的强烈抗议，双方在殿堂上鸡争鹅斗，吵得不可开交。

北条时宗并不想在如何称呼忽必烈这个问题上浪费太多的时间，他不耐烦地让杜世忠拿出忽必烈的国书。

国书装在一个华丽的锦盒中，除此之外还有一只纯金打造的公鸡。锦盒打开的那一刻，金鸡发射出耀眼的光芒，登时在场所有的日本人看得头晕目眩。但北条时宗的脸色却令人浑身打战，脖子涨得发紫，双眼冒出的怒火简直要把眼前精致的小金鸡熔化成水。

因为他看到了忽必烈的国书，国书开头是一句北条时宗永远无法饶恕的话："尊敬的北条殿下，朕将册封你为日本国王。"

这个蒙古强盗竟然还要封我做日本国王！岂不是要把我推入万劫不复的阿鼻地狱？北条时宗犹如狠狠地被忽必烈抽了一记响亮的耳光，于是所有人都看到了歇斯底里的一幕。北条时宗几乎就要跳到天花板上去，气急败坏地龇牙咧嘴，用最高分贝大吼一声："你这个卑鄙无耻的蒙古强盗！"

九月初七，命运不济的杜世忠、何文著以及徐赞等五人被推到镰仓龙口刑场（今日本神奈川县片濑、腰越附近）枭首。但是他们并没有对这次死亡使命充满任何怨恨，我不入地狱，谁入地狱！临刑之前杜世忠等人出奇的淡定自若，仿佛早已看透命运的生死轮回，还模仿古人，各自口占一绝。

杜世忠的绝句改自李白《别内赴徵》中的一首："出门妻子赠寒衣，问我西行几日归。来时倘佩黄金印，莫见苏秦不下机。"李白的原诗是："出门妻子强牵衣，问我西行几日归。来时倘佩黄金印，莫见苏秦不下机。"虽然杜世忠只改了两个字，但是对尘世的留恋之情跃然字间。

何文著不像杜世忠那样依恋尘世的繁华，他向往释家弟子四大皆空的超然境界，仿效后秦和尚僧肇，也留下了一首绝命诗："四大元无主，五蕴悉皆空。两国生灵若，今日斩秋风。"僧肇的原诗是："四大元无主，五阴本来空。持头临白刃，犹似斩春风。"

徐赞的绝句如下："朝廷宰相五更寒，寒甲将军夜过关。十六高僧申未起，算来名利不如闲。"

在高丽的民谣中，这样的诗句随处可见。

五人就义之后，尸体被安放在附近的利生寺。亡灵无国界，在那儿他们将与其他日本死难者的魂灵一起，得到超度。

将元使斩首，意味着跟忽必烈彻底撕破了脸，从此断绝通好，打下了永远解不开的死结。冤冤相报，一旦杜世忠的死讯传到大都，势必招来忽必烈暴风骤雨般的复仇。于是北条时宗下令严密封锁处死元使的消息，同时未雨绸缪，应对元军可能的入侵，做了三个部署：

第一，关西京都近畿地区的戍军调往九州岛，任命做过上总介的北条实政为筑紫探题（或称镇西探题，类似于中原王朝的总督），让他节制军务，负责指挥抗击外敌入侵。

第二，暂时裁撤在京都担任警卫、监视朝廷的御家人，缩减费用开支。

第三，十一月发布"异国征伐令"，下令七道中的西海、山阴、山阳、南海四道，大造战舰、军械，招募水手。拟定于明春三月先发制人，入侵高丽国。

但是北条时宗以攻为守的狂妄设想终究不敢付诸行动。北条时宗对元帝国这个庞然大物还是有点畏惧的，他将招募而来的数万日本武士全部征发到博多湾去。在那儿，北条时宗大兴土木，沿着博多湾西起今津，东至箱崎，准备筑起一道石坝。当然这道石坝并不是用来挡住潮起潮落的海水、晒盐巴的，而是一道能够紧紧堵住外敌入寇的坚固防线。第一次元日战争，元军轻而易举地登陆博多湾，如入无人之地，结果沿岸地区惨遭洗劫。北条时宗吸取这个教训，制定了御敌于家门口的策略。而要想把元军挡在家门口外，就必须筑起一道高高的门槛，让元军无法跨越，破门而入。督修这道高门槛的重责就落在太宰府长官武藤经资肩上，他下达了一道命令，镇西豪族和武士按照所拥有的领地面积，摊派筑坝的任务。

武藤经资和他的武士们在博多湾干得热火朝天的同时，忽必烈也忙得不可开交。对东亚陆地上最后一个大国——南宋的征讨行动得心应手，该是考虑向海外开疆拓土的时候了。至元十三年（1276年）春，元军攻入临安城，赵宋王朝的败亡已成定局，使得忽必烈心中又燃起了征服日本的激情。他让名臣耶律楚材的孙子耶律希亮，在军中搞了一个调查：日本是否可以征伐？结果夏贵、吕文焕、范文虎、陈奕等将领们意见一致，举手赞成。

但是主持调查的耶律希亮却强烈反对开战，理由是："赵宋自开国以来，几乎每一年都在打仗。跟辽、金相互攻伐三百多年，天下苍生陷入水深火热之中。如今干戈初定，老百姓都盼望着过上安稳的日子。先休养生息几年，让老百姓喘喘气，再东征也不晚啊。"

耶律一家世代尽忠于朝廷，别人的话可以不听，耶律希亮的话不可以不听。再加上这时候大元帝国和高丽国内麻烦不断，于是讨伐日本的计划只好束之高阁了。

元帝国的麻烦在大西北，四皇子那木罕被昔里吉掳走之后生死未卜，野心勃勃的海都汗也兵临和林城北。右丞相伯颜正急急火火，赶赴大漠平叛。

在伯颜雷霆万钧般的痛击之下，叛军一败涂地。八月，伯颜与昔里吉叛军战于鄂尔浑河。两军夹河而阵，僵持终日之后，叛军士气衰竭。伯颜趁机兵分两路，突然强渡鄂尔浑河，一举将叛军歼灭。昔里吉败逃额尔齐斯河，脱脱木儿跑到吉尔吉斯，又被元军赶走。鄂尔浑河惨败直接终结了临时拼凑起来的反忽必烈阵线，叛军出现窝里斗，昔里吉杀死了脱脱木儿，撒里蛮则逮住了昔里吉，把他献给忽必烈。忽必烈原谅了撒里蛮，把昔里吉流放到南方去。

企图浑水摸鱼的海都汗一瞧，没戏唱了，也知难而退，西北边陲暂时无虞。

高丽的麻烦主要是反元势力高涨，出使大元的高丽第一悍将金方庆因与洪茶丘不和，回国之后就被传出阴谋叛变。忽必烈怒不可遏，大敌当前，未战先乱。马上于至元十四年（1277年）正月初八诏令高丽王谌严惩金方庆，并命忻都、洪茶丘集结军队，以备不虞。王谌二话没说，将金方庆流放到大青岛，总算平息了忽必烈的怒气。但很快新的麻烦又来了，北条时宗下达"异国征伐令"后，不安分的日本武士开始骚扰高丽沿海地区。

翌年六月初九，王谌陪伴着刁蛮公主忽都鲁揭里迷失回娘家——大都，向老丈人求援。忽必烈派九皇子脱欢接待，并亲自摆设盛宴为二人接风洗尘。

美酒佳酿喝得王谌醉醺醺的，开始口无遮拦地在老丈人面前大放厥词："日本只不过一个小小的岛夷，仗着大海的掩护抗拒天命，不肯归化。我愿意大造战船、积蓄粮草，派兵讨伐日本。"

王谌为了东征的事整日叫苦连天，现在竟然主动请战，忽必烈不由得心花怒放："你回去跟宰相好好商量下，然后再做出兵的决定！"

随着攻宋战争的日渐尾声，东征逐渐提上了议事日程。可令忽必烈头大的是，南方港湾众多，对外贸易发达，跟日本海上往来热络。尤其是宁波港与日本九州岛的博多津交往异常频繁，宁波商人甚至还在博多建立了一个"宋人街"，几乎控制了整个博多城。战端一开，就断了东南沿海商人的活路，这个非同小可啊！

打仗归打仗，生意还是要做的。十一月二十八日，忽必烈诏谕东南沿海各大口岸，向日本商人开放，允许他们自由贸易。

至元十六年（1279年）二月初六，广东新会的厓山海战炮声隆隆。就在同一天，忽必烈敕令扬州、湖南、赣州、泉州造战船六百艘，大张旗鼓地准备第二次东征日本。

杜世忠出使日本四年，如石沉大海，音讯全无。准备武力征讨的同时，忽必烈仍然不放弃招谕日本的努力。这回把招谕日本的重任交到南宋降将夏贵、范文虎手中。在日本佛教徒的世界观里，地球上只有三个国家：日本、震旦（中华）、天竺（印度）。夏贵、范文虎原为宋臣，让他们去招谕日本，无疑将拉近感情上的距离。

夏贵、范文虎派出去的使团包括周福、栾忠、日本渡宋僧本晓坊灵果、通事陈光。他们带上一封特殊的国书，国书放在一个精致的锦盒里，题写着"大宋国牒"四个字。

但是这种挂羊头卖狗肉的障眼法依然拯救不了周福、栾忠等人的性命。他们在六月二十五日到达日本博多，"大宋国牒"也被送到了镰仓。北条时宗打开一看，气得他嗷嗷大叫，忽必烈在国书中警告日本人，南宋已灭，如果再不屈服，迟早将重蹈赵宋的覆辙。

北条时宗彻底被激怒了，七月二十九日，周福、栾忠、僧灵果、陈光在博多被就地斩首。

日本人不敢相信蒙古人会征服南宋，但是日本商人到江南去做铜铁贸易时，他们惊讶地发现，得到的批文都盖上了红彤彤的蒙古蝌蚪文。再加上有亡宋的旧臣给日本送去文书称，宋朝已为蒙古所灭，恐又危及日本，敢来告云云。日本人这才奔走相告，南宋灭亡了！北条时宗倒吸了一口冷气，自己先后斩杀了两批忽必烈的国信使，简直就是吃了豹子胆。

既然造了孽，那就准备挨揍吧。

由于杜世忠是在长门登陆的，北条时宗臆测要是元军有第二次入侵，长门必首当其冲。于是在八月初二发布紧急军令，将南海道、山阳道的戍兵调往长门，并通知安艺国守护武田五郎把他的所有部下都派到长门去，以加强当地的防御力量。不久，北条时宗又把关东的戍兵调往九州岛沿海地区。北条时宗将主力部队摆放在博多、长门一线，就是要在家门口与元军展开决战。

尽管北条时宗严防走漏处死元使的消息，但是时隔四年之后还是传到了忽必烈的耳朵里。护送杜世忠赴日的高丽水手上左、一冲、引海等四人死里逃生，回到高丽，向王谌送去噩耗。王谌大吃一惊，赶紧让他们去大都面奏忽必烈。

二、弘安之役

至元十七年（1280 年）二月，杜世忠已死的消息犹如一颗重磅炸弹，立刻在大都城内炸得天昏地暗。朝会上立刻就对日是和是战的政策展开了大辩论，以王磐为代表的文臣们大都持谨慎态度，而武将们言辞激烈。征东元帅忻都、洪茶丘憋不住气，在朝会上慷慨陈词，要再次率兵东征，灭了那狗日的。可廷议时意见不一，只好又搁置下来。

但是忽必烈已经无法抑制心中的愤怒，杀害朝廷的国信使，从来就不会有好下场。花剌子模杀人越货，大理国杀了玉律术，南宋杀了廉希贤和严忠范，无一不惹得人神共怒，最终落个国破家亡的下场。

现在该轮到不识抬举的日本了。

东征，东征！就像一阵猛风在忽必烈心中狂号着。不严惩日本，一洗国信使被害之辱，蒙古人就不要在东亚继续混下去了。忽必烈力排众议，诏令一下，帝国南北一片匆忙。

五月，元军开始砍伐耽罗岛的森林，准备大造战舰三千艘，杀个日本鸡犬不留。

六月二十二日，忽必烈把南宋降将范文虎召到大都，共商征日大计。金玉在外、败絮其中的范文虎牛皮吹得震天响，自夸擅长水战，如能从江南出兵，就可直捣日本。

忽必烈对范文虎的作战计划深信不疑，七月下诏改组南宋旧军，收编厓山之战后投效的张世杰余部，包括将校一百五十八人，统称为新附军。并对夸夸其谈的范文虎委以重任，让他招募了一支杂牌军队，大都是畏罪潜逃到南宋的蒙古人、畏兀儿人、无赖、海盗等，与新附军组成十万之众的江南军。

八月二十九日，忽必烈在察罕脑儿行宫（今河北沽源县小宏城子村）召开征日筹备军事会议。这次会议将最后敲定元、高丽组成联军共同远征日本的细节。

王谌也不辞辛劳，再次朝觐忽必烈。他在察罕脑儿会议上提出了参战的七个条件：

一、戍守耽罗岛的高丽兵编入征东军。

二、裁减汉军、高丽军数量，补充都元帅阇里帖木儿统领的蒙古军，以增强征东军的战斗力。

三、限制洪茶丘的兵权，征服日本之后再让他跟阇里帖木儿、王谌同掌日本事务。

四、赏赐高丽军官金符，以鼓舞高丽人的斗志。

五、从中原汉地滨海地区抽调水手。

六、中央派遣按察使到高丽去慰抚民间疾苦。

七、王谌亲自到合浦去检阅征东军。

王谌提出这七个条件目的是想在征东大业中插一手，求得分一杯羹。忽必烈很干脆，都是自家人了，还谈什么条件，立即满足王谌的所有要求。

洪茶丘也无心跟王谌争吵，只有征服了日本国才是硬道理。他在察罕脑儿会议上把胸脯拍得噼啪响，信誓旦旦地说："我如果不拿下日本，有何面目去见皇上！"

众人你一语我一言，很快地就制定了一个行军方案。征东军分南北两路：北路是洪茶丘、忻都统领的蒙汉、高丽联军，称东路军，出发地是高丽合浦；南路是范文虎统领的江南军，出发地是浙江宁波。

察罕脑儿会议最后决定，在平宋战争指挥机构江淮行省的基础上，加入了高丽、开元宣慰司，正式组建东征的指挥机构——日本行省，或称征东行省。大元帝国的左丞相阿剌罕被任命为最高长官——日本行省右丞相。范文虎、忻都、洪茶丘为中书右丞，李庭、张拔都为参知政事兼行中书省事。

在鄂州之战、襄樊之战中大出风头的悍将——水军万户都元帅张禧听说要去打日本了，立刻跑来请缨杀敌。张禧已经六十四岁了，犹有老骥伏枥的壮志。千里远征，正需要这么一个廉颇式的老将军，忽必烈二话没说，立即授予日本行省平章政事的职务，让他跟范文虎、李庭一道率水师战船渡海出征。

第二次征日战争，元军看起来众志成城，上下一心。

元日两国剑拔弩张，东亚灰蒙蒙的上空又弥漫着一股浓浓的火药味。日本国内风起云涌，到处杀气腾腾。十月，北条时宗进行了战争总动员，他将日军分成三个集团：西集团包括九州岛西海道和四国岛阿波、赞岐、伊豫、土佐的武士，集结于博多，负责九州岛沿海的防御；东集团包括本州岛南部山阴、山阳二道的武士，负责京畿的防御；北集团包括本州岛北部东山、北陆二道的武士，集结于越前敦贺津，负责本州岛西部海岸线的防御。

朝鲜半岛也成了一个庞大的兵营，大军云集、战船密布。高丽王谌已经动员一支人数超过两万五千人的队伍，其中士卒一万、艄公水手一万五千，战船九百艘，粮食十万石。

第一次元日战争，高丽第一悍将金方庆的表现可圈可点，威震东洋，这次大战自然不能缺席。于是王谌把金方庆从大青岛召回来，让他参元帅府，统领高丽军。

元、日两国的战争机器已到了令人窒息的最后调试阶段。

十二月初五，忽必烈诏令王谌为开府仪同三司、日本行省左丞相、行中书省事。王谌如愿以偿，取得了监督大权。

高丽军各级将领也得到授封：金方庆为征日本都元帅；朴球、金周鼎为昭勇大将军、左右副都统，并授虎符；赵仁规为宣武将军、王京断事官，授金符；朴之亮等十人为武德将军、管军千户，授金符；赵抃等十人为昭信校尉、管军总把；金仲成等二十人为忠显校尉、管军总把。

初六，征东司令部正式宣告成立。元廷公布参战的将领名单，忽必烈亲自授予象征指挥大权的虎符。

翌年（1281年）正月初四，忽必烈在宫中召开御前军事会议，阿剌罕、范文虎、忻都、洪茶丘、燕公楠等日本行省军政大员几乎全部出席参加。会议决定，张拔都、张珪、李庭为后军，忻都、洪茶丘为前军，由国内开拔高丽，途经各州县务必供给粮草。

江南军总司令范文虎担心兵力不足，让忽必烈再拨给他一万名精锐的汉军（善打恶仗的女真人、契丹人、中原汉人），使得范文虎的江南军达到十一万人。但范文虎还是有点胆怯，又向忽必烈提出两个要求：拨出两千匹战马给秃失忽思军（秃失忽思应为配属的汉军统将），以组建一支机动性强的骑兵部队；配备回回炮工匠，以组建一支威力巨大的炮兵部队。

忽必烈对范文虎的狮子大张口很不高兴，认为海战之中战马和回回炮根本就无用武之地，于是拒绝了范文虎的要求。

正在这时，王谌又派来了使者，告称日本人的袭扰日渐猖獗，乞求忽必烈发兵援助。

看样子日本人要抢先动手了，不把日本人打趴，这个世界还真的不会安宁。大殿之上只听见忽必烈一声怒吼："向日本国开战！"

二月初二，战前最后一次誓师动员。忽必烈下诏：赐赏征东军中的神箭手以及高丽火长水军钞钱四千锭；授高丽元帅金方庆弓、矢、剑、白羽甲，又给他弓一千、甲胄一百、绊袄二百，分给东征的高丽兵，以激励他们为大元帝国英勇奋战；分拨耽罗岛制造的战船给洪茶丘；释放减刑的死囚犯，编入忻都的东路军，让他们血染沙场，为己赎罪。

忽必烈特意告诫范文虎等征东将帅："日本人杀了使者，所以你们才有此行。我听说汉人有句话，要想征服一个国家，必先取得土地及百姓。如果把老百姓都杀光了，得到土地有何用？还有一件事让我实在担心，就是怕你们不和。如果日本人杀到，切记要齐心协力，共谋大计。"

告诫之后，忽必烈又严明军纪，赏赐征东将帅甲胄、弓箭、海青符（调兵遣将的凭证）。

忻都、洪茶丘先行离开大都，抵临高丽王京。王谌更是严阵以待，号令高丽人踊跃参军，即使家里死了爹娘，只要超过五十天，都不许当逃兵。

二十日，令人心潮澎湃的一刻到了，大军启程东行，众将帅上殿辞别。但是忽必烈并没有感受到必胜的激情，反而忧心忡忡。征东军虽然队伍庞大，但是成分繁杂。其中既有剽悍的蒙古人、英勇的中原汉人，也有战斗力低下的南宋旧军队，甚至还有招募而来的罪徒逃犯、市井无赖。这么一支鱼龙混杂的大部队能有多强的战斗力，忽必烈心中没谱。

更令人不放心的是，范文虎是最后投降过来的南宋将领，一向为世人所不齿。一旦将帅不和，十五六万人马就成了一盘散沙，深入敌境作战，前景堪忧啊。

由于江南军是这次远征的主力部队，忽必烈就让征东军最高统帅阿剌罕在杭州做好组织工作，而后与范文虎一道从宁波港出海北上。

忽必烈特意留下范文虎等人，一再告诫他们说："日本人来进攻，你们一定要凝聚成一个拳头。号令如出一口，断断不可相互轻视！"

但是众将还没有下殿，耿直的翰林学士王磐又跑上来了，向忽必烈进言说："日本，乃岛夷小国，海道遥远，艰难重重，打了胜仗，也不光彩。可是万一打了败仗，那可就损害了大元帝国的神威啊！还是不攻为好。"

大军未行，王磐就满口乌鸦嘴。忽必烈气得当堂咆哮："国有国法，胡言乱语，杀无赦！你是不是起了异心？"

王磐面不改色："我忠心为国，天地可鉴，所以敢于犯颜直言。如果真有二心，就不会从金国那边投过来！再说我已年满八十，黄泉路近，膝下无子，能有什么二心？"

忽必烈无语了，第二天派人好言安慰。但是东征日本，已是箭在弦上，势在必发。就是一百个王磐，也阻挡不了十五六万东征大军的前进脚步。

三月十八日，东路军进至高丽开城。而在两天之前，金方庆已经率领高丽军南下合浦。二十日，忻都、洪茶丘与王谌碰头之后，同往合浦。四月十五日，王谌等抵临合浦，在那儿与金方庆会师。十八日，东路军在合浦举行盛大的阅兵式，王谌临阵誓师。

征东军的最后总人数超过十六万五千人（含船工一万五千人），拥有战船四千四百艘，其战斗序列如下：

番号	统将	兵力组成	人数	船只数量
东路军	忻都、洪茶丘	蒙、汉军	3万人	900艘
	金方庆、朴球、金周鼎	高丽军	1万人	
江南军	范文虎、李庭、张禧	南宋新附军	10万人	3500艘
	秃失忽思	汉军	1万人	

五月初三，东路军搭乘九百艘战船，从合浦港的西岸扬帆起航，驶进烟波浩渺的大海，朝着太阳升起来的远方浩浩荡荡而去。抵达巨济岛后在此休整了半个月，派出侦探船搜集日本的防务情报。

三月时高丽人曾经抓到了一艘被海风刮到高丽岸边的日本船只，船上的日本水手画下了九州岛太宰府的周边海图。海图显示，九州岛西海岸有一个平户岛，四面环水，可以停泊战船。而且平户岛上防守空虚，所以日本行省参议裴国佐向忽必烈建议，命令忻都、洪茶丘占领平户岛，作为进攻基地。

将在外，君命有所不受。忽必烈习惯于让统帅全权负责作战指挥，从不随便干预战场上的事。忽必烈就把这个情报交给征东军最高统帅阿剌罕。

此时阿剌罕尚在杭州，正对着麾下乱糟糟的十来万乌合之众头痛不已。接到情报之后，他立即做了如下部署：忻都、洪茶丘率东路军由高丽渡海到壹岐岛；范文虎、李庭率江南军由宁波出海到平户岛，先在此扎营，而后派人到壹岐岛通知忻都、洪茶丘，在六月十五日之前会师于平户岛。

忻都、洪茶丘的东路军从巨济岛继续南下百五十里，五月二十一日抵达对马岛。紧接着征东军兵分两路，金方庆的一万高丽军留攻对马岛，忻都、洪茶丘的三万蒙、汉军直取南边的壹岐岛，先扫荡对马、壹岐的日本守军，解除后顾之忧，而后聚攻博多湾的能古岛和志贺岛。因为这一年是日本后宇多天皇弘安四年，所以第二次元日战争被日本人称为弘安之役。

由于第一次元日战争的残破，对马岛成了一个荒芜的无人岛。经过了六七年之后，寸草不生的对马岛才有了一点生机。但是征东军的到来，又让这个曾经失落的世界再次坠入毁灭的深渊。

金方庆的高丽军在对马岛的世界村（上岛佐贺浦）、大明浦登岸，在进攻之前先派翻译金贮招降。得到拒绝之后副将金周鼎身先士卒，第一个发起冲锋。高丽人再次勇敢地展现自己，郎将康彦、康师子等战死，但日本守军很快就被击溃。岛上居民对元军的暴行记忆犹新，纷纷躲入深山中去。高丽人四处搜寻活口，一听到婴儿的啼哭声就循声而去。结果有些日本人为了逃生，竟然残忍地杀害了自己的孩子。杀了三百名日本人之后，金方庆不敢久留，掉头南下宗像海（今日本九州岛北部福冈外海），接应忻都、洪茶丘的蒙汉军，准备进攻本州岛的长门国。

忻都、洪茶丘于五月二十六日抵达壹岐岛，萨摩、筑前、肥前、肥后四国的御家人稍稍抵抗之后，壹岐岛旋即陷落。元军的唯一损失是在向壹岐岛忽鲁勿塔（岛上地名，应为濑户浦）进发途中，遇到大风，结果有士兵一百一十三人、艄公三十六人失踪。

攻占壹岐岛，元军在此略作休整，而后直扑博多湾的门户——志贺岛和能古岛，金方庆的高丽军也从邻近的宗像海赶来了。七年前的第一次征日战争，元军退却时在志贺岛和能古岛海域遭到飓风的袭击，万余人溺死，当时的惨状忻都、洪茶丘至今心有余悸。这一次，他们发誓要用日本人的鲜血洗清耻辱。

九州岛的日本守军指挥官是兼任三国二岛（筑前、丰前、肥前、壹岐岛、对马岛）守护的武藤经资，丰后国守护是大友赖泰，筑后国守护是北条宗政，肥后国守护是安达盛宗，萨摩、大隅、日向三国守护是岛津久经。北条时宗为了加强九州岛的防御力量，又派亲信将领秋田城盛宗等到太宰府去督战。

进攻之前元军先让日本行省参议裴国佐登陆招降，太宰府惊恐万状，警报长鸣。听到元军来了，武藤资能之子武藤景资，大友贞亲，菊池武房，赤星有隆，叶室高善，相知比，山代荣，石志兼，松浦党人宇久竟、田尻种重及弟田尻种光，龙造寺季时及弟龙造寺家室、龙造寺季友，原田种元，大村澄宗，岛津氏等九国、山阳、南海等各路人马，相继云集，一下子让小小的太宰府拥挤不堪。

六月初六深夜，元军战船突然涌向博多湾，负责打头阵的高丽军在金方庆、金周鼎、朴球、朴之亮、荆万户的率领下趁着黑夜袭击志贺岛。

第二次元日战争中最激烈的战斗——志贺岛之战爆发了。

志贺岛通过一条狭长的沙洲——海之中道与陆地相连，将博多湾与外海的玄界滩隔离开来。志贺岛西面是玄界岛，南面的能古岛位于海之中道和今津半岛之间，紧紧扼住博多湾口。

从地图上看，志贺岛就像瘦瘠、畸形、细长脚丫的大拇指头，但是如此丑陋不堪的小岛，却有一段令人感慨万分的历史。此战五百年后，岛上的农夫在挖水沟时，掘出了一块震惊全日本的国宝——东汉光武帝赏赐给倭王的金印。

当时中原灿烂的文化就像强力磁铁，深深地吸引了尚处于未开发状态的倭人。倭王派出的使臣，不顾惊涛骇浪接踵而来。当然倭人得到的回报也是惊人的，只要你愿意朝觐，中原王朝从来就不会亏待于你。汉光武帝赏赐的金印就是一例。可惜这段美好的记忆早已逝去，现在即将上演的是一场血腥厮杀的暴力大戏。

志贺岛上没有坚固的防御工事，元日双方便在滩涂上扭打成一团。由于与陆地相连的海之中道异常狭窄，只可单人行走，日军不得不实行添油灯战术，结果过去一队，就被消灭一队。留下三百多具尸体之后，日军把志贺岛拱手让给元军。

元军趁热打铁，又分兵夺取能古岛，直向博多沿岸的侄浜等地而去，在那儿却撞得头破血流。元军碰到了一条牢不可破的“马其诺防线”。

经过五年多的苦心经营，日本人沿着博多湾海岸线，从今津到生松原，再到百道原、多良浜，堆砌沙石为垒，筑起一条长达四五十里的“元寇防垒”。防垒分内外两层，外层是高丈余的巨石块，几乎成九十度，坡险难爬，内层下有黏土，上铺小石子，形成一条低矮的通道，利于人马行动。日本人就躲在外层石垒背后，居高临下，朝着试图登陆的元军射箭。元军在防垒前吃了大苦头，每前进一步都要倒下一大堆勇士。好不容易冲上岸，又遭遇到日本人的伏击。

大友赖泰之弟大友贞亲的三十多名骑兵、御家人右田能明等人以逸待劳，静候在盐碱地。没等元军爬上岸，就没头没脑地杀过去。元军措手不及，一度陷入混乱。统帅洪茶丘骑着战马先行逃走，差点儿就成了俘虏，多亏王万户率众半路杀出，杀了个日军人仰马翻，阵斩五十有余，几乎将大友贞亲的突击队包饺子，洪茶丘这才躲过一劫。混战一夜，元军和日本人谁也占不到便宜，翌日天亮时，菊池武房、赤星有隆率千余骑从太宰府杀到。赤星有隆抓了一个元军统将。元军大败，不得不退到船上去，准备休整之后再进攻。

日本人却不让元军有任何喘息的机会。得知元军退去，武藤经资立即调集大部队，组织反攻。

投入战斗的日军有：武藤经资亲自指挥的筑前国御家武士。萨摩守岛津久经弟弟岛津长久率领的萨摩国御家武士，包括比志岛时范、亲族式部三郎、属下岩屋久亲、山觉阿弥陀佛、本田兼房。肥前国御家武士龙造寺氏、松浦党人、千叶氏、高木氏等。此外还有肥后国御家武士竹崎季长等、信浓国御家武士有坂吉长等。

日本武士们把凶悍嗜血的野性发挥得淋漓尽致，他们不顾伤亡反复冲杀，就像排山倒海而来的巨涛蜂拥而至，打得元军都喘不过气来，只好躲进船舱里拼命地射箭。

六月初八，日本人又潮涌般纷沓而至。但是元军也不是吃素的，各路人马重振精神，再次猛攻志贺岛。敌我双方狭路相逢，喊杀声震耳欲聋，战斗极为激烈，不时陷入胶着状态。新附军百户张成的表现尤为抢眼。这个张成原是南宋蕲州守将，至元十二年（1275年）正月，伯颜率大军横扫长江，杀到蕲州，张成跟着顶头上司蕲州安抚使管景模不战而降。但在征日战场上，张成却是一员虎将，他手握一把缠弓弩，后头跟着一队神箭手，一跃而上，抢占制高点，用雨点般的弓箭击退了日军多次集团冲锋。气急败坏的武藤经资下了血本，派出大部队要把张成干掉。张成杀红了眼，大吼一声，冲入敌阵中奋战不已，像一头大象闯进了瓷器店，杀得日本人血流成河，大败而逃。

随着元军登陆数量的增多，日本人渐渐不支，志贺岛命悬一线。六月初九，武藤经资孤注一掷，把肥后守安达盛宗统领的关东援军派上去。这支生力军赶到之后，迅速扭转了日军的颓势，元军被迫再度撤离志贺岛。

三、鹰岛大海难

为了减轻志贺岛方向的压力，元军还施展围魏救赵之计，突然袭击本州岛的长门，意在掠夺粮食补给，诱使日军分兵救援。元军奇袭长门的行动在元朝和朝鲜史籍中找不到任何记载，日本人的记载却煞有介事，而且有传说、地名可做佐证。

长门扼九州岛、本州岛之间的交通要道，是通往日本京畿地区的必经门户。攻打长门的元军以金方庆统率的高丽军为主。据日本人的说法，元军兵分两路，一路约三千五百人攻夺北侧的角岛，另一路近两千人攻夺南侧的盖井岛。负责这次行动的元军总指挥官是管军百户阿金。

元军在长门现身立即引发日本全国性的大恐慌，再加上粮食供应紧张，市场上根本就买不到吃的，老百姓饿得面黄肌瘦。各种流言风生水起，诸如蒙古贼寇已经攻陷长门，兵锋直指京都，还有蒙古贼寇要转攻东海、北海，等等，搞得京畿一带人心惶惶，朝廷上有人建议在关东地区招兵买马，以保卫京都，同时让已经退位的两位上皇后深草、龟山紧急避难到关东去。

六月十三日，角岛元军支队、盖井岛元军支队分别在长门西北丰前神玉村的土井浜、长门西南盖井村的八浜登陆，而后迅速向纵深推进。

守卫土井浜的日本人包括长门戍兵以及镰仓武士井上左京亮的党徒，由于寡不敌众，日本人且战且退，经泷部撤往田耕村东边的平原。在这危急关头，驰援的安达盛宗、安藤重纲率领关东军赶来了，力量的天平瞬间向日本人倾斜，双方在平原上混战成一片。元军陷入重围，渐渐不支，指挥官阿金不得不下令向南边突围，准备跟盖井岛元军会合。

盖井岛元军支队的情况也好不到哪里去，他们一上岸就在厚母盆地遭到日本人的顽强阻击。八浜城城主青山玄蕃渙动员青山氏全族男女老少与入侵者做殊死搏斗，元军陷入了"人民战争"的汪洋大海之中。在交战中元军打死了青山玄蕃渙，把其余的青山氏武士赶出厚母盆地。厚母地区的豪族樱木藏人率族人闻讯赶来，下野守宇都宫贞纲的关东军先头部队也来驰援。结果盖井元军支队被诱进日本人设下的埋伏圈，在厚母盆地几乎被歼灭，残部溃向东北，在盖井村与内日村的交界处——鬼城山碰到南下的阿金。鬼城山海拔六百六十米，地处险要，两股元军在此筑垒抵抗。数以千计的日本人从四面八方而来，将鬼城山围得水泄不通，没日没夜地打个不停。

六月十五日，阿金下令向西北突围。日将安浓津三郎贞卫在要路埋伏下弓箭手，射得元军肢体不全。日军从四面八方杀奔而来，将元军聚歼田耕村东边的平原上，指挥官阿金阵亡。日本民间传说，元军的尸体密密麻麻，铺满了整个平原。数量超过五千具，后来就把这个平原称为五千原。

奔袭长门的元军将士无一生还，攻打博多湾、志贺岛的主力部队也付出了千余人的代价，从六月初六一直鏖战到十三日，却始终无法突破岸上坚固的防垒。

战前约定，江南军在月圆之前赶到壹岐岛，与东路军会师。忻都、洪茶丘抬头一看，天空挂着一轮皎洁如霜的圆盘，可是江南军的一个影子也不见。再加上时值炎夏，军中疫病横行，死者超过三千人，更令元军雪上加霜。四万东路军战死、病亡没了一万，剩下的三万熬在高温酷暑之中，就像被晒蔫的禾苗，整天萎靡不振。忻都、洪茶丘只好不情愿地下令，退往壹岐岛，等候江南军的到来。

花开两朵，各表一枝。东路军与日本人杀得天昏地暗，十万江南军却像传说中的泥足巨人，深陷在沼泽地里寸步难移。江南军的骨干力量是范文虎担任南宋殿前都指挥使时的江防水师，投降之后全部被元军整编、收管。

南宋水师兵力雄厚，是抵抗北方力量南下的王牌部队。伯颜横扫长江时，宋军基本上被打残了。到南宋覆没时，成编制幸存下来的只有三支拱卫临安城的水师：苏州的许浦水师、杭州湾北岸的澉浦水师、宁波的定海水师。

澉浦水师直属于殿前司掌管，本来就是范文虎的嫡系人马。许浦水师原隶属定海沿海制置司，是南宋后期最为精锐的水师部队，后划归殿前司，改编为御前水师，成了范文虎的私家武装。定海水师后扩充为浙江水师，也听命于殿前司的指挥。这三支水师几乎都在范文虎的掌控之下，拥有战船的数量超过三千五百艘。貌似一支令人敬畏的部队，可惜都是吃水浅、抗风暴能力虚弱的内河战船，充其量只是江河船队，根本就不适合远洋作战。

这支庞大臃肿的队伍在宁波西南的四明港集合，但是总司令阿剌罕身体欠佳，不得不推迟出海。后来阿剌罕实在撑不住了，就把江南军交给范文虎和李庭，直到五月才启程出发，已经比东路军晚了一个多月。就是这个时间差，葬送了忽必烈征服日本的雄心壮志。

南宋旧将领拙劣的军事才能以及腐朽的官僚作风也在这次行动中暴露无遗。江南军缺乏有效的管理，整支军队丧失凝聚力。各级将领乘坐不同的船只，范文虎的座船最为豪华，整天摆酒设宴，上下号令不通，江南军成了一支纪律涣散的乌合之众。由于行动不协调，江南军的三千五百艘战船散落在从宁波到舟山群岛三四百里的海面上。前头部队到达了嵊山，一看后头船只还懒洋洋地躺在四明港里，不得不在嵊山海面上放洋溜达三天。

江南军如同一个裹脚的老太婆，在海上摇摇晃晃航行了一个多月，终于看到了一个岛屿。畏敌如虎的范文虎派人过去侦察一下，结果发现岛上没有一个日本人。原来船队遇到飓风，在海上迷走，跑到耽罗岛去了。

范文虎在海上瞎折腾时，从六月二十九日到七月初二，停泊在壹岐岛濑户浦内的东路军战船却受到日本人日夜不息的猛烈进攻。萨摩武士武光师兼、祢寝弥清亲，丰后武士志贺泰朝，天草武士大矢野种保和大矢野种村兄弟筑前人秋月种宗，肥后武士诧磨时秀、大野小国高以及竹崎季长、野中长季、须田秀忠、小野大进赖承、烧米五郎、宫原三郎等人，各乘一条小船，如同一大群被捅破老巢的马蜂，前仆后继，朝元军展开自杀性的进攻。乱战之中，元军射杀了武藤经资的父亲武藤资能（此君已经遁入空门，法号觉慧）、弟弟武藤资时。

筑后国御家人草野经永带领一队水兵，分乘两只小船，烧毁了一艘元军大船，杀死元军三十一人。四国岛伊予河野氏当主河野通有也率一支小船队偷袭元军。这个河野通有是四国岛伊予河野氏的当主，他曾经在三岛祠里面对神灵发下宏愿："我等元军十年，他们不来进攻日本，我就打过去。"结果等了八年，元军来了。河野通有大喜，扯上儿子河野通忠、叔父河野通时带领一支轻船队到太宰府去准备跟元军玩命。

元军慌忙抛射矢石反击，河野通时一命呜呼，河野通有的左肩膀也受了重伤，无法弯弓射箭。他忍着剧痛，右手操起一把大刀，不要命地冲向元军战船。由于元军战船又高又大无法跳上，河野通有就砍下帆樯做成梯子，纵身一跃，挥刀乱砍，趁乱砍翻了一个头戴玉冠的高丽将领。

忻都、洪茶丘、金方庆对日本人一波又一波密集的肉弹进攻头疼不已，于是想出了一个主意，用铁锁将战船首尾相连，形成一个环形方阵。外围是巨船，船上埋伏神箭手，一旦日本人逼近，立即箭石伺候。尽管如此布阵极易受到火攻，但是日本人根本就不懂得用兵之计，结果元军的环形阵成了对付日本人马蜂战术的最有效措施。日军窄小的船只一靠近元军战船，就如飞蛾扑向大火，死伤惨重，纷纷败下阵来。田尻种重和田尻种光兄弟、秋田城盛宗的家兵新左近十郎、今井彦次郎、财部九郎等武士成了元军的箭下之鬼。

东路军不堪其扰，开始打起退堂鼓。忻都、洪茶丘对失约的范文虎满腹牢骚，大骂说："圣旨让江南军务必于六月十五日前在壹岐岛跟我们会师，现在都七月了还不见江南军的一个鬼影子。我们已经跟日本人大战几个回合了，战船泡在水中都快腐烂了，粮食也快吃光了，怎么办？干脆回家算了。"

金方庆却默不作声，忻都、洪茶丘也没脸当逃兵，回家的事不了了之。过了几天，忻都、洪茶丘又是旧话重提，金方庆这回耐不住了："皇帝给了我们三个月的粮草，现在还可以吃一个月，只要江南军一到，合而击之，必能消灭日本岛夷。怎可在关键的时刻甩手而去呢？"

金方庆说得铿锵有声，忻都、洪茶丘再也不敢说出回家两个字。但是壹岐岛麻烦不断，按照原定计划在此会师已经不可能了，于是东路军转移到松浦外洋的平户岛去，准备在那儿建立基地，等候江南军的到来。

几天之后，能古岛、志贺岛海面上黑压压一大片，数千艘战船铺天盖地而来，船上的元军旗帜清晰可见。平户岛上的东路军沸腾不已，忻都、洪茶丘也是两行热泪直流，范文虎们终于来了！我们等得好苦啊！

可是大麻烦又来了。一下子增添了十来万大军，平户岛人满为患。四千多艘战船挤在一堆，横七竖八，首尾相继，那种无法形容的杂乱看着就让人心堵得慌。江南军统将范文虎、李庭，东路军统将忻都、洪茶丘、金方庆不得不绞尽脑汁，重新整顿军队。结果元军就在平户岛按兵不动一个月，让日本人从容调集人马，准备迎战。

这时候又传来令人沮丧的消息，阿剌罕出师未捷病死宁波。忽必烈已经任命才略过人的左丞相阿塔海代统征东军。可闽浙沿海的反元斗争此起彼伏，特别是自称为"镇闽开国大王"的山民义军首领陈吊眼，在福建漳州一带高举抗元大旗，各地义军纷纷响应。

阿塔海不得不镇守长江口，以稳定东南沿海的局势。

统帅分身乏术，无法亲临日本指挥作战。征东军只好自力更生了，当机立断，忻都、洪茶丘、范文虎、李庭、金方庆等人商议一下，决定杀回博多、志贺岛，一举踏平日本国。

范文虎留下水军万户都元帅张禧看守平户岛，自己跟李庭、忻都等率四千艘战船，舳舻相衔，朝着博多方向排山倒海而去。

元军船队一离开平户岛，就受到日本人的袭扰。肥前地区的松浦党人纠集岛津长久统领的萨摩武士，在海上实施狼群战术，试图迟滞元军的前进。日船体型小，机动性强，绕着元军战船团团转，专门拣其最薄弱之处进行袭击。元军屡屡吃了大亏，损失惨重，招讨使忽者哈思等阵亡。善打恶战的百户张成再次令人刮目相看，他率部英勇奋战，在黑夜之中击退了日本人多次的疯狂进攻。鏖战至天亮，终于把偷袭者逼退。

七月二十七日，元军战船进抵鹰岛。此岛东西宽十里，南北长二三十里，扼守九州岛西北部伊万里湾的入口。岛上有两座百余米高的低矮山丘，连绵起伏，元人称之为五龙山。但是鹰岛并不像它的名字那么美好，而是荒无人烟、蒿草丛生，巨大的毒蛇成群出没，到处都透露出一股阴森诡异之气。鹰岛黯淡的山影幢幢如鬼魅，倒映在水中。忽地一条骇人的青龙从海底腾空而起，海面上弥漫着淡淡的硫黄气，看得元军将士浑身汗毛直竖，谁也不敢第一个靠近。

由于鹰岛海水潮汐涨落不定，难以停泊众多船只，元军只好把战船沉碇在鹰岛的铁灵山下，然后用缆绳捆绑成一座巨大的水寨，让百户张成率部留守。其余的元军将士都登上鹰岛，筑起土城，准备扎下大营，伺机杀奔太宰府。

元军大举逼犯国门，京畿的天皇朝廷忧心似焚。除了天神和菩萨外，已经没有谁可以拯救日本了。后宇多天皇亲自到八幡祠祈祷七天七夜，太上皇龟山也坐不住了，派遣权大纳言藤原经任去祭祀伊势太神宫，乞告天照大御神，愿意捐出躯体来代替国难。

正当日本老老小小的天皇慌得像关在瓶子里的苍蝇到处乱窜时，一场奇祸从天而降，无情地将十几万元军打入地狱。日本再次被幸运之神所垂青！

元军在鹰岛上待了两日，艳阳依然当空高照，晒得众人皮开肉绽，只得躲进密林里避暑。到了七月三十日夜半，突然间风雨大作，拳头大的冰雹乒乒乓乓砸在战船上。黑夜之中传来阵阵骇人的狂吼声，一层层比山还高的巨浪滚滚而来。元军惊惧万分，发疯似的呼号惨叫。紧接着轰隆隆的如山崩地裂，四千多艘战船仿佛炒豆似的噼里啪啦翻滚碰撞，木屑到处乱飞。元军下饺子般地纷纷落水，眨眼间就被卷进了致命的旋涡。海面上顿时尸体如麻，随着汹涌起伏的波涛上下飞腾。

死尸随着潮汐，源源不断地流向肥前沿岸，由于数量太多，堆积成山丘，塞堵了各个浦口。海面上冒出了一座座恐怖的死尸之岛，甚至可以在上面行走、跑马。

飓风席卷了一夜，元军损失殆尽，江南军的四十万石粮米化为乌有，左副都元帅阿刺帖木儿以下溺死者无数，十三四万元军只剩下鹰岛上的三万七千人。

江南军副统帅李庭的座船也毁坏了，他抱着一块船板，在水中泡了大半天，总算漂浮到岸边。统帅范文虎由于座船坚固，侥幸免得一死。但始料未及的飓风唬得他魂飞魄散，早成了一个泄气的皮囊，瘫软在地。这个饭桶将军惶惶不可终日，恨不得身上长出双翼，马上飞离这个危机四伏的虎穴狼巢。

可是几千艘战船都被飓风毁坏成一块块木板，怎么逃啊？

留守平户岛的万户张禧有先见之明，在飓风来临之前筑垒岛上。为了避免突起风浪船只相互碰撞，他下令每隔五十步停泊一只战船，结果手下的四五百艘船只奇迹般完好无损，算是不幸中的大幸。

范文虎赶紧跑到平户岛去向张禧借船："在还没有成为倭贼的刀下鱼、板上肉之前，我们还是逃命吧！"

张禧哭笑不得："范大帅啊，兄弟们淹死得都差不多了，那些能够逃生的都是军中的精英啊！何不趁着他们犹有战心，杀到太宰府去，先夺了敌人的粮草再往前进攻。我们已经没有退路了，只要放手一搏，就会创造奇迹。"

范文虎的斗志早已崩溃，一想起那场差点儿送他去见海龙王的狂暴飓风，整颗心都提到了嗓子眼儿。范文虎打仗不行，要弄诡计还是有两下子。他信誓旦旦地说："放心吧，天塌了有我顶着。桥归桥，路归路。回去之后要是皇帝问罪，我包你河水不洗船，了不相干。"

张禧没辙了，只好分出船只给范文虎。范文虎跟其他的将领忻都、洪茶丘、金方庆等尿不到一个壶里去，军事会议上吵吵闹闹，谁也不服谁，只得散伙了事。八月初五，范文虎拉上几个亲信，第一个逃得无影无踪。范文虎一跑，树倒猢狲散，那些将领丢下部队不管，搭上剩余的船只都逃光了。

鹰岛上的三万多元军这下子惨了，既没有船只又没有粮草，彻底沦为孤苦无助的弃儿。于是推举百户张成为主帅，号称张总管，一切唯命是从。

患难之际更要同舟共济，张成毫不犹豫地接受了这个苦差事，他肩负着把鹰岛弃兵安全带回家的重任。张成卜令趁着尚未被日本人发现，赶快砍伐树木打造船只，逃出鹰岛。

有数千名元军在鹰岛海边找到了七八艘毁坏的船只，修好之后正要逃走，却惊动了日本人。香西度景、香西广度兄弟统领的筑后武士，武雄神社的最高神官——大宫司藤原资门统领的肥前武士，竹崎季长统领的肥后武士，北条时宗的亲信合田五郎、安藤二郎、秋田城盛宗等统领的关东武士，蜂拥而至，由大将武藤景资亲自指挥，凶神恶煞似地杀向鹰岛，结果在御厨千崎附近将元军截住。

元军抢先摆出老鹰阵，左右两翼各三艘战船，中间为一艘巨船，准备迎战。武藤景资下令香西度景攻元军左翼，藤原资门攻元军右翼，结果交手不久，元军就哗啦啦地败下来，狼狈逃回鹰岛。这下子捅了马蜂窝，暴露了元军的行踪。

八月初七，日本人倾巢而出，对鹰岛的弃兵实行大围剿。除了参加千崎海战的武士军团之外，还有都甲惟范的丰后武士、岛津忠经和比志岛时范的萨摩武士、秋月种幸的两千七百名筑前武士，当有数万之众。

元军已经七天没有吃过一粒米，饿得前胸贴后背，就连拿起武器的力气也没有，结果战斗变成一边倒的屠杀，鹰岛上出现了令人怆然泪下的一幕幕。饥困交加、衣不遮体的元军在日本人的围攻之下，有的跳海自尽，有的为了不落入敌手相互刺死。血战一天，至翌日初八，元军弃兵除了两三万成为俘虏之外，其余全都惨死在日本人血淋淋的刀剑之下。只有百户张成带领一些士卒，拼了老命，杀出重围，最后安然无恙地回到大都。

鹰岛成了一个令人毛骨悚然的人间鬼域，元军的残尸败蜕像小山似的堆砌着。元人也因此给鹰岛起了一个恐怖的外号——"白骨山"或"骷髅山"。

初九，武藤景资把元军俘虏带到博多。新附军来自江南地区，被日本人称为唐人。当中有一技之长的，或擅长手工，或擅长耕种，日本人就饶他们不死，安置在京都、关东，换穿奴隶的衣服，没入官府为奴。其余的都跟蒙古人、高丽人和中原汉人一道，被斩首在那珂川畔。残忍的日本人把首级示众之后，再堆积埋葬在今津的高丽寺。

几天之后，佩大将军印绶的宇都宫贞纲率六万京都六波罗骑兵，急燎燎地赶到北九州。但是元日战争早已落下帷幕，海面上除了偶尔可见残破的元军战旗之外，一片风平浪静。此役之后，元日两国的血腥战史也随之告终。

北条时宗为了抵御忽必烈的第三次入侵，下令镇西九国的御家武士轮番守备从志摩郡到宗像海滨的各个要隘。高大坚固的"元寇防垒"在战争中立下了汗马功劳，让元军望而却步。战后日本人修筑石垒的热情空前高涨，九州岛到处可见忙忙碌碌的人群，把各式各样的石块运到海边去，准备修筑一条连苍蝇也飞不进的海上长城，从此日本人就可以高枕无忧了。

谁料海上长城还没有修完，被誉为抗元大英雄的日本独裁者——北条时宗就奔西了，年仅三十四岁。北条时宗死后，北条氏一族继续垄断日本的国政。可是为了防备元军的入犯，北条氏进行了全国性的总动员，耗尽了日本的国力。老百姓就像一匹衰老的骆驼已经不堪重负，怨声载道，终于在北条时宗死后五十年推翻了镰仓幕府。两次元日战争，日本付出的代价无法估量。

四、远征缅甸

第二次元日战争（日本称为弘安之役），十五六万征东元军生还的不到三万人，其中高丽兵七千，除了被俘两三万之外，有十数万埋葬在凶险的大海之中，给忽必烈的征战生涯蒙上了痛彻心扉的耻辱。

获知征东军再度灰头土脸而归，在上都避暑的忽必烈气呼呼地回到大都，召来范文虎、张禧、李庭等征日将帅，准备问罪。

狡猾的范文虎把责任推给该死的飓风和不幸的部下。范文虎谎称："江南军到了日本之后，本来要直捣太宰府，碰巧暴风来袭，船只毁坏大半。暴风过后，我重振人马准备再战，可是万户厉德彪、招讨王国佐、水手总管陆文政等不听军令，私自拉走大批队伍。我快成一个光头司令了，只好把剩下的人员带回高丽国。在合浦上岸之后就地解散，让他们回乡种田去了。"

忽必烈再也无心去考证范文虎说的是假话还是真话。两次征日惨败的耻辱已经令忽必烈无法自拔。洗刷耻辱的唯一办法就是复仇，彻底将日本从地图上抹去。

复仇心理冲昏了脑袋，忽必烈又急不可耐地进行第三次征日的准备。

九月十一日，诏令增加耽罗岛的驻军，让高丽为他们提供武器。十一月初七，又让元帝国的后勤装备部——军器监给高丽沿海各郡送去兵仗器械。同时在高丽金州等地设镇边万户府，严密监控日本人的一举一动。朝鲜半岛成了一个随时可能爆炸的火药库。

但是不久之后，三个从鹰岛死里逃生的江南军弃卒——于阗、莫青、吴万五给忽必烈热烘烘的脑袋泼上一大盆冷水。他们向朝廷揭发了范文虎、忻都、洪茶丘等行省官员水火不容、争吵不休，不顾士兵们的死活，只管自己逃命的丑恶行径。

一度被寄予厚望的日本行省原来塞满了一大堆快要烂透了的空心萝卜。至元十九年（1282年）正月初五，忽必烈震怒之下，诏令废掉征东行省，除了竭力反对撤退的老将张禧之外，范文虎等那些临阵弃逃的征东将领全部被革职查办。

可处罚了范文虎等一干人，并不能使忽必烈稍稍冷静下来，反而冲昏了脑袋，唤来阿塔海，在大殿之上咆哮着要他立刻率军东征，不踏平日本国绝不罢休。吓得文武百官个个面如土色，谁也不敢冒昧劝谏。只有一个江南行台御史大夫相威，凭着自己是木华黎国王的曾孙以及对大元帝国的一片赤诚，派人到大都去谏阻，把攻打日本的得失利弊分析得透透彻彻，忽必烈这才下诏罢征。

攻打日本，只是忽必烈开疆拓土大计划中的一环，暂时罢征日本并不等于忽必烈的雄心壮志就此破灭。就在废除征东行中书省之后不到一个月，二月初四，忽必烈又决定对西南的缅国用兵。

缅国与大理接壤，在唐代被称为骠国，其居民是白衣金齿（今傣族），与大理的腾越、永昌（今云南腾冲、保山）二府相同。缅人也像中原那样建筑城池，盖起屋舍。他们的交通工具有三类：马、大象与舟筏。缅国盛产黄金，给国王看的文书都是写在纯金叶子上的。其他的文书则写在纸张和槟榔叶上。

缅国的都城蒲甘位于伊洛瓦底河中游与亲敦江的汇流处，距离大理将近两千里之遥。唐宣宗大中三年（849年），缅王频耶开始迁都于此，统一各部，建立了蒲甘王朝。蒲甘王朝与中原交往密切，曾经多次向北宋进贡。宋仁宗时期的缅王阿奴律陀，堪称缅国史上最牛的国王，他纵横驰骋于中南半岛，甚至越过八莫，杀到大理国去，打得大理皇帝竖起白旗求和，这才退兵。

阿奴律陀之后，缅国国势江河日下，到了蒙哥汗四年（1254年），也就是忽必烈灭掉大理国的那一年，好大喜功的缅王那罗蒂诃波帝闪亮登场。那罗蒂诃波帝推崇享乐主义，据称有三千后宫，整天忙着大兴土木，修建佛塔，根本就不关心民生国事。至元五年（1268年），缅国标志性的佛教建筑明噶拉塔开工，有个预言家为之忧心忡忡。他告诉缅王，此塔一旦竣工，缅国也就完蛋了。

起初那罗蒂诃波帝有点害怕，赶紧停工。但是他很快就领悟到世间没有永恒的事物，长生不老的神仙是虚无缥缈的，屹立千年万载的王朝更是神话。人生苦短，何不尽情享受？于是那罗蒂诃波帝不顾预言家的劝阻，下令复工。几年之后，一座俯瞰四方的葫芦状佛塔在蒲甘平原拔地而起。那罗蒂诃波帝暗自庆幸，要是听了预言家的话，恐怕此生再也无法见到如此美轮美奂的佛塔了。

可那罗蒂诃波帝高兴得太早了，很快地，忽必烈的使臣就像倒霉的扫把星一样降临了。

至元八年（1271 年），大理宣慰司官员乞台脱因在干额地区（今云南盈江）金齿酋长阿必的引路之下抵达蒲甘城。乞台脱因奉命前来招谕缅王，要他率众内附。

孰料傲慢的那罗蒂诃波帝自恃山高水险路远，蒙古人不敢来，躲在王宫里，连个面也不照，把乞台脱因晾在外头许久，最后派一个叫价博的人跟随乞台脱因到大理复命。

乞台脱因走后，那罗蒂诃波帝对阿必的"引狼入室"恨之入骨，次年三月派出数万大军杀向干额，活捉阿必做人质，要挟金齿部落归附。阿必的儿子阿郭（又名阿禾）无奈之下，只好投降缅王以换取其父的性命，并暗地里派人求救于大理宣慰司都元帅府。

至元十年（1273 年）二月，忽必烈任命乞台脱因为礼部郎中充国信使，勘马剌失里、工部郎中刘源、工部员外郎卜云失充国信副使，让他们再去蒲甘招谕缅王。

这一次忽必烈的使臣给那罗蒂诃波帝带去了一封国书，信上说："闻得缅王很想来大元帝国膜拜一下佛祖的真骨舍利，这才知道缅王有归附之心。大元一向好客，无论远近、大小一视同仁。缅王如能遵守事大之礼，那就赶紧派子弟贵族前来媾和，永结友好。要是提起打仗的事，对谁有利那就得请缅王三思了。"

这一回乞台脱因四人受到了那罗蒂诃波帝的接见，但是在进宫觐见时出了意外。按照缅国的风俗，客人进屋去见主人前，要脱掉鞋子光着脚丫以示尊重。可是乞台脱因等人却偏偏入乡不随俗，宁可被砍掉双脚也不愿脱鞋子。结果惹恼了缅王，当场狂哮，喝令砍了元使的脑袋。有个叫阿难多毕恶的大臣慌忙劝告缅王："万万不可跟蒙古人对抗！我们可以斥责使者无礼，可绝对不能杀了他们。古来交战，不斩来使啊！"

缅王却信心爆棚，蒲甘跟大理有两千里之遥，跟大都更不知有几万里，忽必烈要来就放马过来吧，恐怕还没有到蒲甘城，就先累死了。于是一声令下，将乞台脱因四人斩了。

不久消息传到大都。枢密院奏报忽必烈："缅王根本就没有归附之心，国信使一去不复还了，必须出兵予以严惩。"

这时候征宋战事正酣，忽必烈也向日本派去了国信使杜世忠，无意再节外生枝，开启战端，就暂时记下缅王的一笔血债，不兴师问罪。

可是两年之后，缅国波澜又起。至元十四年（1277年）三月，金齿酋长阿郭率部众内附，被授封为干额总管。那罗蒂诃波帝大怒，派遣大将释多罗、副将五名，率缅军四五万、战马一千匹、战象八百只，气势汹汹地杀奔干额而去。那罗蒂诃波帝打算除了荡平金齿叛乱外，还要像阿奴律陀攻那样攻夺大元的边境重地腾越和永昌，在那儿筑城立寨，一劳永逸地解决金齿问题。

这时候大理路蒙古千户忽都、大理路总管段信苴曰、总把千户脱罗脱孩正驻扎在腾越与干额之间的南甸，以平定还没有归附的金齿部落。阿郭连夜告急于南甸，忽都等人来不及调动大部队，只带上七百余骑，如风掣雷行，昼夜兼程，抢在缅军之前赶到干额。

双方夹河对峙，忽都等不由得大惊失色，元军不过七百骑，还不如缅军的战象多。缅军的人数岂止是元军的一百倍。兵力如此悬殊的对决，元军还真从未经历过。

缅军统帅释多罗一瞧元军就稀稀拉拉的几百骑兵，乐得不行。号角一吹，缅军拉开吓人的阵势，千余骑兵举起长枪，高昂着头，齐声呼喊直逼元军而来。骑兵的背后是元军从未见过的象军。蒙古人曾经在第一次交趾之战时领教过象群的威力，交趾人把大象训练成冲锋的突击力量，一度让蒙古悍将兀良哈台望而却步。

可现在元军所见到的缅军战象完全不同，每一头战象就可以称得上一座移动的坚固堡垒。战象披上金灿灿的厚甲，身上背着木楼，木楼里藏着十二至十六个人。象身两侧各挂着一只大竹筒，竹筒里放着数十把短枪。战士躲在战楼里，随时就可以拿起短枪，居高临下刺杀敌人。象军后面更有黑压压的步卒，漫山遍野而来。

缅军数量虽众，但是行进在崇山峡谷之间，队伍拉得过长，犹如一条香肠，很容易被切成好几段。忽都将七百多名骑兵分成三个小队，自己率二百八十一骑为一队，段信苴曰率二百三十三骑背靠着小河为一队，脱罗脱孩率一百八十七骑背靠着山丘为一队。忽都下令，先攻击已经渡河的缅军先头部队。

元军攻势如暴风骤雨，杀得渡河的缅军大败而逃。段信苴曰奋起直追，追出了三里的一个寨门，结果道路泥泞只得后撤。在大象背上的释多罗见状，立刻挥舞战旗，命令一万步卒从南面绕道，准备包抄元军的侧背后。

段信苴曰慌忙驰报忽都，忽都却很冷静，果断下令变阵，又将元军分为三列，对正在渡河的缅军发起猛攻。缅军猝不及防，队伍大乱，又哗啦啦地败逃而去。忽都穷追不舍，转战三十余里，连破十七座大寨，将缅军的步卒、骑兵、象群堵在一个狭窄的山口。结果大象踏着战马，战马踩着步卒，相互蹂躏，死尸填满三个巨大的山沟，上演了一场惨不忍睹的悲剧。

战到夕阳西下，忽都身受重伤，只得下令鸣金收兵。第二天元军再次追击，可是缅军早已跑远了。他们在逃亡途中又遭到金齿酋长阿郭、阿昌的截杀，几乎覆没。

元缅之间的第一次较量以元军的大获全胜而告终。由于抓到的俘虏太多，元军闲着无聊，竟然在军中做起买卖，只要用一顶帽子，或一双皮靴，或一件大衣，就可以换取一个强壮的俘虏。是役元军除了受伤，没有阵亡。有一个元兵抓到一头战象，他傻乎乎地想骑到象背上去，结果被大象踩死，成了唯一的非战斗死亡人员。

南甸大战，七百元军大胜四万缅军，而且无一人阵亡，如此辉煌的战绩，在世界战争史上堪称罕见。

至元十六年（1279年）十月，云南行省平章政事赛典赤·赡思丁挟南甸大胜之余威，命令长子宣慰使、都元帅纳速剌丁统领蒙古、爨、僰、摩些军三千八百四十人，第二次进攻缅国。元军进至江头城（今缅甸杰沙），摧毁当地土著酋长细安修建的木寨土垒，招降木寨三百余座、蛮民三万两千五百户，一时威震缅国。由于天气过于炎热，纳速剌丁才没有继续深入。

南甸、江头城两战两捷，缅人闻风丧胆，元军形势一片大好。这个时候如能趁热打铁，征服缅国指日可待。于是在次年二月，升任云南行中书省左丞的纳速剌丁奏告忽必烈："缅国地理形势都在我的耳目之中，如今宋国已灭，四川已平，正是征伐缅国的大好时机。"

忽必烈大喜，诏令枢密院制造武器，推选统将，积极备战。经过两个月的动员之后，忽必烈从云南行省调出四川军一万人，任命都元帅药剌海为统将。可是药剌海的任命书刚刚下达，忽必烈又改变了主意。国信使杜世忠在日本遇难的消息在大都城内掀起轩然大波，忽必烈几乎就要崩溃了，对日本人的仇恨让他绞痛入骨。复仇成了忽必烈的唯一目标，征缅的事已无足轻重了。

可是诡异的飓风再一次扑灭了忽必烈复仇的烈焰，整个人如同坠入森寒彻骨的冰窟，一下子清醒了过来。忽必烈这才想起未竟的大业，征讨缅国。药剌海和他的一万名缅国远征军正在大理城内焦急地等待着朝廷的指示。

至元十九年（1282年），搁置了近两年的征缅计划再次启动。二月，忽必烈发布动员令，以大卜为云南行省右丞，也罕的斤为云南行省参政，调集播州、思州、叙州、亦奚不薛（今贵州西北）的驻军，任命宗王相吾答儿为统帅，正式宣布出师缅国。

孰料宣战令发布没几天，大都城内发生了一件惊天动地的事，忽必烈最倚重的大臣、中书左丞相阿合马被人暗杀了，立即引发政坛大地震。忽必烈不得不搁下征缅的事，全力捉拿杀害阿合马的凶手。

五、第一权臣阿合马

阿合马可以说是忽必烈的老部下。早在四十年前的贵由汗时期，阿合马就跟李德辉一道，成了忽必烈漠北王府中的入幕之宾。不过阿合马的身份跟中原那些飘洒自如的汉人儒士不同，他只是察必皇后的陪嫁奴隶，一个唯唯诺诺的家奴。

但这个家奴很不简单，前面已经提过，阿合马像其他的穆斯林信徒那样善于经商，精明过人，很会理财，是忽必烈智囊团——金莲川幕府的骨干分子，成了拖雷家族中炙手可热的人物。蒙哥登上汗位之后，特意把阿合马挖过来，让他去做别失八里行省的长官助理。蒙哥汗死后，忽必烈和阿里不哥发生了汗位之争。阿合马也确实忠诚得像一条狗，从数千里之外的别失八里不辞辛劳，回到了自己的主人身边，为忽必烈夺取汗位尽了力，立了功，由此深得忽必烈的信赖，上台之后，立马提携他为开平留守同知兼太仓使。阿合马不但成了陪都开平府的代理长官，而且掌管着皇家粮库。

阿合马的理财能力初露头角是在中统二年（1261 年）盘查燕京行省的大仓库——万亿库。其后又提议中书省设置和籴所，建立中央粮食储备库。结果在短短的几个月之内，和籴所的粮米堆积如山，都快要爆仓了，令人刮目相看。

第二年，山东军阀李璮叛变，牵连到他的老丈人、中书平章政事王文统被杀，使得忽必烈对汉人伤透了心，从此更加重视起用西域的色目人。这个王文统也是个理财的大行家，史称他"钱谷大计，虑无遗策"。王文统一死，帝国的财政陷入一片混乱，忽必烈不得不物色新的财政大臣。忠心耿耿、善于理财，兼是色目人，阿合马从此走了狗屎运。

王文统没死几天，阿合马就被提拔为领中书左右部、兼诸路都转运使，专职负责帝国的财政统筹工作。当时中书省的下属机构只有两个：由吏部、户部、礼部合并而来的左三部，由兵部、刑部、工部合并而来的右三部。阿合马总领二部大权，又兼任交通总长，其权势直逼朝中的丞相。

阿合马走马上任之后，开始对宰辅大位虎视眈眈。他企图架空顶头上司中书平章赛典赤·赡思丁，越级向忽必烈奏报。由于另一个丞相张文谦的极力劝阻，阿合马这才没有得逞。但是两年后如愿以偿，赛典赤·赡思丁调任陕西四川行省平章政事。阿合马终于坐上了中书省平章政事的宝座。

阿合马做了宰辅之后，又开始排除异己，为日后独揽大权铺平大路。他首先对同为平章政事的赵璧下手。《马可·波罗游记》记载说，阿合马给忽必烈献上了一份奇特的礼物——一个黑色的铜盆装满了洁白如玉的珍珠，珍珠上放着一把尖刀，尖刀上则覆盖着一块红彤彤的绸布。

忽必烈很纳闷："你到底想说啥啊？"

阿合马愁眉苦脸回答说："想当初我为你效劳时，我的胡子就像铜盆那么黑。呕心沥血了几年之后，我胡子就跟珍珠一般白了。可现在赵璧跟那些汉人日夜密谋，准备用尖刀使我的胡子染上比绸布还要红艳的鲜血。"

忽必烈火冒三丈，立即下令追究赵璧的罪责。赵璧可不想跟阿合马玩命，干脆交上辞呈，一溜烟跑走了。

至元四年（1267年），忽必烈把赵璧贬为中奉大夫枢密副使。踢走赵璧这块障碍石之后，阿合马迈上了权力的坦途。至元七年（1270年），忽必烈重新设置尚书省，阿合马被任命为尚书省平章政事，同时兼任制国用使（相当于国务院副总理兼财政部长），独揽了帝国的财经大权。

阿合马不但城府高深，而且口才极佳，辩论起来富有逻辑，无人能及。忽必烈曾经让阿合马与中原勋贵史天泽举行公开的辩论赛，结果阿合马滔滔不绝，让老练的史天泽相形见绌。忽必烈惊呼阿合马为天下奇才，对他言听计从。

于是阿合马倚老卖老，从不把其他人放在眼里。尚书省刚成立时，忽必烈曾经下了一道诏书："朝廷选拔人才时，先由吏部审查资格，上报尚书省。再由尚书省转给中书省备案，最后中书省上报皇帝批准。"但是阿合马根本无视这道诏令，他擅自提拔官员，从来不跟中书右丞相安童商量。安童大为不满：我可是一朝之尊，焉可受制于人？就向忽必烈告状。

忽必烈让人去问阿合马，阿合马竟然大言不惭地回答："朝中事无大小，都是我一人操办。所用之人，也应该由我一人做主。"

安童迫不得已，再闹下去恐怕自己将彻底被架空，只得以退为进，请求忽必烈说："以后我只负责重刑判决以及调派各路总管，其余的人事安排干脆都给阿合马算了。"忽必烈比任何人都宠信阿合马，既然安童那样说了，就那样做吧。阿合马乐得忘乎所以，趁机扩充自己的势力。

至元九年（1272 年），忽必烈又搞中书一省制，把尚书省并入中书省。原尚书省的两位正、副长官阿合马和张易并列为中书省平章政事。这时候，赵璧因参与策划襄樊大战有功，调回京城，升任平章政事，跟阿合马共事。仇家相见，分外眼红。阿合马恨不得把赵璧吞下肚，再加上安童对阿合马也是腹诽心谤，中书省内每日冷战不断。最后冷战演变成热战，安童上书弹劾阿合马独占财权、树立党羽、贪污腐败、祸国殃民，在中央各要害部门安插一些不法之徒，扰乱国政，暗中勾结奸商，谋取私利，荼毒天下。

孰料阿合马不但不害怕，反而贼喊捉贼，要跟安童当庭对质。安童举出了阿合马的党徒左司都事周祥非法购买木材的罪状，但是忽必烈只是摘了周祥的乌纱帽，依然是一如既往地宠信阿合马。

阿合马见安童扳不倒自己，开始纠集同党对他反攻倒算。至元十二年（1275 年），忽必烈将安童调离中书省，让他跟随北平王那木罕镇守大西北，结果撒里蛮、昔里吉发动叛乱，安童差点儿惨遭不测。

安童罢相之后，阿合马又怕廉希宪调入中书省拜相，就先发制人，奏告忽必烈，让廉希宪以平章政事的身份到南京去督军攻宋。从此，中书省再也没有设置右丞相和左丞相。其他的几个宰辅郝祯、耿仁等都是阿合马的党羽。帝国的首脑机关——中书省成了阿合马的私人机构，朝中无人能与阿合马抗衡，文武百官对他侧目相视，谁也不敢去惹他。缺乏制约和抗衡的权力是可怕的，阿合马开始肆无忌惮地跋扈专横，为非作歹，成了一只人见人恨、人见人怕的大老虎。一时间朝中贪污贿赂成风，大元帝国这棵参天大树都快被阿合马这条大蛀虫蚀空了。

俄国作家普希金有篇《渔夫和金鱼》的童话故事，说有个贪得无厌的老太婆总是难填欲壑，向小金鱼不断索取。阿合马就是这样的一个人，他在位期间积累的财物数量惊人，单单马、驼、牛、羊、驴等牲畜就有三千七百五十八头。至于窃据民田、妻子亲属所拥有的资产，更是不可胜数。

阿合马的贪欲永无止境，除了金钱、权力、财物，还有美色。《马可·波罗游记》中称，凡是漂亮妇女被阿合马看中，没有一个能够逃出他的魔掌。许多官吏为了升迁，投其所好，毅然献出妻子、姐妹或者女儿。结果阿合马有妻四十、妾四百，而且都是名门闺秀。

阿合马曾经向高丽国索取美女，高丽主王禃把小臣殿直张仁冏的女儿送给他。不料阿合马嫌张仁冏的女儿不是豪门闺秀，拒绝收纳。王禃不胜其烦，最后只得把总郎金洹、将军赵允璠的女儿送出去。

一人成仙，鸡犬升天。阿合马的党徒门生遍及帝国的每一个角落，在朝廷中就有同党七百一十四人。儿子二十五个，个个身居高位。长子忽辛本来只是一个大都路总管，后来升至江淮行省中书右丞。次子抹速忽做了杭州路的军民总管。侄儿宰奴丁也做了河南行省参政。就连家奴忽都答儿也做到兵部尚书，掌控军权。

擅政二十多年，阿合马已经到了为所欲为的地步，对冒犯自己的人从来都是不择手段地置之于死地。

威名赫赫的大元帅伯颜平宋之后，风风光光地回到大都城，忽必烈下诏朝中百官在郊外列队恭迎。阿合马抢先跑到十五里外等候着伯颜，索要宝物。伯颜无可奈何地脱下腰间佩戴的玉钩条，送给阿合马，说："宋国的宝物虽多，但我实际上一件都没有拿。你可不要嫌弃这个玉钩条太微轻啊！"

阿合马大失所望，等了老半天竟然只拿到这么个破玩意儿，心中怀疑伯颜瞧不起自己，决定整一整他。于是他到处散布谣言，说伯颜私吞了南宋的镇国之宝玉桃盏。流言传到了忽必烈耳中，马上把伯颜抓起来拷问。一时间闹得沸沸扬扬，结果查无实据，不了了之。后来阿合马死了，有人献出玉桃盏，忽必烈这才知道伯颜受到了蓄意迫害，大骂阿合马："差点儿害死了我的一个大忠臣！"

就连平宋的大功臣都敢陷害，更别说其他的朝廷官员了。忽必烈的警卫队长秦长卿曾经弹劾过阿合马。阿合马恨得牙痒痒，利用职权之便将他调到地方去，然后诬陷他贪污税银数万缗，打入大牢，剥夺家产。最后又唆使狱吏用湿纸塞住秦长卿的鼻孔，活活将他闷死。

阿合马睚眦必报，被他迫害致死的官员不计其数，其中级别最高的竟有江淮行省平章政事阿里别、右丞崔斌。

一向疾恶如仇的江南行台御史大夫相威入京时，恰逢河南行省左丞崔斌弹劾阿合马。忽必烈就让相威跟枢密副使博罗去审讯阿合马。孰料阿合马假称生病，躲在府中不出庭。博罗一想起满脸横肉的阿合马，心里就发怵，打起退堂鼓。

相威大声怒吼："我可是奉旨而来的，阿合马这小子敢抗旨吗？"马上下令将阿合马揪出来，用轿子抬到庭上，对着罪状簿，一件一件地斥责阿合马。阿合马从未见过如此强硬的人，赶紧俯首认罪。眼见阿合马就要被绳之以法，这时候忽必烈的赦免诏书下来了，阿合马拍拍屁股昂首而去，气得相威呕血连连。

阿合马对此耿耿于怀。后来崔斌升任江淮行省右丞，阿合马就派人罗织罪名，将崔斌和阿里别一并诬杀。阿里别是蒙古帝国的三朝元老、花剌子模人牙剌瓦赤的儿子，很受忽必烈的宠幸，早就成了阿合马的眼中钉。阿里别、崔斌死后，阿合马把儿子忽幸提携为江南行省中书右丞，将大元帝国最有油水的行省据为私有。

阿合马贪得无厌，罪行累累，罄竹难书，人们对他是敢怒而不敢言，恨不得蒸烂了吞吃下肚。可一提到这只光吃肉不吐骨头的超级大老虎，大家都吓得连气也不敢喘。

天网恢恢，疏而不漏。不作死就不会死！世人对阿合马的憎恶与日俱增，这个大奸臣的死期渐渐来临了。终于在至元十九年（1282 年）三月十八日，被益都千户王著、僧人高和尚砸成肉酱。

六、铁锤毙巨奸

我们先来看看王著、高和尚两个义士是什么人。

王著，字子明，山东益都人。此人生性豪爽，从小就好打抱不平，颇讲义气，为了朋友不惜两肋插刀。但王著不得志，在基层做了许多年的办事人员，后来辞职投军，戍守北边，混了一个千户长的职位。

高和尚自称身怀秘术，能够驱使六丁六甲等鬼神为兵，所以世人呼之为高菩萨。

至元十七年（1280 年），由于枢密副使张易的极力推荐，忽必烈命司徒和礼霍孙带上高和尚到北边去抵挡随时就会入侵的海都汗大军。戍边期间，高和尚跟王著混得很熟。阿合马恶贯满盈，奸淫人妇，巧取豪夺，杀人如麻，早已成了汉人、蒙古人、回回人，甚至朝中官员的公敌。人们一提起阿合马的名字，无不红着眼睛磨着牙。王著更是偷偷地锻铸了一把大铜锤，随时准备干掉阿合马，为民除害，为国锄奸。

不久，高和尚因为法术失灵，在军中再也混不下去了，只好扯上王著，卷起铺盖南归。可是南归不久，就发生了阿合马暗杀案，而且案情扑朔迷离，似乎痛恨阿合马的枢密副使张易也卷进去了。

甚至可以这么认为，铲除阿合马这颗大毒瘤已成为所有人的共同愿望。而屡被阿合马排挤的张易就是暗杀案的背后煽动者。波斯史学家拉施特在《史集》中干脆明言，张易主动去找高和尚，商量怎么除掉阿合马。

这个张易是山西太原人氏，本姓鲁，因是在二月二社日出生的，所以小名社住。张易幼年时父亲被人杀了，母亲背着他在闹市里行乞为生。后来到郝太守家讨饭时，有个姓张的孔目（文书官）一瞧小孩挺可爱的，就收为养子，从此改姓张。张易长大后，剃发为僧，后投效忽必烈，遂被重用。自至元九年（1272年）开始，张易与阿合马同为中书省平章政事，张易又兼任枢密副使，掌领统兵大权，一向被阿合马视为擅权专政的挡路石，早晚要踢开的。张易为保住自己的政治命运，先发制人，假手于高和尚、王著，完全是有可能的。

而高和尚南归之后，又称魂灵附体，死后四十天复活，因而信徒众多。高和尚、王著振臂一呼，立即有数千人蜂拥而起，朝中的蒙古官员也暗中赞助，结果汇聚成一股反阿合马的强大洪流。他们日夜静待良机，让阿合马这个可恶的公敌永远从世界上消失。

至元十九年（1282年）三月，忽必烈像往年那样，带上太子真金去察罕脑儿行宫北巡了，留下阿合马守护大都城。城中一片空虚，此时不剪除阿合马，更待何时？张易立即密报高和尚、王著。

如何虎口拔牙，干掉阿合马？阿合马天不怕地不怕，最怕的是太子真金。真金十分厌恶阿合马，有一回当着忽必烈的面把阿合马揍得鼻肿眼青。又有一回拿着弓箭敲得阿合马头破血流，忽必烈问他怎么回事，阿合马回答说被马踢破了脸。恰逢真金就在身旁，很生气地大骂阿合马："你怎么这么无耻？明明是被我打的。"

尽管阿合马吃了雷公的胆子，但见了真金那可是恶狗见到棍棒——又恨又怕。这也不奇怪，阿合马再凶再猛，顶多算忽必烈的一只鹰犬而已。三人决定揪住阿合马的软肋，让人假冒太子，召来阿合马，乘其不备，当场将他锤毙。

三月十七日，锄奸行动开始。按照预定计划，高和尚率两千信徒伪造太子的仪服器仗，从居庸关大摇大摆地缓缓南下。王著结伙八十余人，趁着黑夜秘密潜入大都城。

十八日黎明，王著先派两个吐蕃喇嘛僧到中书省去，传令说太子跟国师要回大都举行盛大佛事活动，让中书省准备斋果、佛物。中书省值守官察觉到有些蹊跷，赶紧唤来负责宿卫太子宫的高觿、张九思。两人质问一下，两个喇嘛僧支支吾吾，答非所问。这下子露馅了，高觿、张九思立即将喇嘛僧抓起来，并召集宫中卫士、军队，配备好弓箭以防不测。

午时，王著又派崔总管矫传太子旨意，命令枢密副使张易发兵到太子宫。张易二话没说，马上派亲信右卫指挥使颜义率一队卫兵，跟随王著去太子宫。高觿有点蒙了，问张易出啥事了。张易神秘兮兮地告诉高觿："皇太子赶回京城是来诛杀阿合马的，入夜之后见分晓。"

一切准备就绪之后，王著亲自骑马去中书省告诉阿合马，太子快回宫了，命令中书省的所有官员都要集合在太子宫前迎驾。

阿合马一听见真金回来了，手脚大乱，赶紧派中书省右司郎中脱欢察儿，带上几名骑兵出城迎接，走了十多里碰到假太子。假太子厉声怒斥脱欢察儿无礼，没等他反应过来，就被砍得七零八落。假太子等人夺得马儿之后，带着几百名假卫士，大摇大摆地穿过健德门，进入皇城，跟着王著、高和尚来到太子宫的西门。

夜里二鼓（晚上9点至11点），留守太子宫的高觿、张九思听到人马的喧哗声，派人出去看了一下，回报说前方烛火、灯笼摇摇，怕是太子爷回家了。果然不久之后，来了一个人拼命地敲门。

高觿想起了突然冒出的两个喇嘛僧，以及张易泄露太子要诛杀阿合马的事，警惕心顿起。他对张九思说："太子爷回家的时候，从来不走西门，而且都是让完泽、赛羊两个小厮在前头引路，我们只要叫这两人的名字就知道真伪了。"于是高觿大呼"完泽、赛羊"，这下子又露馅了。王著、高和尚等人根本就弄不清高觿在喊什么，结果无论怎么叫，西门就是紧闭不开。

眼见事情就要败露，王著、高和尚灵机一动，掉转马头，沿着太子宫墙跑到南门去。到了南门之后，只见黑压压地站立着一大帮人，阿合马跟那些中书省、枢密院、御史台的官员早已在此等候多时了。

王著、高和尚等人都跳下马，只有假太子一动不动地坐在马背上，叫唤中书省的官员到跟前训话。阿合马呆头呆脑地第一个走上去，恭恭敬敬地跪在马前，却被假太子骂得狗血喷头。当然真金太子的音容笑貌阿合马不可能不熟悉，可是还没等他醒悟过来，王著就跳上去揪住他的衣裳，蓦地拿出袖中的铁锤。只听见"砰"的一声闷响，阿合马脑浆迸裂，就这么稀里糊涂地断送了性命。干掉阿合马之后，假太子又如法炮制，杀了阿合马的同党中书左丞郝祯，并把中书右丞张惠抓起来。

高觿、张九思发现太子有诈之后，留下张子政守护西门，二人率大队卫士直奔南门。可是等他们到达时，阿合马早已成了一堆烂肉泥。高觿、张九思大声惊呼"抓贼"，那些中书省、枢密院、御史台的官员呆瓜似的远远站着，根本就不知道发生了什么事。高觿、张九思这么一喊，登时太子宫南门前乱成马蜂窝。打的打，杀的杀，射箭的射箭，乒乒乓乓，上演了一出前所未有的大闹剧。

混战之中，留守司的达鲁花赤博敦操起一条木棍，将假太子击落下马。王著镇定自若，挺身就擒。高和尚逃走，而那些信徒跟着张易派遣的指挥使颜义被射成一个个刺猬球。南门尸横遍地，一片狼藉。历史会永远记住这血腥的一夜，贪婪、残暴的大奸臣阿合马在愤怒的铁锤之下惨死，为正义必将战胜邪恶做了活生生的注解。

大都城内发生了惊天动地的人命案，而且死者是帝国的第一重臣、权倾朝野的阿合马，顿时举国震动。忽必烈跟真金太子刚刚抵临察罕脑儿行宫，屁股都没有坐稳，中丞也先铁木儿就飞马来报。

听到理财大师阿合马死于非命，忽必烈气得目瞪口呆，度假玩乐的美好心情全无，当天就扯上真金马不停蹄地赶回上都。一到上都，立即命令枢密副使孛罗、司徒和礼霍孙、参政阿里飞奔大都城，传旨镇压反叛分子。

在官兵地毯式的搜捕之下，两天之后，躲在西直门外高粱河的高和尚落网。二十二日，王著、高和尚以及忽必烈圣裁的"逆贼同党"张易，被推到闹市斩首后剁成肉酱。王著临刑前为自己的正义之行感到无比自豪，仰天大声呼叫说："王著为天下除害，现在也死了！日后我的事迹必将名垂青史！（异日必有为我书其事者。）"

清末戊戌六君子谭嗣同在狱中写下"我自横刀向天笑，去留肝胆两昆仑"，这正是对王著豪情凌云直冲九霄的最真实写照。

由于忽必烈认定张易为朝廷的内奸，准备将他传首四方示众。张九思跑去见太子真金，求情说："张易糊里糊涂，不辨真假，那是有的。但要说是乱党贼人的同谋，那就不敢断言了。传首四方还是免了吧！"真金还算英明，想了想也是。张易这才免遭一辱。

处决完王著、高和尚、张易，为帝国的大管家阿合马报了仇之后，忽必烈好生纳闷，如此一个奇才好好的怎么会招惹那么多的人？赶紧叫来枢密副使孛罗问一下。孛罗心中早就把阿合马杀了一百次，于是将他的罪状一条一条罗列出来。忽必烈勃然大怒："王著杀得好！"马上下诏，抄了阿合马的家，在通玄门外将阿合马剖棺戮尸，放出恶狗尽情地享受美餐。围观的老百姓和朝廷官吏无不拍手称快，王著、高和尚等义士终于可以含笑九泉了。

与此同时，忽必烈开始了大清洗，一天之内就将朝中阿合马的党徒七百一十四人全部革职，阿合马滥设的官僚机构两百零四个，只留下三十三个，其余的通通废掉。阿合马的家产全都没收充公，妻子、小妾、奴婢拘押的拘押，放回家的放回家，逃走的逃走，树倒猢狲散，一夜之间散得干干净净。

抄家时，官兵们在阿合马爱妾引柱的屋子里找到一个大木盒，钥匙由一个太监专门保管。本以为里头装的是奇珍异宝，孰料打开一看，吓得众人魂都没有了。里边赫然装着两张干瘪的人皮，四只耳朵都在。这个大魔头到底在搞些什么东西，赶紧唤来引柱一问。原来阿合马生前喜欢玩弄诅咒的巫术，据说要咒死某人，只要在人皮上摆放一些神怪，便可迅速应验。又找到了两张帛画，画的是一大堆身披铠甲的骑兵，都拉开弓弦、举起刀刃，目标都对准一座宫殿，似乎在图谋不轨。帛画是一个姓陈的人画的。此外，还有个叫曹震圭的术士，曾经推算阿合马的生辰八字，一位姓王的台判据此预言阿合马有做皇帝的命。

忽必烈大发雷霆，怒气几乎就要掀翻宫殿的屋瓦，下令将引柱、曹震圭等四人的人皮像蝴蝶展翅一般活生生地剥下来，然后挂在大都城头上示众。但是剥皮犹不能泄忽必烈心头大恨，又将阿合马的两个死党郝祯、耿仁，一个开棺戮尸，另一个下狱赐死。

阿合马的几个儿子——长子忽辛、次子抹速忽、三子阿散、四子忻都以及侄儿宰奴丁、家奴忽都答儿，全都凌迟处死。十一月十一日，将阿合马的罪恶诏布天下，经过大半年的洗涤之后，忽必烈终于将阿合马的残余势力扫荡一空。

李璮、王文统叛乱，让忽必烈抛弃了重用汉人的政策，阿合马小人得志，趁势粉墨登场，结果成了帝国最大的一条蠹虫。忽必烈不得不重新审视自己的用人政策，对色目人或回回人的信任度降到冰点。曾经一度诏令，不许色目人跟蒙古人共事，禁止色目人佩带刀剑。

忽必烈甚至变得神经质起来，对身边的仆从疑神疑鬼。良将易得，忠臣难求，忽必烈这才想念起那位被撂了三年之久的南宋左丞相文天祥。但忽必烈的一念之差，这位亘古未有的奇伟男子，在阿合马的罪恶公诸天下之后不到一个月，也化为千古了。

至元十九年（1282年），成了忽必烈一生中最刻骨铭心的一年。

七、文天祥之死

文天祥被俘之后，万念俱灰，唯一的心愿就是一死。可是偏偏元军不让他死，跳海有人强拉着，上吊有人割绳子，咬舌有人撬嘴巴。在元军二十四小时的全天候监控下，文天祥成了世界上最难死的人。

文天祥的一位老乡太学生王炎午写了一篇《生祭文》，劝他早日成仁以求解脱。祭文挂在元军押送文天祥北上的道路上，结果元军不让看。文天祥到了福建南安之后，连续绝食八天，还是死不成。

至元十六年（1279年）八月，元军统帅张弘范把文天祥送到大都。按照忽必烈的指示，文天祥受到了高规格的接待，不但住进了外交活动的最重要场所——会同馆，而且馆里人员的服务体贴入微，特意为他准备了奢华的床铺。但是文天祥丝毫不领情，连衣角也不沾到床边，就那样一直坐到天亮。

热脸贴了冷屁股，张弘范大为恼火，马上将文天祥软禁在兵马司（相当于警察局），外头有士卒监视。文天祥更加淡定了，脸朝南边，一动不动地静坐着。

忽必烈派狡猾的留梦炎过去劝降，可是文天祥一见到留梦炎就是骂骂咧咧。王积翁很敬重文天祥，准备跟谢昌元等十个南宋降臣联名上书，请求忽必烈把文天祥放了，让他去做道士。这个谢昌元是文天祥的好友，文天祥曾经抄写他的《座右自警辞》，流传至今，成了无价之宝。但是留梦炎心中忌恨文天祥，赶紧阻拦王积翁、谢昌元说："文天祥出狱之后跑到江南去，召集部众起兵反元，那要置我们十个人于何地啊？"于是联名的事不了了之。

几天之后，枢密副使孛罗亲自出马，把文天祥叫到枢密院。文天祥大摇大摆地走进枢密院，见了孛罗就抱拳作揖。孛罗火冒三丈，一个囚徒怎敢如此无礼！喝令文天祥向他下跪。

文天祥面不改色地回答："南方见了人作揖，北方见了人才下跪。我是南方人，就行南方之礼啊！"

孛罗气得脸涨成猪肝色，喝令左右把文天祥按在地上。文天祥根本就不吃这一套，要我下跪，先得敲碎我的膝盖骨。孛罗见硬的不行，就来软的，问他还有什么话可说。

文天祥侃侃而言："自古天运循环，有兴有废。无论帝王将相，只要国家灭亡了，哪个没有被杀的？我尽忠尽孝于大宋，事到如今，唯求早死而已。"

孛罗仗着自己读过几本书，试图用理来开导文天祥："你既然知道自古以来有兴有废，那我问问你，从盘古开天辟地到今天，一共有几个皇帝、几个王？"

孛罗这么一问，差点儿笑翻了文天祥："一部十七史要从哪个地方说起？

我今天又不是来参加科举考试的，哪有心情跟你谈天说地？"

孛罗却正经十足："你既然不肯说古往今来的兴废事，那我又问你，自古以来有没有出现过把祖宗社稷都丢给别人，然后自己逃跑的人？"

一提起社稷二字，文天祥就凄然忧伤："把祖国送给别人的，那是卖国之人。卖国贼一定不会跑走的，跑走的不一定就是卖国贼。我之前辞去了宰相的职务，来跟你们谈判，被拘押至此，不幸朝廷上出了卖国贼出卖国家。国家亡了，我应当以死报国。我之所以苟活下来，只是因为度宗的两个儿子在浙江，我的老母亲在广东而已。"

孛罗鸡蛋里挑骨头，自以为揪住了文天祥的辫子，揶揄说："赵㬎才是正统的皇帝啊，抛弃了赵㬎，另立度宗的两个儿子，这就是你常挂在嘴边的忠吧！"

文天祥立即予以反驳："当此之时，社稷为重，皇帝为轻。我另立他人为帝，也是为了大宋的宗庙社稷考虑。两晋之时，随从晋怀帝、晋愍帝北往匈奴的不是忠臣，跟随晋元帝南下的才是忠臣。靖康之难时，随从徽宗、钦宗去金国的也不是忠臣，只有跟随高宗南渡的才是忠臣。"

谈史论经，孛罗不是文天祥的对手，没几下就灰溜溜败下阵来。这时候有人又问："晋元帝、宋高宗之所以能继承大统，那是有命在身。度宗的两个儿子名不正言不顺，那就是篡位作乱啊！"

文天祥不得不费些口水为自己辩护："益王赵昰可是度宗皇帝的长子、赵㬎的亲哥哥。赵㬎被你们抓了之后他才即位的，怎么可以说是篡夺皇位呢？陈宜中是奉了太后的懿旨才把益、广二王带出宫，怎么说无奉命行事呢？"

孛罗等人顿时哑口无言了，舌尖上的功夫永远比不上文天祥，只好强词夺理狡辩说："你们立益、广二王，没有传受之命，就是篡位夺权！"

简直就是喋喋不休的婆娘，文天祥气愤不过，干干脆脆地回答："上天恩赐，大家都拥护，即使是没有传受之命，把他拱上皇位，又有何不可？"

孛罗冷冷地问："就算立了二王，可你还是一事无成。"

文天祥仍然是有礼有节地回答："拥立国君就是为了保存祖宗社稷，只要社稷一天在，做臣子的就要尽一天的责任。我何曾希望什么立大功、办大事？"

文天祥这么一说，孛罗气得就要跳到天花板上去，恶狠狠地嘲讽说："既知自己无力回天，又何苦去操那份心！"

这个无聊的人竟然要对我进行人生观教育，文天祥哭笑不得："孛罗老兄啊，你还有没有节操？父母得了重病，即使是没治了，也不能够不给药啊。谋事在人，成事在天。只要我尽心尽力，无论成败我都问心无愧。文天祥今天话就说到这里，不想再跟你啰嗦了！"

这场大论争火药味十足，到最后孛罗败得体无完肤，实在是没脸走出枢密院。干脆一不做二不休，上报忽必烈，把文天祥杀了。卧病在床的张弘范赶紧给忽必烈写了一封奏书，说文天祥忠于自己的祖国，是个大忠臣，杀不得啊。

忽必烈对文天祥爱之入魂、恨之入骨，根本就舍不得杀他。岁月是一把无情的刻刀，早晚会刮净一个人心中的信念。

于是就把文天祥关起来，直到精神支柱轰然倒塌的那一天。

就这样，一晃三年过去了。忽必烈整日忙于帝国的征伐大业，东讨日本，南征占城、缅国，北伐海都汗，搞得忽必烈晕头转向，早已把文天祥抛到九霄云外去了。

直到财神爷阿合马被暗杀之后不久，大都城内有个疯头疯脑的中山人（今河北定县）叫薛保住，声称自己就是宋王，扬言要召集数千人救出文丞相。官府又截获到一封匿名书，说某日要烧毁覆盖在城墙上的芦苇草（元代大都城墙都是夯土板筑的，覆盖芦苇草可有效防止雨水浸刷城垣），率两翼兵杀进大都城，文丞相高枕无忧云云。

一时间流言风生水起，本来大都城就笼罩在阿合马暗杀案的黑色恐怖之下，现在又搞得人心摇动，好像天要塌了似的。忽必烈赶紧下诏撤去城墙上的芦苇草，把瀛国公赵㬎等南宋的遗老遗少转移到北方的上都去，以免恐怖分子烧城劫狱。

过了不久，福建僧人慧堂来到大都，说他深谙天文，懂得占星术。他告诉朝中官员，最近土星冲帝座，大都城中恐有不测之变。

薛保住、宋王、文丞相、土星冲帝座，马上令人浮想联翩。忽必烈这才想起还有个叫文天祥的硬汉子，怀疑这一切都是他在暗中策划的。这个长着一颗花岗岩般脑袋的亡宋死忠，看起来还真是有点危险。忽必烈决定亲自出马，文天祥再不悔改，那就由不得我了。

忽必烈把文天祥召进大殿，文天祥昂然直入，依然那么傲慢，唯有点头作揖而已。

忽必烈侧目而视，你的小命还捏在我手中呢，冷眼问道："文丞相还有什么话要说？"

民不畏死，奈何以死惧之？文天祥厉声大叫："我大宋自太祖、太宗兄弟开始，就以尧舜之道一统天下。此后历代皇帝一脉相承，天下太平。既未出现过无道之君，也未出现无赖刁民。都是你们北方的野蛮人，仗着手中有几头牛马，兴无名之师入侵大宋。残害大宋子民，毁灭大宋社稷，推倒了三百多年的大宋宗庙。一个堂堂正正的大男人，竟然欺负大宋的孤儿寡母，岂不贻笑千年，为万世之耻？我身为大宋丞相，殚精竭虑，辅佐皇帝。孰料奸臣贾余庆、刘岊欺君卖国，使我英雄无用武之地，才成了你们的阶下囚。九泉之下，我死也不瞑目。"

说完文天祥咬牙切齿，将地面踩得砰砰响，又抚胸长叹息："哎呀，老天啊！哎呀，老天啊！"

偌大的宫殿竟然成了文天祥唱独角戏的舞台，左右两班大臣不由得瞠目结舌，自他们出娘胎以来，从未见过如此不要命的人。

忽必烈却很冷静，不冷静就不会高高坐在皇帝位上。以他的经验，往往嘴巴说得越坚定，内心就越脆弱，越容易被糖衣炮弹击中。忽必烈热乎乎地向文天祥招手："我承蒙老天爷的眷恋，一统天下，并非偶然的。你对宋国的赤胆忠心我比谁都清楚。只要你像对宋廷那样对我忠心，我马上封你为中书丞相，你意下如何？"

文天祥三岁时就把孟子那句"富贵不能淫，威武不能屈，贫贱不能移"的名言牢记在心，他想都不想，断然拒绝了忽必烈的好意："忠臣岂肯事二主？文天祥是大宋的状元宰相，现在大宋亡了，我也应当早点死吧。再活下去，恐怕到阴间地府之后，就没脸去见田横的五百壮士了。"

忽必烈还不死心，登时软了，简直是在哀求文天祥："你不做我的丞相，就做枢密使啊！你不是说英雄无用武之地吗，我给你几个兵带带，行不行啊？"

如此没完没了，还不知道熬到什么时候。文天祥干脆把话说绝："天祥的心中，只有大宋朝廷而已。你就别白日做梦了！"

这个文丞相的脑袋比花岗岩还要坚硬，忽必烈没辙了，气呼呼地挥挥手：把他拉下去，回大牢再待几年！

文天祥被带走了，但是那些大臣却不肯下去。文天祥的肆无忌惮简直到了令人发指的地步，此人不杀，天理难容。中书平章政事麦术丁第一个猛轰文天祥："此人英才盖世，古今罕有。前些年在福建搞了一个同督府，那种挥洒自如的军事才干，大元没有一个将帅比得上。要是文天祥逃到江南去，振臂一呼，大地也将为之震动，必成国家大患。不如了结他的心愿，以绝后患。"

麦术丁这么一说，朝廷上立即产生羊群效应，其他的朝官也围着忽必烈叽叽歪歪嚷个不停。

文天祥还在牢狱里，就已经闹得朝廷天翻地覆。文天祥不死，还真是国无宁日。忽必烈再也无法淡定了，头脑一热，当即扔出敕令："将文天祥拉到柴市，斩立决！"

十二月初九，文天祥喝下最后一杯热酒后，昂首挺胸，大步迈出兵马司土牢（今北京东城区府学胡同），仰头吟唱：

昔年猃狁侵荆吴，恃其戎马恣攻屠。忠臣国士有何辜，举家骨肉遭芟锄。
我宋堂堂大典谟，可怜零落蒙尘污。二君泛海不复都，天潢失散知有无。
衣冠多士沉泥涂，齐民尽陷胡版图。我为忠烈大丈夫，诗书礼义圣贤徒。
竭心罄志思匡扶，驱驰岭表万里途。如何天假此强胡，宗庙不辅丹心孤。
英雄丧败气莫苏，痛哀故主双眸枯。今朝此地丧元颅，英魂直上升天衢。
神光皎赫明金乌，遗恨不惜弃草芜。谁人酹奠致青刍，仰天长恨伸呜呼。

文天祥一路高歌向柴市，意气扬扬，慷慨激昂，仿佛是在过一个愉快的节日。从兵马司土牢到柴市口（今北京东城区交道口南大街），短短的一两百米人满为患，围观者络绎不绝，何止过万，交通完全堵塞。

人越多文天祥越从容，临刑之前问围观的市民："哪边是南方？"有人给他指了方向，文天祥向南拜了再拜，祷告上苍："我大宋列祖列圣的在天之灵，保佑文天祥早点投胎中原，得遇圣明之君，挥师扫荡，剿灭此胡，以报今日之恨！"祷告之后，又借来纸笔，写下两首遗诗：

昔年单舸走维扬，万死逃生辅宋皇。天地不容兴社稷，邦家无主失忠良。
神归嵩岳风雷变，气吐烟云草树荒。南望九原何处是，尘沙黯淡路茫茫。

衣冠七载混毡裘，憔悴形容似楚囚。龙驭两宫崖岭月，貔貅万灶海门秋。

天荒地老英雄丧，国破家亡事业休。惟有一灵忠烈气，碧空长共暮云愁。

写罢投笔于地，对监斩官说："我该做的都做了，心中已无愧疚！"说罢如同一尊庄严的菩萨，面朝南方端坐在地上一动不动，静候大刀砍下。如此的生死诀别简直就是惊天地泣鬼神，围观者无不恸哭流涕。更令人痛惜的是，文天祥的脑袋刚砍下来，忽必烈的赦免诏书就来了，可惜世间已无文天祥。文天祥的就义，宣告令无数英雄豪杰梦萦魂牵的南宋复国运动彻底失败了。

文天祥牺牲的那一日，大风扬起，卷起尘土满天飞。突然间日月无光，一片晦暗，咫尺难辨，吓得官府大白天紧闭城门。消息传到宫中，忽必烈对轻率杀死文天祥也是无限悔恨，上朝的时候拼命地抚摸着自己的大腿，长叹不已："文丞相真是一个好男儿！恨的是不肯为我所用，一时轻信人言把他杀了。可惜，太可惜了！"

几天之后，文天祥的夫人欧阳氏去柴市口收尸时，文天祥仍然颜面如生，围观者惊叹不已。欧阳夫人在文天祥的衣带上发现了几句话："孔曰成仁，孟曰取义，惟其义尽，所以仁至。读圣贤书，所作何事！而今而后，庶几无愧！"

欧阳夫人痛不欲生："我丈夫不负国家，我怎么可以有负于他？"最后也是自缢而亡。

杀了文天祥，忽必烈也是恍恍惚惚，宫中怪异百出，连续好几天阴霾昏暗，白昼如同黑夜，人们走路时都要拿着蜡烛，百官上朝也要让人举起火把带路。

有个道士告诉忽必烈，这是文天祥的冤魂在作怪。忽必烈立即下诏朝中各个部门，省、院都要为文天祥举行盛大的祭奠仪式，赐封文天祥为特进金紫光禄大夫、开府仪同三司、检校太保、中书平章政事、庐陵郡公，谥忠武，还特地让王积翁书写文天祥的灵牌、孛罗负责主祭。孰料孛罗刚刚烧完香正要祭拜，蓦地狂风大作，旋地而起，竟然把文天祥的灵牌刮到空中去。更骇人的还在后头，只听见空中雷声隐隐作响，好像天上的神仙在发怒。俄而天色更加暗黑，众人吓得两股战战，几欲先走。

这时候那个道士又现身了，他告诉孛罗："文丞相留在大都三年，心中念念不忘赵宋，不肯臣服之心至死不变。现在朝廷把一大堆名衔栽在文丞相的头上，一定是触犯了文丞相的在天之灵。"孛罗大惊，赶紧把文天祥的神主改为前宋少保右丞相信国公，果然祭拜之后雨霁天晴。满城老百姓举手欢呼："文丞相对南宋的坚贞不贰、矢志不渝，感天动地！"

文天祥之死，忽必烈感慨并悔恨着。每每想起文天祥就义之后的种种骇异现象，忽必烈就心悸不已。文天祥还不算最可怕，最可怕的是那些亡宋遗子。薛保住只是一介狂徒，但是一旦祭出了宋王的旗号，仍然可以打动千千万万汉人的心。赵宋三百二十年的统治，已经在汉人心中打下了难以磨灭的烙印。一有风吹草动，他们就会蠢蠢欲动，乃至揭竿而起。

亡宋幼主赵㬎已经被册封为瀛国公，完全在自己的监控之下，就是插翅也难飞。至元二十五年（1288年）十月二十四日，忽必烈把他甩到遥远的吐蕃萨斯迦寺（今西藏萨迦县内）去修习"佛法"，以消除那些不甘心的南宋遗民救主复国的图谋。

赵㬎没做好皇帝，长大后倒成了一个博学的佛门弟子。潜行研学之后，赵㬎精通藏文，翻译了《因明入正论》《百法明门论》等佛学经典，甚至成为萨斯迦寺的"本波讲师"，负责主持讲经。吐蕃人对这个亡国之君敬佩不已，尊称他为"蛮子合尊""合尊法宝"。至治三年（1323年）四月，赵㬎被元英宗硕德八剌下诏处死，结束了他屈辱而又传奇的一生。赵㬎妻元朝公主，有一子赵完普，徙居沙州（今甘肃敦煌）。

然而，赵㬎的传奇一直持续了数百年。元朝末年，隐士权衡的《庚申外史》中宣称，元顺帝妥懽帖睦尔就是赵㬎的私生子。权衡说得有鼻有眼，赵㬎曾在甘州（今天甘肃张掖）的一座寺院中，与一个名叫迈来迪的回回女子结合。延祐七年（1320年）四月十六日产下一子，恰好当天元明宗和世㻋途经此寺。元明宗见寺院上空笼罩着龙纹五彩之气，大为惊奇，入寺询问，方知赵㬎新得一男婴。苦于无后的元明宗当即将这个新生儿带回皇宫。他就是后来的元顺帝，因出生于庚申年，故又称庚申帝。这个传闻一直到清朝还有人相信，当然那是无稽之谈。

八、远征占城国

要想让被征服的汉人做一个安分守己的良民，就必须将赵宋皇室的嫡系子孙一个个赶尽杀绝，以彻底斩断汉人的幻想。益王赵昰上台之后没多久，就在遥远荒芜的硇洲岛死于非命，只有一个广王赵昺下落不明。虽然张弘范奏称赵昺在厓山海战中溺死，还送来了宋廷的"诏书之宝"，但是有人报告说赵昺还活在世上，如今正躲在占城国，跟左丞相陈宜中一起，准备建立流亡政府，借助占城人，复兴南宋。厓山海战时，随陈宜中赴占城求援的振国大将军石文光，就借了数千占城兵杀回广州湾。

忽必烈打开地图一瞧，占城地处交趾之南。占城王首鼠两端，降而复叛，早就该猛揍一顿了。如能拿下占城，那就是一石三鸟，一则开疆拓土，二则从背后威慑交趾逼其降服，三抓到陈宜中这条漏网大鱼，赵昺的生死之谜不就真相大白了吗？

远征占城，师出有名。大殿之上，忽必烈踌躇满志，大喝一声："向占城国进军！把逃亡的广王赵昺、陈宜中缉拿归案。"

这个占城国距离广州三四千里，地处热带，四季都是炎夏，看不到寒冬冰雪。境内的农作物主要是粳米、粟、豆、莲、麻、甘蔗、香蕉、椰子等，居民以椰叶为席，喝着槟榔汁酿制的美酒。动物种类较少，只有大象、犀牛、黄牛、水牛，没有驴。林中还有鹦鹉，常常作为贡品进献给中原王朝。

占城人由两个部落组成，南部古笪罗和宾童龙一带的槟榔部落、北部阿摩罗波胝和毗阇耶等地的椰子部落。他们信奉婆罗门教、小乘佛教，眼睛深陷，鼻子突出，头发卷曲，肤色略黑，有点类似西域的波斯色目人，跟中原居民截然不同。

如今东南亚各国婀娜多姿、令人浮想联翩的槟榔女郎满街跑，不禁使我们忆起那个年代的占城女人，耳朵穿孔、戴着小环，袒胸露腹、麝香涂身，腰下绕着横幅织贝（贝纹锦布），更是风情万种。

汉武帝平定南越之后，势力深入中南半岛，设日南郡镇守叛服无常的蛮夷。日南郡顾名思义就是地处太阳南边，当地土著都要开着北边的窗户以迎接阳光。两汉时期，占城就是日南郡最南的属县——象林县的辖地。

东汉末年，象林县功曹（县长助理）区连之子区逵自称释利摩罗，发动婆罗门教信徒起兵造反，建立林邑国。林邑的国号沿用了五百年，到了唐代中叶，改为环王。不久又定国名为占城，那时唐帝国爆发黄巢大起义，国势日衰，占城与中原渐行渐远。但是宋朝建立以后，占城频繁进贡，派去的使节多达八十余次，堪称宋朝最忠诚的属邦。投之以桃，报之以李。宋朝也多次册封占城王，而且在抗击交趾侵略上步调一致，形成了特殊的同志加兄弟关系。

占城屡屡遭到邻邦真腊和交趾的欺负，最后被真腊吞并。可惜两国相隔遥远，无法相互照应。宋朝对彼岸的那位遭殃的小兄弟只能望洋兴叹，深寄同情而已。但是占城人依靠自己的力量，很快就赶走了真腊人。成吉思汗十五年（1220 年），旧王族阇耶波罗蜜首罗跋摩二世自立为王，开启了占人的新时代。

占城人走进忽必烈的视野是在至元五年（1268 年），也就是国信使黑的、殷弘第一次出使日本的那一年。交趾王陈日煚因不堪占城、真腊的连年侵犯，上书忽必烈，请求支援。

忽必烈征服赵宋的同时，周边各小邦也难逃一劫。第一个主张攻打占城的是广南西道宣慰使马成旺，曾经自告奋勇，要带领三千士卒、三百匹战马远征占城，由于忽必烈忙于伐宋，无暇顾及。

至元十五年（1278 年），统兵灭宋的福建宣慰使唆都又派使者到占城国去，通知占城王说南宋已亡，识时务者为俊杰，赶紧做好战与降的打算。

当时的占城国王是因陀罗跋摩六世，此人在《元史》中译作失里咱牙信合八剌麻哈迭瓦，又叫孛由补剌者吾，尊号保宝旦拿啰耶邛南邛占巴地啰耶。这个占城王不但名字叫得离谱，而且生性很残忍。他本名释利诃梨提婆，原是前任占城王的外甥。后来发动政变，杀死前王，又砍掉前王之弟宝脱秃花的两个大拇指，自立为王。

因陀罗跋摩六世不但凶残，而且狡猾。唆都的使者一到，立马低下头，表示愿意臣服蒙古人。忽必烈大喜，次年十二月派遣兵部侍郎教化的、总管孟庆元、万户孙胜夫，跟随唆都到占城去，劝谕因陀罗跋摩六世，赶紧入朝觐见忽必烈。因陀罗跋摩六世口口声声愿尊奉忽必烈为宗主，香蕉、椰子送去一筐又是一筐，降表也是一张又是一张，可要他亲自去面见忽必烈，借口却是一大堆。

忽必烈有点不耐烦了，至元十七年（1280 年）十一月二十九日，又遣宣慰使管教化的孟庆元至占城，让因陀罗跋摩六世尽快派儿子或兄弟甚至大臣也行，哪怕是在大都露个面也好。第二年的十月十七日，忽必烈又迫不及待地将占城国划入大元帝国的版图，设置占城行省，任命唆都为右丞、刘深为左丞，准备随时接管该地区的民政工作。

年轻气盛的占城王子诃梨纪忒（元史称补的）公然反对臣服于蒙古人，

忽必烈的几个国信使，出使暹国的万户何子志、千户皇甫杰，出访马八儿国（即印度半岛南部的注辇国）的宣慰使尤永贤、亚阑等，途经占城，全都被他拘押起来。

这时候第二次东征日本大败而回，忽必烈有气无处发，占城成了最好的出气筒。

至元十九年（1282年）六月初十，忽必烈调遣两淮、浙江、福建、湖广的驻军五千人，海船一百艘、战船两百五十艘，任命唆都为统帅，正式出兵占城。唆都临行前，忽必烈告诉他："占城之罪，不在老王，而在王子以及一个不识好歹的蛮人违逆皇命。只要抓住了这两个人，你就应当学一学曹彬下江南，不要乱杀一个无辜的老百姓。"

唆都远征军从广州出发，漂洋过海，十一月抵达占城舒眉莲港（又称尸唎皮奈港，今越南平定省施耐港），该港是占城国都毗阇耶的门户，地势险要，北连大海，海旁有五个小港，通往毗阇耶。东南是一座高山，西边是一座木城。木城周围约二十里，占城兵在城里筑起木楼、木棚，架上一百多座威力巨大的回回三梢炮。又在木楼西边十里筑建行宫，因陀罗跋摩六世亲自带重兵驻守，准备随时增援。

元军战船在舒眉莲港外洋海面上抛锚扎营，进攻之前，唆都先派遣都镇抚李天祐、总把贾甫上岸招降。两人走了七趟，都是无果而回。十二月，又让真腊国使速鲁蛮跟李天祐、贾甫进行最后一次劝降。因陀罗跋摩六世的答复很强硬："本王已经修好木城，备好甲兵，亟盼与贵军交手！"

那就让刀剑说话吧！唆都气得脸上红一阵白一阵，传令全军，正月十五日夜总攻！

是夜，一轮清冽的月亮照耀在波光粼粼的海面上，元军兵分三路，悄悄地扑向舒眉莲港。唆都亲自率领三千人，分作三个纵队，主攻木城南面。其余两路为助攻，琼州安抚使陈仲达、总管刘金、总把栗全率一千六百人进攻木城北面；总把张斌、百户赵达率三百人进攻东面的沙嘴。

一开始元军的进攻很不顺利，十六日天亮时眼见战船就要靠岸了，忽然间风浪大作，三百五十艘船只竟然破碎损坏了七八成。再不打胜仗，五千元军都要被赶下海喂鲨鱼了。唆都一声令下，元军鼓足干劲，如同汹涌的潮水直奔木城而去。

占城人大开木城南门，竖起战旗，锣鼓敲得震天响，随之轰隆隆如山崩地裂，从城中跑出几十头战象，后面是万余士卒，登时尘土暴腾而起，烟沙弥漫。占城人也将队伍排成三个纵队，以迎战唆都的三千人马。

双方箭似飞蝗，石如雪片，半空乱舞，呼呼作响。从早晨混战到中午，元军虽然兵力不济，但是越战越勇，杀得占城人丢盔弃甲，落荒而逃。元军大呼冲锋，一下子就攻陷了木城。这时候助攻的东、北两路又夹击过来了，占城人溃不成军，被杀死、溺死有数千人。

负责供应后勤的数万占城老百姓吓得四处乱窜，顷刻之间逃得无影无踪。舒眉莲港防线崩溃，国都毗阇耶亦将难保。屯守行宫的因陀罗跋摩六世慌了手脚，下令实行焦土政策，将行宫的储粮、仓库烧成灰烬，杀害宣慰使尤永贤、亚阑等之后，扯上一大帮臣属，躲进毗阇耶西北的鸦候山中。

十七日，唆都下令休整人马，养精蓄锐，准备直捣毗阇耶。十九日，因陀罗跋摩六世派一个叫报答者的使者前来求降。二十日，元军兵临毗阇耶城下，唆都让报答者回去告诉占城王，要想投降赶紧投降，迟了一步脑袋难保。二十一日，元军攻入毗阇耶，开始搜捕流落于此的前宋丞相陈宜中。但是陈宜中早已在南宋遗民的掩护之下逃往暹罗（今泰国），后来又逃到爪哇国去，号召南洋诸番及当地华人，继续高举"反元复宋"大旗。唆都见无法向忽必烈交代，一怒之下大开杀戒，将俘虏的四百多名南宋皇室成员及侍臣全部处死。毗阇耶城内血雨腥风，惨不忍睹。

不久，因陀罗跋摩六世又派一个叫博思兀鲁班的使者，摇晃着白旗，说是奉命来讲和的，占城王和王子随后就到，请元军退兵。唆都遂下令元军全部退出城外驻扎，于是讲和谈判开始了。

两天之后，占城国舅爷宝脱秃花等三十多人来了，献上国王的信物，包括两百匹杂布、三锭大银、五十七锭小银，还有满满的一瓮碎银。又赠送唆都一把金叶九节标枪，说因为国王得了重病，无法亲自来见，先送上金枪，以表诚意。王子诃梨纪忒三天之内必来相会。

占城人貌似蛮有诚意的，唆都却不敢私吞金标枪。宝脱秃花很不高兴："不收就是嫌礼轻！"唆都有点难为情，只好收下并奏报忽必烈。

不久宝脱秃花又带来了两个人，称是占城的四王子利世麻八都八德剌和五王子世利印德剌，之前因为占城王仗着手中有十万大军，一时昏了头脑，急于求战。现在败得一塌糊涂，死的死，逃的逃。王子诃梨纪忒受了重伤，不治身亡。国王脸部也中了一箭，刚刚好点，心中惭愧，无脸来见元军。所以先派两个小王子来谢罪！

唆都瞧了瞧两个王子的熊样，越看越不对劲。又担心占城王耍赖，就借口问病，让千户林子全，总把栗全、李德坚陪着两王子，过去探个虚实。果然如唆都所料，两个王子在半路上拐个弯就不见了。林子全三人跟着宝脱秃花进山之后，占城王又派人通知拒绝见面。宝脱秃花也有点恼火，对林子全说："国王婆婆妈妈，不肯投降，现在反而扬言要我的命。你回去告诉唆都，国王肯去最好，不去我就捆着他去。"

林子全等人只好悻悻而回。不料没等他们走远，因陀罗跋摩六世又杀害了何子志、皇甫杰等一百多位元使。太残暴了！宝脱秃花实在看不下去，赶紧在二月初八去见唆都："我的爷爷、伯伯、叔叔，都是国王。一直到我哥哥，释利诃梨提婆把他杀了，还砍断了我的两个大拇指，最后篡夺王位，我恨死他了。借我大元的冠服穿，把释利诃梨提婆、诃梨纪忒父子，还有一个大拔撒机儿，活捉过来见你！"

看着宝脱秃花举起八只残缺不全的手指，唆都不信也得信，就赏他一套华丽的衣裳。

谁知这是占城人耍的一个诡计。二月十三日，寓居占城的华侨曾延跑来向唆都报告说，国王在毗阇耶西北的鸦候山中，有三千士卒，还在召集附近各郡的队伍，准备不日与元军厮杀。因为害怕泄露机密，要将华人统统杀了。曾延发觉后，偷偷溜了出来。

两天后，宝脱秃花带着占城宰相报孙达儿、撮及大师等五人来投降。唆都傻了眼，不知该信谁的话，就把曾延叫出来，当面对质。宝脱秃花气急败坏地大骂曾延为奸细，要唆都把他关起来。并声称士兵都跑光了，占城王成了一个光杆司令，怎么敢开打？还给唆都献策，尚未归附的州郡有十二处，都成了惊弓之鸟，只要每州派一个人过去招抚，占城平定，指日可待。

宝脱秃花建议，北部的旧州（原为西汉日南郡象林县治所典冲，后为林邑国都。今越南广南省会安）水路诸郡，让唆都、陈安抚和自己，各派一人坐船去招抚即可。陆路诸郡，那就得唆都、陈安抚跟自己率兵攻打，捉拿国王、王子。

宝脱秃花部署得这么周密，唆都不由得不信。但他也暗中提防，只是分兵一千驻守半山塔，派遣林子全、李德坚率兵百余人，随同宝脱秃花进剿鸦候山，一旦事急，立即跟半山塔的元军取得联系。狡黠的宝脱秃花见计不得逞，没等林子全走到毗阇耶西边，就从北门乘坐大象，一溜烟跑进山，没了踪影。

元兵抓到的占城间谍招供说，国王真的在鸦候山聚集了两万人马，还派人到交趾、真腊、爪哇搬救兵。但是宾多龙（今越南宁顺省藩朗—塔占）、旧州等地的军队还没有到。

这下子占城王的阴谋全露馅了。二月十六日，唆都马上派遣万户张颙率大部队进攻鸦候山。三天后，张颙在距离鸦候山木城二十里处扎下大营，准备强攻。占城人挖壕沟、填上巨木，筑起坚固的防御阵地。元军一阵胡乱砍斫，把木头砍得七零八落，然后发起猛攻。占城人大败，被歼两千余人。元军趁势冲到木城下，但是山路崎岖，<u>丛林密布</u>，根本就无法行军。占城人又打起游击战，出没无常，抄袭元军的侧背后。元军节节抵抗，最后全都撤回大营。

因陀罗跋摩六世躲在鸦候山中不出，凭险据守。元军苦战多月，屡攻不下。唆都只好下令开垦荒地，整军屯田，大造木城，派总管刘金、千户刘涓、岳荣驻守。并抄掠附近的乌里、越里等小部落，积蓄了十五万石的粮食，准备打持久战。

第十章　大帝迟暮

一、东征壮志未酬

占城国打了大半年了，因陀罗跋摩六世就是龟缩在深山老林不出来，元军拿他一点办法都没有。忽必烈却等不及了。当年成吉思汗六十岁时就已经横扫花剌子模，震动欧亚大陆。如今自己年近古稀了，两次元日战争输得裤子都没了，征讨占城又是深陷泥潭不可自拔。要想超越成吉思汗，所剩时日无多了。打开地图，从东亚的高丽、日本开始，一直看到南洋的交趾、占城、缅国，还有更遥远的爪哇。爪哇再往前是一片空白，航海家们告诉忽必烈，那儿就是世界的尽头。

忽必烈看得眼睛都快花了，再不全力冲刺，恐怕蒙古勇士的脚步就永远停顿在东亚大陆上，超越先祖的美梦从此破灭。

一个没有雄心壮志的男人，就跟秋天枯萎的落叶一样可悲。忽必烈抖擞精神，做出了就连雄心无限的成吉思汗看了也要瞠目结舌的骇人之举，把战争机器的马达开动到极致，敕令药剌海领军征缅国，预备第三次元日战争，令镇南王脱欢发兵借道交趾伐占城、派使者招谕爪哇国。此时忽必烈的征服欲已经膨胀到爆炸的临界点，元帝国变成一个空前庞杂的超级大兵营，从南到北，几乎全民皆兵。大大小小的战船塞满了沿海的每一个港口，到处都是血红的军旗。披甲战马像天上的星斗，从浩瀚无垠的草原一直奔跑到绿意盎然的江南。

自至元十九年（1282年）废掉征东行省，惩办范文虎等将帅之后，忽必烈就一直考虑发动第三次征日战争的可行性。凡是有关日本国的话题，无不令忽必烈兴趣盎然。

鹰岛五龙山大战以后，不少江南军士卒陆续从日本逃回来。史书上记载的除了莫青、吴万五、于闾三人之外，还有江南军把总沈聪一等六人。由于他们亲历了那场残酷的战斗，给忽必烈提供了有关日本国情的最真实信息。但是也有些浮夸之徒，采用欺诈的手段，沽名钓誉。如新附军人员贾祐逸被俘后在日本待了近一年，回来时胡扯自己做了日本国焦元帅的女婿。焦元帅听说忽必烈在江南地区大造战船，就送贾祐逸过来侦察军情，并称要是元军大兵压境，焦元帅第一个倒戈。

如此的谎言忽必烈竟然信了，还嘉赏贾祐逸一大堆衣帛、钱粮。可见这时候忽必烈对征服日本已到了走火入魔的地步。

至元二十年（1283年）正月，唆都在数千里之遥的占城杀得难分难解的同时，大都城内到处都弥漫着第三次元日战争的火药味。彻底征服日本，成了忽必烈矢志不渝的终极目标，任何劝告和阻挠都是徒劳的。

江南军或由南宋旧军整编而成的新附军战斗力烂到掉渣，甚至还不如高丽人，是名副其实的鱼腩部队，几乎在鹰岛五龙山化为炮灰，因而这一次新附军数量极少。忽必烈调派的军队都是帝国的精锐，除了右丞阇里帖木儿统领的三十万蒙汉军以及能够自如操纵船只的蒙古军两千人，还有两万五千名卫军（禁卫军），攻城略地的急先锋、由西域人组成的雇佣军团——探马赤军一万人，谙习水战的勇士五百人。另外，忽必烈将大都兵工厂最新研制的回回炮，连同制炮工匠张林等人都投进去了，可谓不惜血本。

可是要打胜仗除了靠士兵不怕牺牲流血的精神和精锐武器还不够，更要靠统帅的运筹帷幄。第二次征日大败就败在统帅上，江南军战船还没有开出宁波港，阿剌罕就病死了。继任的阿塔海又被东南沿海的乱民缠住了，不得脱身。忽必烈只好赶鸭子上架，重用光会说漂亮话的范文虎，结果未战先溃，辜负了忽必烈的信任。

这一次忽必烈把所有的希望都寄托在阿塔海身上，重建日本行省时任命他为丞相，与左右丞彻里帖木儿、左丞刘二拔都儿一道招募军队、打造战船。又让枢密院组织军官、参谋，拟订进攻日本详尽的作战计划，还特意叫太常少卿汪忠良挑选一个出兵的吉利日期。汪忠良的脑袋比忽必烈清醒得多，劝谏说："倭国这么一个偏远粗野的海东蛮夷，何必为它大动干戈？"

令忽必烈生气的是，公开跟他唱反调的不仅仅是汪忠良一个人。宣战诏书一下，朝廷内外反对的官员如雨后春笋般冒出来。

淮西行省右丞昂吉儿上书忽必烈："军队靠的是士气，上下拧成一股绳才能打胜仗。"

最近几年对外作战，屡战屡败，士气全无。老百姓民不聊生，一有征兵就沸沸扬扬，上下不是一条心了。怎么打仗啊？还是解散军队，让百姓喘口气吧。

南台御史大夫姜卫听说又要打日本了，连忙派人入朝劝阻："倭人抗拒天命，可攻打却不可动怒，可慢慢来却不可急于求成。上一回东征，行期紧迫，战船还没有打造牢固就急于出兵，最终在五龙山全军覆没。前面的那辆车倒下了，后面的就该赶紧改道了。为今之计，最好是多多建造战船，训练士卒，打磨一支威震东洋的部队，让倭人望而胆寒，整日忙着修筑工事，时间一长，就会搞得筋疲力尽。而后出其不意，攻其无备，我军战船搭乘顺风，一战可擒倭王。这才是万全之策啊！"

但是忽必烈早已被复仇的怒火冲昏了头脑，大臣们说得越多，他就越生气。结果谁也不敢再劝阻了。

眼见第三次元日战争就要爆发了，这时候不堪重负的老百姓揭竿而起，各地反叛者此起彼伏。忽都帖木儿、忙古带赶紧奏请忽必烈增兵平叛，忽必烈这才意识到自己做得有点过火。于是在七月初七，诏令阿塔海暂缓造船的进度，那些强行征调的商船也全都放回去。

忽必烈的全国总动员搞得天下纷纷扰扰，就连四大皆空的和尚也丢下佛经，跑到大都去见忽必烈，为他出谋献策。宁波宝陀寺的方丈如智给忽必烈支招："战祸一起，芸芸众生必将遭受荼毒。倭国也有吃斋拜佛的，他们岂不知大小强弱之理？只要让老衲去倭国走一趟，晓以圣谕，动以佛法，他们就会心甘情愿地归附大元。"

忽必烈一想，有理。东洋的和尚岂不知放下屠刀，立地成佛的道理？就让如智跟提举王君智，携带国书去日本。可惜如智的美好愿望终化成泡影，八月过钓鱼岛（自古以来就是中国的神圣领土），抵达黑水洋（元帝国与琉球王国的海上分界线）时，遇到了飓风不得过，只好悻悻而归。

如智和尚本应就这样回到宝陀寺诵他的佛经去了，孰料出了一个王积翁，说只要他亲自出马，拨动口舌，倭王就会乖乖举起双手投降。此人原是南宋的福建制置使，镇守福州，阿剌罕、唆都杀到之后，王积翁背主献城，由此被封为兵部尚书、户部尚书。但后来忽必烈渐渐对王积翁失去兴趣，他只好托病辞职，待在大都城内养老。见如智招降未成，王积翁似乎预感到自己即将走运，于是跑去见忽必烈，癞蛤蟆敲大鼓——自吹自擂。

忽必烈降服日本心切，不管黑猫白猫，只要能抓老鼠的就是好猫，便于至元二十一年（1284年）正月二十五日，任命王积翁为国信使，赏赐锦衣、玉环、鞍辔，让他跟随如智和尚，再去日本招谕国王。

王积翁沾沾自喜地拜辞而去了。谁知他过温州时，干了一件大傻事。王积翁强行征用温州县民任甲的四艘船只，四月从宁波出航后又肆意鞭打任甲。任甲再也忍受不住王积翁的暴虐，扬言要对他不利。王积翁有点害怕，哄他说招谕日本事成之后，要给他官做。任甲佯装答应，五月到了耽罗岛。有好心的耽罗人劝王积翁别去日本，王积翁充耳不闻。

七月，王积翁、如智和尚快到对马岛时，让一个随从举着旗榜先去日本。当时独裁者北条时宗刚死不到半年，继任的镰仓幕府执权是北条时宗的嫡子、十三岁的北条贞时。

后宇多天皇总算喘了一口气，开始想跟忽必烈媾和，让大臣列队恭迎王积翁到来。王积翁得意扬扬地捧着国书，准备轰轰烈烈地大干一场。七月十五日，王积翁把船只停泊在对马岛的岸边。他绝对想不到，自己将魂断于此。夜里，任甲把王积翁的随从灌得酩酊大醉。寅时（凌晨三时至五时），从对马岛岸上冲下几个高举火把的人，呼叫着审入王积翁的船舱，把他结果了之后掠走所有的财物逃之夭夭。

两次招谕受挫，再加上讨伐缅国、交趾的行动令忽必烈心力交瘁。征服日本的美梦渐行渐远，忽必烈虽然屡次兴兵，但是在大臣们的谏阻之下，第三次元日战争终于没有发生。

征日战争的失利，对中国乃至东亚来说，是一场潜在的灾难。六百年前，大唐名将刘仁轨在白江口海战中粉碎了日本殖民东亚的企图，日本人侵略野心从此得到收敛。但是六百年后，在"神风"的襄助之下，日本人轻而易举地击退了当时世界上最强大的军队，由此再次激活了日本人野蛮的征服欲。东亚从此不再安宁。

二、夹击交趾国

东征日本两战皆墨、占城之役久拖不决，但是进攻缅国势如破竹，总算为忽必烈挽回了一点面子。至元二十年（1283年）九月，征缅的四万大军在宗王相吾答儿、云南行省右丞太卜、参政也罕的斤的统领下，从昆明西行。

十月初二，抵达南甸，而后兵分三路，直取缅国。太卜为东路，出罗必甸（今云南芒东）；相吾答儿为中路，出天马关，取道骠甸（今缅甸中部），来了一个大迂回，兵锋直指蒲甘城；也罕的斤为西路，取道阿昔（今云南盈江昔马），在镇西阿禾江造船两百艘，顺大盈江西下，袭取江头城，切断缅人的水路。

三路元军风掣雷行，在江头城外围的牙嵩鉴木寨大破缅军，杀敌一万。夺取江头城之后，通往蒲甘城的大门洞开。相吾答儿却不急于继续深入，而是在江头城建立补给基地，令都元帅袁世安镇守，分兵抄掠邻近各地，搜集粮草，派人给忽必烈献上缅国的地图。

缅王那罗蒂诃波帝却吓坏了，江头城离蒲甘不过五六百里，元军一个冲锋就可以杀到。那罗蒂诃波帝这才想起那个预言家的话，下令毁掉数百座佛塔，筑起防御工事，准备死守。那座葫芦状的明噶拉塔则幸免于难，成为蒲甘王朝辉煌的象征，至今还屹立不摇地矗立在伊洛瓦底江畔。

至元二十一年（1284 年）初，经过几个月的休整之后，元军又从江头城顺着伊洛瓦底江南下，杀到缅国北部重镇太公城（今缅甸拉因公县境内）。此城历史非常悠久，大约在周宣王时期，有个天竺王子从恒河流域来到这里，筑城于此，建立了太公王国。太公城扼缅、滇之间的交通要道，历来是兵家必争之地。太公城一失，蒲甘城内陷入大恐慌。发誓要与蒲甘城共存亡的那罗蒂诃波帝斗志丧失殆尽，仓皇逃往南方的勃升。缅人对那罗蒂诃波帝的不战而逃极为失望，甚至还给他起了个"塔约克·派敏"（Tayok-PyayMin，意即从蒙古人面前溜走的土）的绰号，来嘲讽他的怯懦。

这个畏元军如虎的缅王一面逃跑，一面派高僧信第达巴茂克率一个和谈使团，北上大都，劝阻忽必烈停止进攻蒲甘城。信第达巴茂克使团的和平之旅很有成效，双方达成了一个临时停火协议。当然这只是忽必烈的缓兵之计，更多的元军被抽调到东部的交趾和占城。两次东征日本失利以后，忽必烈就把靶心对准交趾和占城，这也是蒙哥汗的遗愿清单。

至元十三年（1276年）四月，忽必烈曾经派遣使者合散儿海牙到升龙去，要求交趾王陈日烜履行藩属国的六项义务：国王亲自入朝、王室成员做人质、交趾人编入大元户籍、服兵役、纳税、设达鲁花赤管理交趾民政。

陈日烜一瞧，太伤自尊心了，这岂不是要剥夺交趾国的一切自主权利。陈日烜把脸拉得比驴还长，要他亲自去大都参拜忽必烈，没门！听候忽必烈圣旨时站得笔挺挺的。一会儿说父亲死了，正在守孝呢；一会儿又说自己得了重病，不能走路；一会儿又说道路那么远，山势那么险，自己又那么胆小，结果是浅滩上放木排——一拖再拖。正逢攻宋战事正酣，忽必烈只好忍气吞声，暂时不予追究。

两三年之后，平宋大功告成，忽必烈对交趾开始秋后算账。此时，陈日烜已将王位禅让给儿子陈日燇。忽必烈大怒，未经宗主国的允许，竟然擅自传位给别人。就派遣礼部尚书柴椿，随同交趾使者黎克去见陈日烜，给他下达了一条严厉的圣谕："如果你真的无法亲自前来，那就把金子堆得跟你一样高，用两颗珍珠做眼睛，再加上大才子、方技家、俊男俏女、工匠各一对，代替交趾的百姓来见我。否则的话就修筑好城池，准备好军队，等待王师的来临。"

但是陈日烜仍然无动于衷。老虎不发威，你当我是病猫！忽必烈火了，干脆在至元十八年（1281年）十月，诏令废掉陈日燇，立其叔陈遗爱为交趾国王。宣布设置交趾宣慰司，任命北京路的民政官孛颜帖木儿为宣慰使、都元帅，柴椿、忽哥儿为宣慰副使，带领新附军一千人，护送陈遗爱回国，把陈日烜父子赶下台，然后取而代之。

孰料柴椿、陈遗爱等人走到永平寨界（今越南谅山省禄平县）时，遭到陈日烜伏兵的袭击。一千新附军未战先溃，柴椿受伤逃走。陈遗爱被俘，一回到升龙城，陈日烜就把陈遗爱废为庶人，不久又将他秘密杀害。

至元十九年（1282年），唆都进攻占城国。八月，谅江的交趾守将梁蔚飞马驰报陈日烜父子："元右丞相唆都领兵五十万，声称要借路进攻占城，醉翁之意不在酒，其实就是要来侵略交趾的。"

十月，陈日燇召集王侯百官，商讨对策，任命仁惠王陈庆余为副都将军。第二年，陈日燇又亲率王侯，指挥水步兵大搞军事演习，积极备战。并任命兴道王陈国峻为国公，节制统领诸军。此人是陈朝开国大王陈日煚的哥哥安生王陈柳之子，据称他熟读《孙子兵法》，很会打仗。

交趾人未雨绸缪、厉兵秣马，忽必烈早已磨刀霍霍，准备将桀骜不驯的交趾人打趴在地。占城国都毗阇耶已经落入元军之手，国王躲到山里去了。远征占城的使命基本完成，忽必烈就将荆湖、占城两个行省合并为荆湖占城行省，总部设在鄂州，作为未来征讨交趾的统帅部。

唆都无所事事，整天忙着种田耕地，实在是暴殄天物。于是忽必烈将唆都调回来，让他去攻打交趾，招抚占城王的任务就交给江淮行省万户忽都虎。

至元二十一年（1284年）三月初六，唆都下令烧毁营地之后，沿着崎岖的海岸线北攻交趾，准备跟镇南王脱欢来个南北夹击。十五日，忽都虎的两万大军进入舒眉莲港，元军的营地已成废墟，始知唆都已经离开了。忽都虎不敢大意，赶紧遣百户陈奎去鸦候山招安。占城王因陀罗跋摩六世见唆都大军走了，就要了一个拖刀计，派阿不兰以及一个姓王的翻译过去请降，谎称唆都把整个占城国洗劫得干干净净，一件像样的礼物都找不到，来年必定备好贡品，让世子亲自送到大都去。

但是忽都虎已经无心恋战，跟万户刘九带领船队北上追赶唆都。结果遇到大风，吹得船队七零八落，两万人马都逃光了。忽必烈大发雷霆，下诏将忽都虎、刘九等人革职查办。征服占城国的计划至此化为泡影。

六月初八，忽必烈册封九皇子脱欢为镇南王，赐涂金银印，坐镇鄂州。

忽必烈让皇子挂帅出征，希望以此来激励士气，一举荡平交趾国。为了迷惑交趾人，七月十二日忽必烈下诏对占城国宣战，令镇南王脱欢向交趾借路，讨伐占城。

得知元军打着"假途伐虢"的幌子，重兵压境，传言有五十万之众，而且是镇南王脱欢亲自压阵，交趾的太上皇陈日烜急得像活跳虾，派出去的求和使是一拨又一拨。中大夫陈谦甫刚给脱欢献上了玉杯、金瓶、珠绦、金领及白猿、绿鸠、币帛等物，阮道学就来了。

阮道学还没有回去，陈谦甫跟陈钧又到鄂州劝阻脱欢，暂缓出兵。陈谦甫带回来的消息却令陈日烜很绝望："镇南王脱欢马上就会杀到升龙城。"

陈日烜又派出两拨使者，段晏、黎贵到大都去觐见忽必烈，当庭辩解；阮文翰、阮德舆到鄂州去，将陈日烜的一封哀求信交给脱欢。

脱欢扣押下阮文翰为向导，让阮德舆陪着把总阿里到升龙去告诉交趾王："这次出兵只是为了攻打占城。"

眼见一场无法避免的暴风骤雨即将来临，陈日烜只好将国中的族长、酋长都邀请到延洪阶，赐酒赐肉，向他们问计。大敌当前，交趾人倒是众志成城，上下一心。那些族长、酋长异口同声，斩钉截铁的一个字："战！"

双方剑拔弩张，谁也不肯退让，第二次交趾之战终于爆发。

十二月二十一日，元军从思明州（今广西宁明）向交趾进发。万户孛罗哈达儿率西路军，由丘温县直指丘急岭（今越南谅山以北）；镇南王脱欢亲率东路军，以万户李邦宪为先锋，直指可利隘（今越南亭立县以北）。

东路军进展顺利，李邦宪一路披荆斩棘，很快就突破交趾兵的可利隘防线，阵斩敌将秦岑，生擒管军奉御杜尾、杜祐。脱欢乘胜追击，大破交趾军统帅陈国峻于内旁关（今越南北江省版洞）。陈国峻节节抵抗，退至谅江州，脚跟还没有站稳，元军就杀来了。陈国峻丢弃十艘战船，又是仓皇逃窜。与此同时，交趾北部的要隘支陵关也被孛罗哈达儿袭取。战至二十六日，元军兵分六道，齐头并进，克永州内旁、铁略、支棱等关。交趾溃不成军，国王陈日燇坐着一艘小船，狼狈逃向大海，跑了一天一粒米都没进，幸亏有个叫陈来的小兵捧上一大碗糟糠，这才勉强充饥。

陈国峻退至万劫津（今越南海阳省至灵县万安）后，收集溃兵，准备跟元军决一死战。

万劫津地势极其险要，前有六头江，后有灵山、普赖山，世称"茂林修竹、水桥流水之胜"，稍有不慎，就会坠入万劫不复的深渊。

陈国峻征调海东、云茶、巴点等路的军民，挑选勇士组成前锋军，驾船穿过北部湾，来到万劫津，与前线的溃兵会合。交趾军的气势稍稍振作，陈日燇大喜，竟然在船尾写了两句打油诗："会稽旧事君须记，欢演犹存十万兵。"意思是说，别忘了越王勾践卧薪尝胆的事，欢州、演州后边还有十万大军呢。

闻讯赶来救驾护主的交趾人越来越多，陈国峻的四个儿子兴武王陈献、明宪王陈蔚、兴让王陈颖、兴智王陈岘，也从旁河、那岑、茶乡、安生、龙眼等地发动当地的兵、民，纷沓而来，总数超过二十万，全都听命于陈国峻。陈国峻分兵屯驻北江一带，与万劫形成掎角之势。

至元二十二年（1285年）正月初六，脱欢下令吹响进攻的号角，万户乌马儿（赛典赤·赡思丁之孙，纳速剌丁之子）率突击队猛攻万劫、普赖山。交趾守军由官兵和村社民兵组成，虽然人数众多，战斗力却参差不齐，还没等元军冲上来，就纷纷抱头鼠窜。陈国峻精心构筑的万劫——北江防线瞬间土崩瓦解，战船、兵仗到处丢弃，一片狼藉。

初九，交趾人在红河西岸做最后的抵抗。元军万箭齐发，乌马儿突击队搭乘缴获的战船抢先渡河，夺得一个滩头阵地。后续的元军主力或架设浮桥，或乘坐竹筏，在弓箭的掩护之下源源而过。披甲上阵的交趾上皇陈日烜大惊，慌忙命令架起抛石机猛轰正在渡河的元军。登时红河上空矢石交加，激起浪花翻滚。元军劈波斩浪，奋勇前进，很快就渡过红河。陈日烜抢先逃走，交趾兵群龙无首，一溃数十里。红河天险失守，升龙城危在旦夕。陈日烜、陈日燇父子见大势已去，将城内的老百姓、府库物资全都撤走，向东南方向逃遁，在天长府（今越南南定省东）、长安（今越南宁平省东）建立抗元根据地。

十二日，元军又下嘉林、武宁、东岸，俘虏了一大批交趾兵。那些交趾战俘的手臂上都刺着"杀鞑"两个墨字，惹恼了脱欢，结果全部掉了脑袋。突破万劫——北江防线之后，元军迅速向升龙推进，最后在郊外的东步头竖起大旗，建立统帅部。

眼见国都即将沦陷，陈日燇赶紧率战船一千艘，去拯救被元军苦苦追杀的陈国峻。

陈日燇想派人到元军大营去刺探军情，只有一个杜克终自告奋勇前往。陈日燇当场泪奔，想不到拉盐车的竟有这么一匹千里马！（安识盐车有此骐骥？）

杜克见到乌马儿，乌马儿大骂："你们国王太无礼了，要文身就随便画些花鸟，竟然令人刺着'杀鞑'两个黑字！侮辱天兵，罪大恶极啊！"

杜克狡辩说："总不能把狗吠人的责任都推到主人身上吧。这是他们出于一片忠心，刺字自励啊，跟国王何干？我是近臣，怎么就没有？"说罢卷起袖子，果然没有刺字。

乌马儿很不耐烦："刺字的事就算了。天兵远道而来，你们不但不恭迎，反而起兵顽抗。螳臂当车，不自量力啊。"

杜克有点委屈："你们驻军边界，应该先捎个书信通知一下，如果我们不友好，那就是我们的过错。可现在你瞧瞧，杀人越境，步步紧逼。狗急了都会跳墙，鸟急了也会啄人的，更何况是人啊！"

乌马儿振振有词："我们只是借个路，灭了占城。国王如能相会，那就境内晏然，秋毫无犯。如执迷不悟，顷刻之间就会山川夷为平地，君臣同为腐草！"

会谈不欢而散，杜克于十三日凌晨（卯时）回到交趾军大营。元军悄悄地追随其后，杀了个交趾人措手不及。陈日烜、陈日燇父子在混战之中侥幸逃走，元军追之不及，于是就排着整齐的队伍，昂首挺胸进入升龙城。可是镇南王脱欢进城之后，大失所望。宫阙殿宇，空空如也。除了一大堆破败的文书，根本就找不到值钱的东西。但是打了胜仗总得该庆祝一番，脱欢下令大摆酒宴，犒劳将士，举行隆重的献俘仪式之后，便撤出升龙城，回到红河北岸。

三、两线大溃败

北线的脱欢屡战告捷，南线的占城远征军在唆都、大王咬奇、忙古带的率领下，也于正月下旬从占城乌里地区北上，二十一日，唆都攻入布政府（今越南广平省北部），打开了北攻交趾的门户。陈日烜见势不妙，赶紧派遣昭明王陈光启（陈日烜的弟弟）南下义安，阻击唆都北上。

陈光启苦战不支败走，陈日烜又令侄儿上位彰宪侯陈键及部将黎崱、土力切，统兵数万，务必将唆都堵在清化。陈键与唆都鏖战多日，伤亡惨重，粮尽援绝。这位纨绔子弟大发牢骚："元军来侵，全都是因为陈日燇不去朝拜蒙古皇帝。如今国家危在旦夕，他还执迷不悟，我怎能陪着他一起下地狱？"于是在二月初一，陈键跟黎崱、土力切率残部万余，向唆都投诚。

唆都如获至宝，赶紧送他们去大都，准备向忽必烈邀功。孰料陈键等人走到麻六寨时，遭到谅江土豪阮世禄、阮领等人的截击。陈键被陈国峻的家奴阮地炉射死，尸体被黎崱抢走并骑着快马乘夜突围，逃到几十里外的丘温县，将他埋葬。

次日，唆都继续北上，在卫布径口击溃交趾军，阵毙敌将丁奢。

二月初六，唆都在降兵的引路之下，大败交趾军于富津渡，斩首千余级，清化、义安敌军闻风而降。唆都北上不到一个月，杀入交趾境内之后，凡大小战七次，略地两千余里，攻取王宫四所。

与此同时，北线的脱欢也是捷报频传。二月初三，大破敌兵于大黄江。脱欢再接再厉，令万户孛罗哈达儿、高元长率水步军，左丞李恒、乌马儿率水军，尾追陈日烜父子其后，直捣老巢天长府。陈日烜令保义王陈平仲断后，自己跟儿子陈日燇继续逃亡。陈平仲在幕帱洲（红河中的一个小岛）战败被俘，此人原是交趾前黎朝开国君主黎桓之后，元军劝他："投降吧，到北方去做王！"陈平仲大义凛然："宁可在南方做鬼，也不去北方做王。"元军恼羞成怒，一刀将他劈了。元军追到胶海口，陈日烜父子早已不知去向，只好怏怏撤军。

陈日烜走投无路，抗战的决心开始动摇，他跑去问陈国峻："元军势不可当，要不要投降啊？"陈国峻斩钉截铁："要投降就先砍了我的脑袋。"陈日烜就将妹妹安姿公主送给镇南王脱欢做老婆，试图用美人计瓦解脱欢的斗志。

谁知脱欢抱得美人归，不但不撤军，反而加紧追击。

陈日烜赔了夫人又折兵，成了一个冤大头，只好扯上儿子陈日燇，逃到安邦海口（今越南广安省东海岸），集结大批战船，准备绝地反击。结果被脱欢追到，陈日烜父子吓得屁滚尿流，三月初一，丢弃战船，徒步上岸向西而去，至水注，找到四艘小船，顺着白藤江而下，出大旁海口（今越南建安省多鱼海口），溜向南方的清化。风头正劲的陈国峻也是一败涂地，与几个儿子乘坐三条船，跟陈光启的八十艘战船，摇摇晃晃地尾随其后，准备在清化再聚首。

北上的唆都闻讯，立即派咬奇、忙古带率一支船队在三岠水面堵截南逃的陈日烜父子。元军揪住了陈日燏的座船，差点儿将他俘获。幸亏交趾勇士阮强黯出性命，舍身救主，陈日燏这才侥幸躲过一劫。但是船上的金帛、物资、女人、小孩全都成了元军的战利品。由于唆都水军实力不济，向脱欢紧急求援。脱欢派遣乌马儿率士卒一千三百人、战船六十艘，南下襄助唆都，进攻陈光启的水师船队。

陈日烜父子逃走之后，交趾王室树倒猢狲散。三月十五日，昭国王陈益稷（陈日煚第四子）、彰怀上侯陈文弄（陈守度之孙、陈日烜之婿）、文绍侯陈秀嵦，及交趾大臣范巨地、黎演、郑隆，还有流亡的南宋官员曾渊子（做过广西宣慰使）、苏宝章（南宋名将苏刘义的义子）、南宋吏部尚书陈仲微的儿子陈丁孙和女婿梁奉御、赵孟信、叶郎将等，纷纷向脱欢投诚。这下子不但交趾王室颜面无存，而且亡宋的余烬也一扫而光，脱欢大喜，逐一封赏。

但是鏖战了大半年，元军战线日益拉长，开始出现不利的局面。脱欢的部队以汉人为主，甚至编入了大量的南宋新附军，跟二三十年前兀良哈台的远征军不可同日而语。

兀良哈台的远征军以蒙古骑兵为主，采取的是大踏步前进、大踏步后退的闪电战术，来无影去无踪，打得交趾人晕头转向。汉军则不同，兵马未动，粮草先行，每次打仗之前都要填饱肚子。从国内到升龙城，三十里设一个屯军据点，六十里设一个补给基地，每个据点或基地都要派三百士兵驻守。这样分散了元军的兵力，造成补给线脆弱不堪。陈日烜、陈国峻就抓住了元军的这一致命弱点，正规战失利之后马上转入游击战，号召各郡县的老百姓斩木为兵，揭竿而起，发动一场驱赶入侵者的人民战争。结果交趾人就像麻雀满天飞，时不时乱打冷枪，搞得元军日夜不得安宁。

进入四月之后，交趾气候燥热干旱，元军水土不服，战斗力急剧下降。胜利的天平慢慢向交趾人倾斜。此时元军又犯了一个严重的错误，本来北上的唆都攻占天长府之后，跟脱欢相距不过十五里。但是为了追击陈日烜父子，脱欢命令唆都又南下清化，结果两军相隔两百余里，再加上那些驻守后勤据点的士卒，元军兵力极度分散。陈日烜与陈国峻敏锐地捕捉到这一有利战机，集中兵力，决定大反击。

陈日烜令昭明王陈光启、昭文王陈日燏、怀文侯陈国瓒、大将范五老、将军阮蒯等，率最精锐的部队——捷兵，袭击西结步头（今越南海兴快州）。元军拉开阵势，与交趾人大战于咸子关（今越南兴安省文江县咸子社）。陈日燏手下有一支特殊的部队——流亡交趾的南宋旧军队，由南宋旧将领赵忠指挥。他们身穿南宋的军装，拿着弓箭与交趾人并肩作战。因为南宋旧兵与元军中的新附兵口音、服饰相似，陈日烜担心仗打起来之后会乱套，特意让大家仔细辨别！

决战开始，亡宋旧兵抱着家国仇恨与必死之心，如狼似虎，冲锋在前，顿时把元军打蒙了，大声惊呼："交趾有宋人相助！"趁着元军稀里糊涂，一片混乱，陈日燏下令发起总攻，竟然杀得元军落花流水。咸子关大捷成了第二次交趾之战的转折点，元军从此一蹶不振。交趾人却迎来了一个又一个的胜利，很快就夺回战场的主动权。

继咸子关大捷之后，五月初三，陈日烜、陈日燏父子又在长安府大破元军，斩获无算。其后陈光启、陈国瓒、陈聪、阮可腊与阮传兄弟率地方民兵也在升龙城、章阳等地偷袭元军，元军损失惨重。

时值连日暴雨，瘴气渐盛，元军疫病横行，再加上几次挫败，士气直线下降。于是脱欢召集众将，商议撤退的事。有人认为，交趾人是在自己的国土上打仗，兵员源源不断，军队越打越多。元军深入敌境作战，死一个就少一个，而且蒙古骑兵的机动优势在山地战中无法发挥出来，再打下去只会处处被动。干脆放弃升龙城，先撤回思明州再作打算。脱欢遂决意撤军。

但是脱欢仓皇撤退，竟然忘记了通知南线作战的唆都。而唆都自占城北进以来，一路斩关夺隘，势如破竹。乌马儿来援之后，兵力大增，唆都犯了轻敌冒进的严重错误。有交趾人告诉他，脱欢早走了，唆都也不信，甚至还扬言，三年之内平定交趾全境。

得知脱欢北撤，交趾人立即部署大反攻。陈日烜父子、陈日燏负责截击北上的唆都、乌马儿，陈国峻负责追击后撤的脱欢、忙古带。

十七日，唆都与乌马儿在红河三角洲的天幕江（今越南兴安省内）登陆，准备到升龙城去与脱欢会合。可是派人过去侦察一下，升龙城内空无一人，脱欢早已向北而去了。

唆都不由得叫苦连天，慌忙下令退往南方的清化。沿途遭到交趾人的不断袭扰，唆都节节抗击，且战且退，俘虏敌将陈伫乏、阮盛等人。

二十日，陈日烜、陈日燏父子的数万重兵，在西结与唆都、乌马儿不期而遇。双方激战多时，元军寡不敌众，渐渐落了下风。在关键时刻，元军总管张显（或称礼脚张）率部倒戈叛变，勾引陈日燏偷袭唆都。唆都猝不及防，跃马跳入乾满江，结果被交趾人乱箭射死。一代名将唆都就这样惨死在自家人的手下。张显投敌之后，成了交趾王的一员得力干将，后来死于侵攻哀牢（今老挝国）的战争，被交趾王追赠明字，给太常祀。

统帅唆都阵亡，元军群龙无首，全军溃散，几乎被消灭。追随唆都的占城大臣婆漏稽那连等三十人也成了俘虏。只有乌马儿跟万户刘圭坐小船趁着黑夜，逃出海口。陈日燏将唆都的头颅割下，献给陈日烜。陈日烜假惺惺地挤出几滴鳄鱼的眼泪，凄然说道："为人臣的就应该像唆都那样！"说完还脱下身上的龙袍，厚葬唆都的尸体。但是唆都的人头却浸在油中，以惩罚他借道占城攻打交趾。

唆都丧生乾满江的同时，北撤的元军大部队也遭到交趾人的伏击，左丞李恒身亡。脱欢撤到如月江附近（红河支流，今越南北宁、北江西省的界河）时，准备在册江（今越南海阳省内的太平江）搭建浮桥渡江。结果忙古带等人还没来得及渡过，埋伏在江边林中的交趾怀文侯陈国瓒突然间杀出，元军大败，溺死无数。脱欢只好退回万劫渡口，陈国峻率部大举来攻，将元军团团围住。交趾人攻势甚为猛烈，李恒负责断后，掩护脱欢杀出重围，左膝盖中了敌人的毒箭，由一个小兵背着向思明州狂跑，可惜途中不治而死，年仅五十。李恒是党项族人，堪称元军一员赫赫有名的战将，几乎参加过攻宋的所有重要战役，襄樊大战、江西围剿文天祥、山海战等等，双手沾满了宋人的血腥。李恒死讯传来，流落交趾的南宋遗民顿有大仇已报之快感。

李恒一死，交趾人叽里呱啦围上来，脱欢岌岌可危。副将李瑾急中生智，把脱欢藏在一个铜器中，拼着老命，终于安全把他送到思明州去。但李瑾却遭到陈国峻之子兴武王陈献的暗算，中了毒箭，倒在黎明前的最黑暗中。

六月初六，陈日烜、陈日燇父子光复升龙城。交趾举国欢腾，昭明王陈光启兴奋之余，作诗庆贺："夺稍章阳渡，擒胡咸子关。太平须致力，万古此江山。"

陈日燇又释放占城大臣婆漏稽那连等三十人，让中品奉御邓奥之送他们回国，第二次交趾之战至此以元军的惨败而告终。此战，忽必烈折损唆都、李恒两员大将，死伤士卒更是不可胜数，征服占城的美梦也化为乌有。

忽必烈深切悼念战死的唆都、李恒，赠唆都荣禄大夫、谥号襄愍，李恒谥号武愍。东征日本大败，尚可以找个飓风的理由，给自己一个台阶，但现在竟然被南方小国打得趴在地上，不但忽必烈无法接受如此的残局，朝廷上下也是群情激愤，恨不得一脚踏平了交趾国。

耻辱只能用敌人的鲜血来洗涤。七月二十日，枢密院奏告忽必烈："镇南王脱欢统领的交趾远征军，久战力疲，请调派蒙古军一千人，汉军、新附军四千人，推选良将，受镇南王的节制，以再征交趾。"忽必烈二话没说，立即以忙古带为荆湖行省左丞。忙古带却上了一本奏章，乞求忽必烈放交趾远征军回家休息。已经死了太多的人，不能再让更多的女人失去丈夫，更多的孩子成为孤儿。

忙古带的话让忽必烈为之动容，于是把交趾远征军的事交给脱欢、阿里海牙全权处置。两人商议一下，决定留卜蒙古军一百人、汉军四百人，作为脱欢的警卫部队，其余的一概卸甲归田。此时西域伊利汗国和太子真金的事正困扰着忽必烈，西北的海都汗趁着元军出兵海外，也有令人担忧的异动迹象。年过古稀的忽必烈日理万机，真的是心力交瘁，当即批准了脱欢、阿里海牙的决定。

四、骑象荡平乃颜叛乱

伊利汗国阿八哈汗是唯一亲近忽必烈的西域汗王，这位忠心耿耿的汗王死于至元十九年（1282年）正月二十二日。据说那天晚上阿八哈汗在哈马丹的王宫里喝酒，半夜出去解手时，看见树上有一只黑色的鸟。阿八哈汗醉醺醺地大喊一声："这是一只什么鸟？"下令宫中的卫士将它射下，卫士赶来一看，什么也没有啊。正要禀报阿八哈汗，阿八哈汗却躺在黄金的安乐椅上永远地睡着了。

阿八哈汗死后，弟弟帖古迭儿夺得汗位，即阿合马汗。但是阿八哈汗的儿子阿鲁浑对帖古迭儿的僭越行为甚为不满，两年之后，在权臣不花的支持下发动宫廷政变，推翻阿合马汗，登临汗位。阿鲁浑仿效其父，派遣使者到东方去，希望得到忽必烈的认可。忽必烈二话没说，马上派丞相孛罗、爱薛（来自拜占庭帝国）远赴波斯宣诏。

为了给这个侄孙撑腰，同时宣示自己的宗主地位，忽必烈处心积虑，又于至元二十二年（1285年）派使者兀儿都乞牙到波斯去，正式册命阿鲁浑为伊利汗王，封不花为宰相。

阿鲁浑的事刚处理完，令人震惊的噩耗传来了，十二月初十，太子真金死了。真金可谓是一个开明的太子，勤勉好学，礼贤下士，富有亲和力，颇受人们的拥戴。真金疾恶如仇，是唯一能够震住权奸阿合马的人，由此天下归心，巴不得他早登大位。有个江南行台御史竟然私自上疏忽必烈，请禅让给太子。兹事体大，真金吓得几天几夜睡不好觉，暗令御史台都事尚文把奏疏扣留下来。孰料这件事被大奸臣阿合马知道了，立刻向忽必烈打小报告。

忽必烈暴跳如雷，"我还没有挂掉，这小子就拉帮结派，想赶我下台。"于是搬出家法，准备严惩真金，搞得满朝风雨。丞相安童赶紧入朝去见忽必烈，苦口婆心，说了一大堆的话，忽必烈这才稍稍平静下来。真金太子却吓出病来，整天恍恍惚惚，终于郁郁而终，年仅四十三岁。白发人送黑发人，忽必烈心中有说不出的凄伤，消沉了许多，曾经的万丈雄心也逐渐消退。

至元二十三年（1286年）正月初七，忽必烈宣布放弃出征日本，重点进攻交趾和缅国。交趾王陈日燇担忧遭受更大的报复，就释放元军战俘，向忽必烈发出求和的信号。

但是忽必烈并不领这份情，一个月后组建缅中行省和交趾行省。缅中行省，以畏兀儿贵族雪雪的斤为左丞、阿台董阿为参政、兀的迷失为签事，负责缅国战事。交趾行省，任命阿里海牙为左丞，奥鲁赤为平章政事、都元帅，乌马儿、亦里迷失、阿里咎顺、樊楫并为参政。配合荆湖占城行省，共同征讨交趾。

在忽必烈看来，缅人似乎是一群温驯的绵羊，只要举起棍棒狠狠教训一顿，他们就会乖乖地低头顺从。而交趾人则是一群散居在深山密林的凶猛野兽，不把他们打趴在地，永远不会服输的。于是忽必烈重交趾轻缅国，特意任命其孙也先铁木儿（第五皇子云南王忽哥赤之子）为云南王，到大理去，抽调出两三千人驻军，拨给交趾行省的最高长官阿里海牙。被解散的脱欢远征军也重新组建起来，兵力来自江浙、湖广、江西三个行省的驻军。忽必烈还诏令湖广行省大造征交趾海船三百艘，限期于八月开赴广西钦州、廉州。

为了使征伐交趾师出有名，忽必烈册封投诚的陈益稷为交趾国王、陈秀嵉为辅义公，让阿里海牙护送他们回国夺位。扶植代理政权，这是强权控制他国的一贯手法。

忽必烈调兵遣将，战鼓紧擂，陈日燇也不甘坐以待毙，六月，命王侯、宗室招兵买马，大肆扩军备战。但是能不能再次战胜元军，陈日燇怀里是揣了十五只小兔子——七上八下的，赶紧找来陈国峻问计："兴道王，今年怎么办？"

陈国峻扳着手指，说得头头是道："我国太平日久，老百姓都不懂得打仗。所以前年元军来犯，老百姓有的逃跑，有的投降。如今我军能攻善守，假若元军又犯，他们是远道而来，为避免重蹈唆都、李恒的覆辙，斗志全无。依我看来，元军必败。"

陈国峻这么一说，陈日燇不由得信心爆棚，让他统领各路大军，监造器械、战船，准备跟元军再决雌雄。

双方都在磨刀霍霍，第三次交趾之战势在必行。但是第二次交趾之战，元军竟然有两位身经百战的大将魂葬异国他乡，可见交趾人的军事实力不容小觑。这一回忽必烈变得小心翼翼，决定先拿较弱的缅国开刀，再集中力量对付交趾。

十月，缅中行省左丞雪雪的斤率大军进驻缅国，首先占领缅北重镇太公城，把统帅部设在那儿。同行的还有一个由两位高僧率领的和尚使团，他们来自七十座寺院。忽必烈希望以佛祖的名义，劝降缅王。云南王也先铁木儿另拨军一千人，从昆明出发，到永昌府后分兵五百，护送招缅使怯烈赶赴蒲甘城招降。

次年（1287年）正月，怯烈抵临忙乃甸，正担忧见了残暴的那罗蒂诃波帝后会不会掉脑袋，忽然从缅国传来令人震惊的消息，那罗蒂诃波帝父子相残，缅国大乱。原来逃亡勃升城的那罗蒂诃波帝得知元军入犯，北上卑谬城准备在此召集人马，然后回去保卫蒲甘城。

孰料那罗蒂诃波帝野心勃勃的庶子卑谬侯不速速古里趁机发难，把那罗蒂诃波帝和他的三个嫡子杀了，在大臣木浪周等四人的拥立下登上王位。卑谬城内兵火四起，死伤枕藉，连云南王也先铁木儿派往缅国的阿难答等也死于非命。

这正是趁火打劫、灭掉缅国的最佳时机。二月，怯烈丢下五百卫兵，跑到太公城去见雪雪的斤，劝他立即出兵，攻取缅国如探囊取物。雪雪的斤也很兴奋，马上向忽必烈请战。忽必烈的答复却出人意料，不但不准攻打缅国，连箭在弦上的远征交趾也被紧急叫停。

雪雪的斤纳闷不已，赶紧派人去大都走一趟，这才知道东北出大事了，辽东宣慰使塔出十万火急驰报忽必烈，辽东的土豪乃颜暗中与西北的海都汗相勾结，仗着自己兵强马壮、封地辽阔，密谋起兵与海都汗遥相呼应，东西夹击忽必烈。要是乃颜的阴谋得逞，元帝国的北疆那就危险了。

这个乃颜是成吉思汗四弟铁木哥的后裔、忽必烈的开国功勋塔察儿之孙。自成吉思汗把呼伦湖东南的黑山白水赐给铁木哥，迄今已有六十多年。铁木哥家族的势力在辽东可谓是根深蒂固，占尽天时地利人和，早就对蒙古汗位起了觊觎之心。女主脱列哥那乱政时期，铁木哥打着"除妖后、正朝纲"的旗号，做起当蒙古大汗的千秋美梦。乃颜更是一个狼贪虎视的野心家，毫不掩饰地宣示露骨的叛逆行为。

塔出多次警告忽必烈："乃颜有异志，必反！"

忽必烈就在辽阳设立东京行省，孰料这一举措引发东路诸王的强烈抗议，加速了乃颜的叛变。半年之后，忽必烈不得不撤销东京行省，但是乃颜叛意已决，暗下与东道诸王胜纳哈儿、也不干串通一气，并密约海都汗互为掎角。海都汗苦天下不乱，欣然应允。于是，一个新的反忽必烈同盟形成了，成员除了中亚霸主海都汗之外，还有乃颜、势都儿、哈丹。乃颜是成吉思汗四弟铁木哥之后，势都儿是铁木真二弟合撒儿曾孙，哈丹是铁木真三弟合赤温之孙。东道诸王集体卷入了这一场前所未有的大叛乱。海都汗向东，乃颜向西，一旦同流合污，大元帝国的半壁江山或将易主。

忽必烈先发制人，一接到塔出的报告，马上命他出兵一万，与六皇子爱牙赤齐心协力，共抗叛军。同时让彻里帖木儿节制东道诸王的军队，把乃颜叛乱扼杀在萌芽状态。

但忽必烈的反制行动还是迟了一步。四月，乃颜公开竖起叛旗，势都儿、哈丹、胜纳哈儿等东道诸王闻风而动，群起响应。一时间帝国北疆、长城内外烽烟急滚，战云密布。从大兴安岭东麓到土拉河中游四五千里的辽阔草原上，到处燃起熊熊战火。千军万马在草原上驰骋冲杀的蒙古式战法，暌违了数十年之后终于可以再见到了。

驻守阿尔泰山的钦察人土土哈，本来是忽必烈挡住海都汗的一员悍将。接到命令之后，土土哈率部从阿尔泰山滚滚而下，向东狂飙七天七夜，在土拉河畔大破叛王也不干。

紧接着忽必烈又令他穷追余寇，土土哈就像一颗流星，沿着克鲁伦河而下疯狂扫荡，击溃叛王也铁哥骑兵万余，斩获无数。被胁从的钦察人、康里人相继归降。土土哈的神勇，确保成吉思汗的发迹之地克鲁伦河牢牢控制在忽必烈手中，海都汗与乃颜东西夹击的阴谋也随之破产。

乃颜见叛乱计划全盘被打乱，就挑唆铁木真异母弟别里古台的曾孙纳牙一同作乱。纳牙的领地在呼伦湖以西的岭北一带，控扼漠北与辽东的交通要道。忽必烈有点慌了，一旦纳牙投入乃颜的怀抱，就可以大举南下，在元军的背后插一刀，后果将不堪设想。

于是忽必烈问计于侍卫士阿沙不花："现在要怎么办？"

阿沙不花是康里国王之后，智勇双全。他给忽必烈支招，先稳住纳牙诸王，孤立乃颜，叛军不攻自破。忽必烈就派阿沙不花去见纳牙。

见到纳牙之后阿沙不花说的第一句话就是："你知道乃颜叛变了吗？"纳牙佯装不知。你装糊涂，我就让你糊涂到底。阿沙不花骗纳牙："听说你要当乃颜的外应，如今乃颜已经自首了，只剩下一个你傻乎乎地顽抗下去。幸亏皇帝知道这不是你的本意，想放你一马。可是朝中人杂，几个官员叽叽呱呱乱扯一通，皇帝有些恼火。你赶快投降吧，省得死无葬身之地。"

纳牙本来就是一株墙上草，左右摇摆。听阿沙不花这么一说，立即向忽必烈投降。

阿沙不花不费吹灰之力，就解除了忽必烈的后顾之忧。忽必烈大喜，决定亲征。

五月，忽必烈留下窝囊将军范文虎，率五百卫军镇守平滦。以钦察为亲军都指挥使，也速带儿、右卫金事王通为副使，忽必烈亲率大军自上都经应昌，沿着大兴安岭西麓浩浩荡荡北上。忽必烈的人马包括博罗欢五部军（由蒙古兀鲁兀、忙兀、札剌亦儿、弘吉剌、亦乞烈思五部的勇士组成）和李庭汉军，都是元军的王牌部队。成吉思汗"四杰"之一博尔术的嫡孙玉昔帖木儿统领先头部队，与忽必烈分道而进。

六月初三，忽必烈至撒儿都鲁之地（今呼伦湖东南沙尔土冷呼都克）。正要准备安营扎寨，突然乃颜的部将塔不带、金刚奴率六万叛军直逼过来。元军远道而来，人困马乏，又寡不敌众，顿时应接不暇，队伍一度出现混乱。叛军迅速占领制高点，元军的形势很不妙。众将有点惊慌，要求后退。狭路相逢，勇者必胜。博罗欢坚决反对退却。于是忽必烈下令李庭出战，李庭摆出汉人最常用的阵势，看得叛军眼花缭乱。结果元军反败为胜，将叛军团团围住。

叛军仗着手中优势的兵力坚壁不出，试图跟忽必烈打起消耗战。忽必烈有点毛躁，如此一直耗下去吃亏的只会是自己。这时候司农卿帖哥给忽必烈献上一条计策："敌众我寡，最好是设下骗局把叛军吓走。"

凡战以正合，以奇胜。兵不厌诈，以智取胜，一向是忽必烈的拿手好戏。忽必烈坐踞胡床（交椅），头顶上张着一把华丽的曲柄伞，镇定自若。司农卿帖哥从容地献上美酒，忽必烈也是喝得津津有味。元军将士却躲在坚固的堡垒中，不得出战。这下子让叛军莫名其妙，怀疑忽必烈在搞什么诱敌的诡计，不敢贸然发起进攻。汉军统帅李庭据此断言："叛军必趁夜逃跑！"是夜，李庭命十多个壮士，扛着火炮偷偷潜入叛军营垒中。突然点燃，轰隆隆如霹雳响雷，吓得叛军落荒而跑。

博罗欢的五部军趁势掩杀，猛追两天两夜，追得叛军魂飞魄散，阵斩乃颜的女婿忽伦、万户阇里铁木儿。忽必烈接着长驱直入，直捣辽河畔乃颜的老巢失剌斡耳朵（即铁木哥的大本营黄帐）。元军冲进之后，早已人去帐空，只缴获到乃颜来不及带走的辎重小车千余辆。

老巢被占，乃颜恼羞成怒，当即命哈丹率一万骑兵展开反扑。结果撞上了从另一路赶到的玉昔帖木儿。玉昔帖木儿令亚速人玉哇失出战，几个回合就将叛王哈丹杀得体无完肤。击溃哈丹之后，玉昔帖木儿与忽必烈胜利会师，元军士气大涨。

乃颜叛军损兵折将，老巢失守，只好退往北边的不里古都伯塔哈（意即有鹰山，今蒙古国哈尔哈河与诺木尔金河交汇处）。乃颜孤注一掷，在此布下重兵，意欲与忽必烈一定生死。忽必烈也重整队伍，把大军分为两队：蒙古军由玉昔帖木儿统领，汉军由李庭统领。

数日之后，忽必烈与乃颜不期而遇，蒙古人之间又一次惊心动魄的大厮杀开始了。

叛军声势浩大，号称十万。乃颜下令将战车绕成一大圈，构筑成坚固的前沿阵地。叛军就躲在战车背后，严阵以待。

忽必烈让占星术士占卜一下，结果大吉大利，元军欢呼声震天动地。忽必烈令摆开阵势，把蒙古骑兵列为三十个方阵，每个方阵之中杂以汉军步兵，手持大刀、长矛。南宋降人叶李又给忽必烈出了个主意，在汉军身后摆放一排紧紧相连的战车，挡去了退路，逼着汉军勇往直前，死命作战。忽必烈传命，蒙古骑兵冲锋时，汉军步兵一同坐在骑兵的背后。冲到敌军阵中，步兵就要跳下拿着大刀长矛砍杀。骑兵撤退时，步兵也要跳上马，跟着撤退。如此蒙汉步骑同步行动、紧密配合的战法，世人还真是第一回见到。

而乃颜信奉耶稣，叛军之中基督教徒甚众，绣着十字架的战旗遍地飞扬。更令人咋舌的是，忽必烈破天荒地乘坐着缴获的缅国战象指挥战斗。生活在热带雨林中的大象，竟然跑到渺无人烟的漠北草原去。远远望去，给人一个匪夷所思的时空错乱之感，仿佛是欧洲狂热的十字军战士与东南亚凶悍的丛林斗士在草原上做生死对决。

据波斯历史学家拉施特的记载，忽必烈年老力衰，而且关节酸痛，所以无法像往年那样威风凛凛地骑着战马，而是坐在大象背上的木轿子里。《马可·波罗游记》证实了拉施特的说法，而且做了更加详细的描述。

尽管马可·波罗是否真的来过中国，众说纷纭，虽然《游记》有抄袭拉施特的嫌疑，但是对这次战争的描述，确实让读者有身临其境之感。《游记》中说，忽必烈像东南亚王国的君主那样，坐在一座木楼上面，木楼则搭建在四只大象的背上。象身包裹着硝制过的牛皮，披着华丽的锦衣，刀箭不透，不但美观，而且实用。木楼里躲藏着一队弓箭手，还有鼓钹器乐。木楼上空则高高飘扬着绘有日月的皇帝旗，忽必烈把指挥部搬到象背上去了。

决战开始，元军阵中鼓角争鸣，铙钹齐响，震彻山野。随之又唱起粗犷雄浑的战歌，如此忙了大半天，血腥的残杀开始了。顿时箭如雨下，双方士卒的呐喊声惊天动地，战马的嘶鸣声直冲云霄。忽必烈的骑兵犹如一阵阵狂风，横扫叛军。玉昔帖木儿令玉哇失为前锋，带领敢死队冲进叛军阵中，撕开一个突破口，后续大部队蜂拥而来。叛军也死战不退，惨烈的厮杀从早晨一直持续到中午，乃颜叛军兵力不济，很快就被杀得人仰马翻，尸堆如山。

战至最后，叛军死伤相枕，乃颜见大势已去，仓皇逃往失列门林（今西拉沐沦河）。结果又被追上，挣扎没几下就成为元军的阶下囚，被扭送到忽必烈面前。按照处决黄金家族后裔不得见血的传统，忽必烈下令将乃颜包裹在两条毡毯里，绑在马后，活活将他拽甩震死，然后扔到河里去。

解决了叛乱的首恶分子之后，忽必烈凯旋，玉昔帖木儿负责继续追歼叛军。玉昔帖木儿溯海拉尔河而上，又飞越大兴安岭，在嫩江追到另一叛王哈丹，哈丹不敌投降。

但是元军撤退之后，哈丹又作乱三年，还窜到高丽去，结果被塔出与博罗欢逼得无路可逃，跳河自尽。

七月初四，不甘失败的势都儿妄图做困兽之斗，偷袭咸平（今辽宁开原）。六皇子爱牙赤与辽东宣慰使塔出从沈阳北上迎敌，宣慰亦儿撒合也分兵出击懿州（今辽宁阜新），包抄势都儿的后路。势都儿不堪一击，很快就步乃颜后尘，成为不流血而死的又一个蒙古贵胄。有部分叛军的余孽流窜到阿尔泰山去，塔出穷追猛打，最后将他们一网打尽。

至此，乃颜叛乱平息，东道诸王的势力被扫荡一空，忽必烈置行省节制。平定乃颜叛乱，续写了这个打仗天才亲征不败的光荣历史，一扫海外用兵屡战屡挫的阴霾。八月初七，忽必烈车驾从上都回到大都，他把目光转向遥远的南方——缅国和交趾。已经被耽搁了大半年的征讨计划，如今该是重新启动的时候了。

五、血染白藤江

回到大都之后，忽必烈做的第一件事就是调派大军，远征缅国和交趾。不速速古里作乱，出使缅国的阿难答惨死，给了忽必烈一个愤怒的理由。忽必烈任命云南王也先帖木儿为征缅招讨司达鲁花赤（实际上是这次征缅的最高统帅）。秃满带为征缅都元帅，此人做过侍卫亲军都指挥使，是忽必烈的贴身随从。湖广行省统将李海剌孙为征缅行省参政。

调往征缅前线的元军有四五万人，除了云南行省原有的征缅军之外，还动员其他地方的军队：在贵州镇压亦奚不薛蛮的张万家奴西川军及阿里海牙统领的湖广行省驻军，两者合计五千人；秃满带的五千川军；云南探马赤军一千人；李海剌孙统领的探马赤军一千人；南宋新附军五千人，等等。大西南四川、贵州、大理，蒙古军、新附军、探马赤军、亦奚不薛蛮降军、爨僰军等各种各样的军队，能够调动的都调了，就连负责交趾战事的湖广行省也抽出一部分驻军。

忽必烈又重金聘请熟悉白夷、金齿（今云南西南）地理交通的张成和前占城军总管刘全，让他们做征缅招讨使，佩戴虎符，为元军向导。对这次征缅忽必烈可说是煞费苦心，志在必得。忽必烈令秃满带率五千川军先行进驻缅北的太公城，十二月，云南王也先帖木儿统领大部队跟随其后，杀入缅国腹地。

缅王那罗蒂诃波帝被弑之后，不速速古里等王子忙着相残，地方土豪如雨后春笋不断冒出，争着抢夺山头。一度强盛的蒲甘王国分崩离析，成了一盘散沙。卑谬城在不速速古里手中，达拉城（今缅甸仰光）在王子峤苴手中，王后诃菩娃·秀则掌控着蒲甘城。

诃菩娃·秀是一个很不简单的女人，她跟三个权臣兄弟，即赫赫有名的掸族三兄弟——阿散哥也、阿剌者僧吉蓝、僧哥速都有一腿，四人联手把持朝政。为了掩人耳目，诃菩娃·秀把达拉侯峤苴拱上王位，自己则隐身幕后垂帘听政。峤苴虽然名义上是缅王，但是势力范围不出蒲甘城周围二十里。

攻打这么一个四分五裂的王国易如反掌，也先帖木儿仿佛胜券在握，立即下令向蒲甘城进军。沿途根本就遇不到像样的抵抗，如入无人之地，没几天就杀到蒲甘城近郊。

孰料这是阿散哥也三兄弟的诱敌之计，目的是把元军诱至缅国腹地，然后祭出杀手锏——象军，对孤军深入的元军围而歼之。象军是缅军威力最大的兵种，缅王对象兵的选拔异常苛刻，经历十次战斗的步兵可以提升为骑兵，骑兵再经历十次战斗，才有资格跻身于象兵。但是一旦成了象兵那就无上光荣，而且待遇极高，象兵的每个月薪饷是五十筐稻谷，相当于中原地区的两石。

　　十年前的第一次元缅战争时，千户忽都就曾经在干额地区跟缅将释多罗的八百只战象交手过。那次人象大战，元军靠着智慧将缅军逼入绝境，最后侥幸获胜。但是这一回也先帖木儿进攻蒲甘城，是在开阔原野上与成千上万只大象对决。许多元军自出娘胎以来，就未曾见过如此的庞然大物。它们的吼叫声令人胆寒，更何况象背上还有坚固的木楼。缅国象兵就躲在木楼中，朝着那些惊恐万状的元兵嗖嗖发箭。这是一次不对称的战争，拔腿就跑的元兵比不过大象的速度。大象在乱军中蛮横地横冲直撞，瞬间元军就被践踏成一堆堆肉泥，阵亡者超过七千，令人触目惊心。

　　但是元军将领也不乏足智多谋之士，有人给也先帖木儿献计，把缅军的大象引诱到树林里作战，如此一来象军就失去了在平原上的巨大威力。

　　也先帖木儿依计行事，结果缅军象兵追击元军追到附近的森林时，元军纷纷跳下马。埋伏在林中的弓弩手万箭齐发，如同疾风骤雨，飞向象群。负伤的缅军战象惊惶奔散，踢踏声天崩地裂，扬起漫天尘土，让日月无光。更可怕的是，大象乱哄哄冲向森林，只听见阵阵震耳欲聋的嘎嘎声响，象背上的木楼如同被打碎的玻璃，散落满地。

　　元军见状，纷纷跳上战马，攻击象兵背后的缅军步兵和骑兵。缅军也不要命，箭射光了又拿起剑、长矛和铁锥跟元军殊死搏斗。一时间血肉横飞，头颅乱滚，到处都是断臂残足，血流成河。缅军的抵抗虽然很顽强，但是最终挡不住元军的疯狂攻势，不得不溃回蒲甘城。几天之后，缅王峤苴竖起白旗，宣布投降，佛塔如林的蒲甘城终于沦陷了。

元军进城之后，登时被眼前一座座金碧辉煌的佛塔惊呆了。特别是那罗蒂诃波帝的杰作——明噶拉塔，塔身在夕阳斜照之下散射出诱人的金光。有些贪婪的元军将领开始动起歪主意，奏报忽必烈称，缅王临死前铸造了镀金佛塔、镀银佛塔各一座，外面包着指头厚的黄金和白银，真是人间罕见，价值连城啊。要是皇帝喜欢，可以敲碎佛塔，把黄金和白银献给你。

忽必烈断然拒绝，一则认为佛塔是为纪念缅王而建，二则用死者遗物做贡品很不吉利，就下诏禁止元军肆意毁灭缅国的佛塔，明噶拉塔这才逃过一劫。

也先帖木儿在蒲甘城置邦牙宣慰司，留下三千士兵驻守，然后班师回到大理。不久，缅王峤苴派王子信八合奉表入元，答允三岁一贡，每年献白银二千五百两、布帛一千匹、战象二十只、粮食一万石。自此缅国成了元帝国的属邦。

缅国臣服的同时，忽必烈决心在交趾打一个漂漂亮亮的翻身仗，一洗唆都、李恒被杀之辱。在也先帖木儿出征缅国的同时，元军也绵绵不断地开赴交趾前线，计有江淮、江西、湖广三省的蒙汉军七万人，海外四州黎兵一万五千，云南兵六千人，老御厨阿八赤的新附军一千人，总数十万人，配备战船五百艘。忽必烈还命令海道运粮万户张文虎、费拱辰等运粮十七万石，分道以进。

一下子就要涌入十万元军，交趾王陈日烜有点心慌，问陈国峻要不要多招些人马，陈国峻放出豪言："兵贵精不贵多。淝水之战时苻坚拥兵百万，结果还不是败得灰头土脸？"

这个交趾统帅从中原的兵书上找到了击败元军的秘诀：坚壁清野，打不赢就跑。

至元二十四年（1287年）十一月初，元军兵分三路，杀入交趾境内。东路，云南王脱欢率元军大部队，集结于思明州，走谅山道南下进攻。西路，云南省右丞爱鲁率六千云南兵，顺着红河而下进攻。海路，以阿八赤统领的一万新附军为先锋，乌马儿、樊楫为后续，从广东横渡北部湾，溯白藤江而上，经玉山（今越南广宁芒街）、双门、安邦海口，直指升龙城。

元军初来乍到，气势高涨，屡屡告捷。爱鲁进至交趾木兀门（今越南山西省红河与清江汇流处）时，遭到陈日燏四万交趾兵的阻击。陈日燏按照陈国峻"敞开大门，诱敌深入"的指示，自动弃守，结果吃了大亏，爱鲁摧毁了三十八座敌寨，生擒交趾将黎石、何英。

脱欢令万户贺祉、张玉领兵两千五百人，留守思明州，看护辎重车队，自己亲率大部队杀奔南下，在谅山附近与爱鲁的云南兵胜利会师。脱欢做了重新部署，令程鹏飞、爱鲁、哈达尔统领汉军一万，为西道，由永平方向出击。脱欢的主力与奥鲁赤的一万蒙古军为东道，由女儿关方向出击。

元军声势浩大，就像洪流滚滚一泻而下。交趾边关守将郑阐惊慌失措，驰报升龙城："蒙古的镇南王脱欢又杀来了。"

交趾王陈日燏又慌里慌张地去找陈国峻："蒙古人来了，该怎么办？"

陈国峻自以为得计，紧闭双眼瞎吹牛："今年可以躺着打蒙古人。"

但是陈国峻很快就吹破了牛皮。乌马儿、樊楫的水师在白藤江遭遇到四百艘交趾战船，元军奋力一击，阵斩四千余级，俘获百余人，缴获敌船百余艘。程鹏飞、爱鲁、哈达尔的西道兵也是十七战十七捷，连克支陵、陷沙、茨竹三关。

元军攻势凌厉，不到二十天就打到升龙城附近了。这下子再也不能诱敌深入了，否则就得乖乖地将国都拱手让给元军。陈日燏赶紧派最精锐的禁军死顶冷泾关，但还是抵挡不了元军的猛攻。眼见冷泾关就要沦陷了，兴德侯陈瑾下令乱射毒箭，放倒一大批元军。元军被迫退往武高关。几天之后，交趾仁德侯陈璇的船队也在多某湾的水战中取胜，俘获元军四十人及不少的舟船、战马。

但是脱欢的元军渐渐逼近升龙城，陈国峻在大滩口死扛硬顶，伤亡极大。十二月十六日，陈日燇又派阮识率领一队圣翊勇义军前去助守。次日，脱欢进攻茅罗港，陈国峻自知不敌，主动撤走。脱欢继而攻拔浮山寨，又命程鹏飞、阿里领兵两万，驻守万劫，在普赖山、至灵山之间修筑木栅工事，把万劫打造成一个坚固的屯兵基地。而后檄令白藤江地区的乌马儿水师、阿八赤新附军溯流而上，与脱欢聚攻升龙城。

十二月二十九日，脱欢率元军主力横渡红河，兵临升龙城下。陈日烜、陈日燇故技重演，撤走城内的所有物资和人员，逃往敢喃堡，把一座空城留给了元军。煮熟的鸭子又飞了，脱欢气得牙痒痒，跟水师统将乌马儿顺着红河而下，追击脚底抹油的交趾上皇父子。

沿途所经，交趾人闻风而降，巴点、旁河的守军没等元军杀到，就竖起白旗。西线的征缅大军在云南王也先帖木儿的统领下，也一举拿下缅国都城蒲甘。元军在一个月内同时占领两个外邦的都城，如此的疯狂攻势在历史上实属少见。

至元二十五年（1288年）正月，陈日烜、陈日燇又从敢喃堡逃入海中。元军水师出了红河口之后，乌马儿站在船头上发誓要活捉交趾王："你飞上天，我也飞上天。你潜入地，我也潜入地。你躲进山，我也躲进山。你跳下水，我也跳下水。"

但是茫茫大海一只飞鸟都不见，更别说船只了。乌马儿找了几天之后，一无所获，只好灰溜溜回升龙城，向脱欢复命。

打了两三个月的仗，虽然兵力损失不多，但是军粮快吃光了。升龙城空空如也，就连老鼠都抓不到。于是脱欢命令乌马儿率领水师，沿着白藤江东下接应从琼州跨海而来的运粮船。

负责护送军粮的张文虎在白藤江口进入交趾境内，行至云屯山（今越南广宁锦普），遇到交趾副将陈庆余。两军杀略相当，但是陈庆余不支后撤。陈日烜气得火冒三丈，一旦军粮顺利到达元军手中，脱欢如虎添翼。就派几个太监带上铁索，要把陈庆余抓回来惩处。陈庆余告诉太监："论军法，我理应受到惩罚。可现在是非常时刻，请给我两三天时间，要是再打败仗，我就自动把头送到刀斧下。"太监答应了他的要求。

陈庆余料想元军的护送部队过去了，运粮船一定就在后头。于是收集残兵，在绿水洋设下埋伏。元军的运粮船一到，陈庆余的伏兵船只突然间杀出，一下子就缴获大批的军粮、器械。后面的船队吓呆了，徘徊不敢前进，结果船只越积越多，很快就堵塞在绿水洋里，不得动弹。张文虎为了逃命，竟然把粮食都扔进水里面，然后跑回琼州。费拱辰自广东惠州起航时遇到大风，被吹到琼州去。另一负责送粮的徐庆也漂流到占城，也回到了琼州。

此次送粮，三个运粮官一粒米都没送到，反而损失了二百二十名士卒、十一艘船只、一万四千三百石粮食，而且害惨了奉命前去接粮的乌马儿水师。

正月初八，乌马儿在大滂口（今越南海防文澳）遭到交趾兵的截击，损失哨船三百艘。但是军粮补给兹事体大，乌马儿不敢大意，且战且行。到了塔山，突破交趾人的封锁线，最后在安邦海口听到运粮船队覆没的消息。乌马儿叫苦连天，只好悻悻而回。

这下子全乱套了，十万元军饿得两眼发绿，军心日益涣散，脱欢派人四处搜寻粮食。可是老百姓都跑光了，一粒米也抢不到。所幸的是乌马儿在万劫从交趾军手中夺得大米四万石，屯于普赖、至灵二寨里。阿八赤也攻夺关系桥，大破交趾兵于三江口，拔取敌堡三十二个，缴获大米十一万三千余石。两人夺取的军粮超过十五万石，暂解元军燃眉之急。阿八赤建议脱欢说："擒贼先擒王。贼军放弃城池，躲到大海里去，意在打持久战，把我军拖垮之后，再寻机反攻。我军都是北方人，如今正值春夏之交，疫病杂生，打持久战实在是耗不起啊。为今之计，要赶快抓到交趾王，方能早日平定。"

但是陈日烜父子就像两只狡猾的野鼠，到处躲藏，根本就找不到踪迹。更可恨的是，陈日烜耍弄诈降计的花招，多次派兴宁王陈嵩求降，让脱欢心存招安的幻想，求战不得，求和又不能。于是下令整兵休战，等待陈日烜亲自来降。可是大半个月过去了，投降的没有一个，反而受到交趾敢死队的不断夜袭。脱欢肺都气炸了，一度准备命万户解震将升龙城烧为灰烬。

这时候掠夺而来的粮食快吃光了，元军又面临饥饿的威胁。交趾本来就是一个穷国，再出去找吃的恐怕就是挖地三尺也找不到一粒烂米。众将归心似箭，都准备卷起铺盖回家。神弩总管贾若愚第一个打起退堂鼓，告诉脱欢，大军可以回家，但是不可以留下。贾若愚的话没说完，大家又叽里呱啦叫个不停，这个说天气这么热怎么打仗啊，那个说粮食快没了，再打下去只会把自己饿死。脱欢听得很不是滋味，干脆下令退兵。

可是十万元军，有战船，也有战马，怎么撤退呢？水军将领害怕遭到交趾人的袭击，有去无回，准备毁了战船，上岸走陆路一齐撤退。脱欢正要答应，有人又说这些战船是海外征伐的利器，我们都毁了，要是皇帝怪罪下来，谁担当得起啊？

脱欢想了又想，也是，遂下令分水陆两路撤军。二月十七日，乌马儿、樊楫率两三万水师取道白藤江先行撤离，随行的还有昔戾基亲王和万户张玉。为了防止交趾人的袭击，脱欢派程鹏飞、塔出率骑兵在岸上伴行。

元军撤退的消息传开后，一夜之间从地底下冒出了二三十万交趾人，开始疯狂的大反扑。陈日烜父子回到协门（今越南海兴荆门），陈国峻和陈庆余则集结于安兴、云屯、竹洞、安邦地区（均在今越南广宁省内）。由于陆路撤退的元军兵力众多，交趾人只能在他们的屁股后面放一些冷枪。所以陈日烜、陈国峻决定集中优势兵力，在白藤江围剿乌马儿水师。为了有效阻塞元军战船，陈国峻命人在白藤江之后栽下数不清的木桩，上面覆盖着水草。

白藤江，宽两里有余，奔腾在安兴和水源的群山峻岭之间，东距下龙湾海口七八十里，西距万劫五六十里，众河汇流，波涛接天。白藤江有个元军不知道的特点，就是涨水期的那一天潮水涨落非常迅猛。最高时潮水超过三米，可通大船。最低时不到一米，小船也难行。也许是元军水师命该绝，他们进入白藤江的那一天，正值涨水期。

三月初七，脱欢自率元军主力七万人，阿八赤率一队精骑为先导，抄谅山大道撤回思明州。而乌马儿水师自排滩分路出内旁关，樊楫与万户张塔剌赤、刘世英为开路先锋，击溃阻击的交趾人，毙其二将。在岸上护行的程鹏飞骑兵走到东潮之后，遇到小河的阻拦不得进，只好丢下水师不管，日夜兼程北上追赶脱欢。

缺乏岸上骑兵的护行，一切靠自己了。元军水师行至竹洞，遇到大股交趾军。樊楫与万户刘圭苦战一番，终于将其赶走。翌日即初八日凌晨，乌马儿水师开进波涛翻滚的白藤江，樊楫走在前头。越南人大吹大擂的白藤江大捷自此拉开了序幕。

陈国峻首先派精兵千余人偷袭元军侧背翼，交手不久虚晃一招，佯装败退。元军奋起直追，交趾人且战且退。中午时分，忽然刮起大风，潮水急速降落，元军的数百艘战船都搁浅了，就像被五花大绑的螃蟹，动弹不得。蓦地毒箭如雨注，在小河中、在山冈上埋伏的阮蒯的圣翊勇义军、范老五的圣翊右卫军等等，准备好弓箭、大刀、长矛，还有各式各样的武器，如双刃钩镰刀、鬼头刀、大钩、四棱斧，乘着风势驾着数百只小船，劈头盖脸杀来。附近村社的民兵游击队，点燃装满易燃物的竹筏、篾船，顺流而去。顿时元军战船浓烟滚滚，火光冲天，元兵纷纷跳下水，又被交趾人的钩镰钩起，一时间喊杀声震天，鲜血染红了白藤江。

乌马儿披甲上阵，自率锐卒与交趾人展开肉搏战。樊楫中了十余枪，浑身挂彩，还在挥舞着双臂指挥部下奋战。但是敌人越来越多，陈日烜父子也从背后包抄过来，纵兵大战。元军一败涂地，溺死的、被杀死的不计其数，江水为一赤。樊楫落水，被交趾人钩杀。水师统将乌马儿与昔戾基亲王被敌将杜衡生擒，献给陈日烜。

残余的元军战船跑到白藤江出海口附近的水源，又被江中的木桩截住了，不得逃生。激烈的大搏杀从卯时战至酉时（上午7点到晚上7点），乌马儿水师覆灭，损失四百多战船。

与此同时，退往广西的元军主力也受到十数万交趾人的攻击。程鹏飞以精骑掩护脱欢撤退，逃到内旁关，交趾人大聚集，多亏殿后的万户张均率三千锐卒黧出命来死战，脱欢这才顺利出关。交趾人漫山遍野，到处截杀，他们占领女儿关、丘急岭，连绵百余里，遮断元军退路。元军且战且退，草草包扎伤口后又提起武器战斗。交趾人从高处乱射毒箭，元军死伤累累。阿八赤中了三支毒箭，从脑袋肿到屁股，不治而亡。脱欢把带领元军安全脱逃的重任交给奥鲁赤，自己从单已县逃到盍州，抄小路跑往思明州（越南史书吹嘘生擒了奥鲁赤，实际上并未被俘）。

三月十五日，脱欢回到思明州，命爱鲁引兵回云南，第三次交趾之战至此落下帷幕。

这一次元军空前大败，交趾人用自己的不屈不挠又给忽必烈的海外征伐史添上一笔浓重的耻辱。作为两次征讨交趾的最高指挥官，镇南王脱欢把蒙古人的脸都丢到天上去了，忽必烈对这个皇子大失所望，把他贬到扬州去，此生不许再踏入大都城半步。

交趾人得了便宜还卖乖，元军离开不久，陈日烜派遣近侍官李修、段可容入贡，贡品除了交趾的特产之外，还有一尊与人等高的金人，以代替自己向忽必烈谢罪。但是谢罪的同时，陈日烜又尽情羞辱了元军一番，在遣返的战俘脸上都刻了"天子兵"或"投南朝"的字样。

翌年（1289年）二月，陈日烜又释放了被俘的元军统帅乌马儿等人，让内书家黄左寸送他们回国。乌马儿受尽屈辱之后，又踏上了不归路。心狠手辣的陈国峻教唆陈日烜，派几个水鬼扮作船夫，夜里潜下水把船底凿了几个大窟窿，淹死乌马儿等人。

交趾击退元军的两次进攻之后，一跃成为中南半岛的霸主，开始肆无忌惮地对外扩张，几次大举侵攻占城、哀牢（今老挝），并屡屡进犯元帝国的边疆，挑战忽必烈在东南亚的宗主地位。此时忽必烈已是风烛残年，穷兵黩武，让元帝国江河日下。忽必烈对交趾人的胡作非为只能干瞪眼，虽然多次诏谕交趾王入朝，但是都被当作耳边风。

更让忽必烈忧心忡忡的是，元帝国的心腹之患——西域的海都汗趁火打劫，准备干涉东方的事务。忽必烈不得不再次把视线转移到西域去。

六、大帝老骥伏枥

海都汗并不满足于当一个西域的霸主。海都汗也长着一颗永远无法满足的心，其雄心一点也不亚于忽必烈。像伟大的成吉思汗那样征服整个世界，一直是海都汗梦寐以求的目标。要将所有的蒙古人都团结在自己的旗帜下，首先就得必须扳倒君临东方的忽必烈大帝。

忽必烈放弃了马背上治理天下的蒙古传统，而采用汉人的治国之术，坐在宫殿里遥控天下，海都汗对此嗤之以鼻，认为他违背成吉思汗的信念，早晚会栽跟头的。

这不，两次攻打日本、交趾，丧师丢将，输得裤子都没了。海都汗决心铲除这个异端君主，让成吉思汗式的荣耀再次照临世界。乃颜叛乱失败之后，海都汗决定披甲上阵，亲自找忽必烈单挑，一决雌雄。

至元二十五年（1288 年）正月十八日，脱欢的远征军在白藤江跟交趾人扭打作一团，海都汗也跑进来凑热闹，纠结傀儡——察合台汗国的笃哇汗，越过阿尔泰山，入犯元帝国的边关重地。忽必烈诏令驸马侯世甫、宗王也只烈发兵，随从出伯（察合台曾孙，阿鲁忽次子）北上抗击海都汗。

海都汗的大军一到，大西北的局势马上紧张起来。对忽必烈心怀不满的人纷纷起兵接应，蒙哥汗时代的遗臣掌吉第一个举起叛旗，西投海都汗。宗王拜答罕派人追击，追到八立浑（今新疆维吾尔自治区哈密的巴里坤）时已经逃远了。随同乃颜叛乱的哈丹也勾结宗王火鲁火孙，再次叛变，一时间从大兴安岭到遥远的阿尔泰山狼烟四起。

忽必烈尚未从远征交趾失利的阴影中走出来，西北兵火又起，搞得他手忙脚乱。赶紧派皇孙铁穆耳北征，镇压哈丹和火鲁火孙的叛兵。

六月十五日，海都汗的部将暗伯、著暖杀到业里干脑儿（今新疆维吾尔自治区艾里克湖），管军元帅阿里带率部迎击，将其逼退。

眼见海都汗的人马越来越猖獗，忽必烈不得不亲自坐镇上都，指挥调度。曾经繁华一时的草原都城和林再次成为世人关注的焦点，那儿是大漠的心脏地带，囤积着大量的军粮。和林城的得失，攸关整个漠北的安危。忽必烈任命怯伯为和林宣慰使，刘哈剌八都鲁为宣慰副使，让他们看好囤粮。

十二月初六，海都发动闪电战，抄掠吉尔吉斯之后，向东狂进，打死元将拔都也孙脱，突然越过杭爱山脉，直奔和林而去。次年（1289年），皇孙甘麻剌举兵在杭爱山迎战海都，结果被围困于色楞格河。危难之时，钦察悍将土土哈从天而降，率部奋不顾身地杀进海都军中，其神勇不亚于三国的常山赵子龙在乱军之中左冲右突，挡者必死，最后把甘麻剌拯救出来。海都派人追击，土土哈又率精骑设下埋伏，敌军望而却步。海都感叹不已："要是杭爱山的守将都像土土哈那样，恐怕我就死无葬身之地了！"

甘麻剌虽然安全了，但是和林城像板凳上的鸡蛋，随时就有滚落之危，北安王那木罕赶紧通知宣慰使怯伯带着老百姓撤退。怯伯与刘哈剌八都鲁向南逃了六天，到达八儿不剌，此地距离海都的大本营不过五六十里。怯伯吓得屁滚尿流，投降海都。刘哈剌八都鲁不愿意做叛贼，偷偷溜回来去见忽必烈。

忽必烈喜不自禁，众人都说刘哈剌八都鲁落入贼手，没想到还能回来！马上赏他酒肉吃，还以刘哈剌八都鲁的例子教育身边的随从："有的人像猪狗，哪里有好吃的就离开了主人，怯伯就是这样的畜生。也有饿肚子的，仍然对主人不离不弃，像我们的刘哈剌八都鲁！"又觉得刘哈剌八都鲁这个名字很拗口，替他改名为察罕斡脱赤。

察罕斡脱赤带回了前线的战况，忽必烈不顾脚病，决定亲征。七月初一，忽必烈率军从上都北上，首先碰到土土哈和皇孙甘麻剌。土土哈有着钦察人野蛮、剽悍的特点，堪称忽必烈的赵子龙。忽必烈对这个爱将赞不绝口，当着众人的面说："我们的老祖宗成吉思汗跟部下患难与共，同饮班珠尼河的脏水。今日土土哈的表现，一点也不输给那些喝脏水的人！"

忽必烈兵临和林之后，发现海都大军早已撤得干干净净。原来海都汗素来忌惮忽必烈，一听说忽必烈来了，马上逃之夭夭。令人万分期待的蒙古两雄之斗最终还是没有发生。忽必烈兵不血刃，收复和林城。

闰十二月，忽必烈任命伯颜为和林知枢密院事，镇守和林城，防备海都汗。自己班师回朝，到了大都，摆下酒宴，论功行赏，结果土土哈排在第一名。

土土哈有点意外："我只是一个钦察人，蒙古将应当第一啊。"忽必烈哈哈大笑："你别再谦让了，蒙古将虽然地位在你之上，但是论起勇气岂能跟你相比？"

庆功酒宴之后，忽必烈令土土哈继续打击海都汗。土土哈横扫阿尔泰山，俘获海都的部众三千余户回和林城。忽必烈又诏令他再接再厉，进取吉尔吉斯。土土哈不顾连续作战的疲劳，又风风火火地渡过谦河（今叶尼塞河上游），坐船走了好几天才到吉尔吉斯。

土土哈摧枯拉朽般地攻掠吉尔吉斯全境，尽收五部之众，屯兵驻守。捷报传到大都，忽必烈立即加封土土哈为龙虎卫上将军，赐行枢密院印。

海都汗听说吉尔吉斯丢了，赶紧自海押立挥师南下，渡过谦河，准备收复失地。土土哈又把海都大军打得落花流水，活捉了海都汗的大将孛罗察。土土哈有万夫不当之勇，横扫西域无敌手，堪称大元帝国北疆的定海神针。

忽必烈以七十五岁的高龄御驾亲征，令发誓要跟他决一生死的中亚霸主海都汗闻风而逃，简直就是一个奇迹。根据《马可·波罗游记》的记载，忽必烈精力充沛过人，头发没有一根变白。可惜患有脚病，无法长时间出外征战，北讨海都成了忽必烈数十年戎马生涯中的最后一次亲征。

此后忽必烈就待在大都城内，坐在金銮殿上，看着身边的人一个个离他而去。其中还得提一下大名鼎鼎的威尼斯商人马可·波罗，此君东游的传奇故事妇孺皆知，这应该得益于那本流芳千古的游记。由于在中国的古籍中找不到有关马可·波罗的确切记载，所以世人对马可·波罗是否真的来过中国争辩不一。许多西方学者认为，马可·波罗顶多只走到波斯，也就是当时跟元帝国关系最为密切的伊利汗国。马可·波罗所知的东方地理知识，都是从往来于元帝国和伊利汗国之间的商人、使臣口中打听到的。伊利汗国和元帝国之间隔着一个敌对的察合台汗国，当时战事频仍，这个来自欧洲的旅行家能否安然抵达大都，那就不得而知了。

假若马可·波罗真的来过元帝国，并受到忽必烈的重用，在朝中做了大官，那么他应当于至元二十七年（1290年）三月随同伊利汗国的迎婚使团离开大都，回到美丽的水上城市——威尼斯。

由于伊利汗王阿鲁浑深爱的妃子忽勒塔黑哈敦死去，根据她的遗言，阿鲁浑汗王派遣使者到遥远的东方，去找一个忽勒塔黑哈敦的族人——卜鲁罕部落的女子为王后。忽必烈选取卜鲁罕氏的美女阔阔真为阿鲁浑的未来妃子，派遣兀鲁歹、阿卜失哈、火者率一个庞大的护花使者团，共计一百六十人，带上大量珍宝，出使伊利汗国。

可惜次年二月初九，阿鲁浑还没来得及见到未来的妻子，就蹬腿而去了。阔阔真千辛万苦，远涉重洋而来，总不能又把她送回家。于是让阿鲁浑的儿子合赞汗捡了个大便宜，娶了美丽的阔阔真为妃子。尽管《马可·波罗游记》对此事的记载非常翔实，但是波斯史书中没有提到东方使团中有三个蓝眼睛、高鼻子、毛发卷曲的欧洲人，哪怕是只言片语也好。故而马可·波罗是否来华，仍然扑朔迷离。

忽必烈也是个奇特的皇帝，跟马可·波罗一样，对未知的世界充满了好奇心，富有探险精神。如果忽必烈不是生在帝王家，那他有可能是一位喜欢游山玩水的旅行者。他屡次遣使招抚海外番邦，除了宣示元帝国的天威之外，更多是猎奇心的驱动。南印度两强马八儿（注辇国）与俱蓝国（今印度西南岸奎隆）献上了犀牛、大象和黑猿，令忽必烈着迷。

他虽然年老，心却很年轻，就像一个永不知疲的游客，乐此不疲地跋山涉水。

忽必烈一度组织了一支海外特遣队，包括海船百艘、新旧军万人，拟定于至元十九年（1282 年）正月，将南洋、西洋的番邦一一扫荡，把印度洋纳入大元帝国的势力范围。可惜无果而终，不然的话后来三宝太监下西洋将走得更遥远、更坚定。

尽管忽必烈的美梦未能成真，但是南洋、西洋番邦的使者，穆斯林信徒、非洲黑皮肤人，甚至大洋洲的土著等等纷至沓来，络绎不绝。向忽必烈朝贡的番邦几乎遍及东南亚和南亚：那旺（今尼科巴群岛）国王忙昂派来了四个目不识丁的使臣；苏木都速国（今印度尼西亚苏门答腊岛北部）王土汉八的也派了两个使臣；对俱蓝国进行国事访问的苏木达国（今印度卡提阿瓦半岛）宰相那里八合剌摊赤一听到忽必烈的诏谕，立即代表国王打古儿，奉表进贡，献上指环、印花绮缎、锦衾二十盒；在俱蓝国的耶稣传教士兀咱儿撒里马，跟穆斯林传教士马合麻同一天进入大都城，献上一张七宝项牌、两瓶药物。大都成了"联合国总部"，街道上稀奇古怪的外邦人随处可见，忽必烈俨然是海外各国竞相拉拢、炙手可热的大人物。

海外番邦使者鱼贯而入的同时，忽必烈也尝到了失败者的苦涩滋味，譬如日本、交趾顽固不化，拒不入朝。但是忽必烈愈挫愈奋，锲而不舍，试图将一个个的海外番邦都纳入自己宗藩体系，让它们的国王排着整齐的队列在大殿之上俯首称臣。

至元二十八年（1291年），忽必烈已经是七十七岁的高龄，但他雄风犹在，又瞄上了万里之遥的琉求（今琉球群岛）。琉求在福建以东的大海中，据说天地混沌初开之际，那儿波涛荡漾，浪花无边，汪洋一片，连块立足的石头都没有。所幸天降一男一女，男的叫志仁礼久，女的称阿摩弥姑，他们不知从哪儿运来了石头和土块，栽上草木，筑堤挡住了海水的入侵。渐渐的，森林有了，高山有了，人类有了，国家也有了。但是琉求国孤悬海东，地小而险，有数千里之遥，自汉唐以降，从未跟中原王朝通好过。

唯一的一次接触是在隋炀帝时期。羽骑尉朱宽出海猎奇时偶遇海上探险家何蛮，何蛮告诉他每年春秋季节，天清风静之时向东眺望，海面上烟雾缭绕，如梦如幻，就是不知有几千里。朱宽上报隋炀帝。隋炀帝大喜，那一定是神仙居住的地方，就让朱宽、何蛮一直向东航行，不知走了几个月，终于在波涛汹涌之中发现了蜿蜒盘旋的陆地，其状像一条虬龙漂浮在水中。于是朱宽起了个地名——流虬，后来又变成了流求或琉求。但是朱宽跟琉求人言语不通，难以对话，只好抓一个土著回去复命。

隋炀帝愈加兴奋，令朱宽再去招抚，结果除了几件琉求人的衣服之外，一无所获。

隋炀帝雷霆大怒，诏令武贲郎将陈稜、朝请大夫张镇州率兵远征琉求。琉求大败，王宫被烧成一堆瓦砾。陈稜、张镇州虏获琉求男女千余人及大量的战利品，满载而归。但是随着隋炀帝的国破身亡，与琉求的关系就像断线的风筝，越来越远。七八百年过去了，彼此互不通好，根本就不知道到底这边那边发生了什么事。

如此一个令人向往的国度再不派人过去瞧瞧，岂不暴殄天物？海船副万户杨祥建议派一支军队过去把国王抓回来。但是有一个叫吴志斗的福建人在忽必烈面前痛斥杨祥说："此人好大喜功，夸夸其谈，言不足信。琉求那么遥远，怎么打？我熟悉海路，走琉求就像串邻居家门一样。何不来个先礼后兵？"

于是忽必烈令杨祥为宣抚使、佩虎符，阮监为兵部员外郎，吴志斗为礼部员外郎，带上六千人马以及金符、国书，前去琉求招谕。孰料杨祥出海之后，碰到了海盗，双方打了一仗，元军吃了点亏。杨祥深恨吴志斗，在半路上将他杀了，扔到海里喂鱼，结果没到琉求，就掉转船头回家了。招谕琉求的事就这样不了了之，但是开启了两国交流的大门。经过后世之君的不懈努力，琉求终于俯首称臣，纳入元帝国的宗藩朝贡体系之中。

七、万里远征南半球

招谕琉求暂时受挫，并未使忽必烈气馁。忽必烈的朋友遍天下，多一个琉求与少一个琉求，根本就无碍大局。忽必烈最引以为傲的是，马八儿、须门那、僧急里、南无力、马兰丹、那旺、丁呵儿、来来、急兰亦歹、苏木都剌等南海十国相继来贡。如此热络的景象空前绝后，自汉唐以来绝无仅有。从东北一隅的高丽到南洋、西洋的占城、苏木都剌、马八儿、俱蓝国、那旺等等，最后越过阿拉伯海，直达伊利汗国，形成了一系列珍珠链式的海上贸易通道。在这条水路上，忽必烈的诏令畅行无阻。

如果说元帝国是东亚的主宰，马八儿与俱蓝国是南亚的强权，那么爪哇国就是南洋群岛的霸主。没有爪哇国的加盟，忽必烈的这条海上珍珠链注定是不会完美的。

爪哇，古称阁婆，距离福建、广东有六七千里之遥。但是从东方的亚历山大港——泉州出发，顺风顺水的话，一个月之内就可以到达。从南朝开始，就入贡中国，唐宋时期更是往来频繁。虽然遥远，却是中国的老朋友。

爪哇国一年到头都是炎夏酷暑天，从来没有下过雪、结过霜。国都麻诺巴歇（今印度尼西亚爪哇玛琅市以西），王宫壮丽豪华，地广人稠，土田膏沃，到处都是沉甸甸的稻穗。物产丰饶，富甲南洋诸番。盛产胡椒，每年可收获万斤。其他的还有苏木、青盐等等。百姓安居乐业，盗贼极少，路不拾遗，夜不闭户，有"太平阁婆"之称。

爪哇民风淳朴，男人的头发结成尖锥形，裹着麻布，女人则赤脚露乳束腰，不以为丑反以为美。有的土著居民以树叶做碗装饭，用手抓着吃，并且胃口奇佳，什么都吃，捉到虫子随便加点野菜，煮熟之后照样吃得津津有味。

不像中原那样男尊女卑，爪哇的女性地位很高，举行宴会时男女并排而坐，喝到四脚朝天才肯罢休。市场上做生意都是妇女，结婚时聘金奇高，一旦丈夫死了，守寡十天后就可以改嫁。如此文明的习俗实在是难能可贵啊！

简单的一句话，爪哇真是个世外桃源！忽必烈对此垂涎欲滴，从至元十七年（1280年）起，年年招谕爪哇国，让国王亲自入朝。这时候爪哇的国王是哈只葛达那加，此人颇具雄才大略，不断地东扩西张、南拓北展，远征巴厘岛和大巽他群岛（三佛齐国），势力范围远及大洋洲。还跟占城王因陀罗跋摩六世结成儿女亲家，联手共抗元军，把触须伸到中南半岛去。

占城国都毗阇耶城被元军攻占之后，避难于此的亡宋右丞相陈宜中为了躲开元军的追捕，又逃到爪哇国去。陈宜中时刻惦记着光复赵宋，就仿效苏秦的合纵连横之策，不断地游说南洋诸番，建立同盟，共驱鞑虏。

看来世人对这个心系故土的亡宋遗臣还真有点误会了。

哈只葛达那加本来就是个宁为鸡头、不为牛后的硬汉子，在他眼中，那些只会骑马不会驾船的蒙古人根本就不可怕。他与陈宜中的反抗精神产生共鸣，将忽必烈的招安使者列为最不受欢迎的人，让他们吃了闭门羹，无不灰溜溜而回。

忽必烈还是不死心，又在至元二十六年（1289年）派孟祺远赴爪哇招谕，此人曾经负责南宋投降的事宜，深为世人所恨。结果孟祺一到爪哇国，哈只葛达那加就下令在他的脸上刺了几个墨字，施加黥面刑，然后驱逐出境。

忽必烈气得面如土色，"士可杀不可辱，这么做就是冲我而来！爪哇王是不见棺材不掉泪。"立刻下诏，出兵讨伐爪哇国。但路途实在是太遥远了，朝中百官谁都不想被抛到爪哇国去，结果无人应征。忽必烈只好指定一代功臣史天泽的孙子史燿为福建行省平章政事，让他带兵出征。

史燿打开地图一瞧，马上吓昏了脑袋，"这岂不是逼着我去跳火坑啊？"于是就以年少无功、受宠太甚为借口，宁死也不肯接受忽必烈的任命。

忽必烈没辙了，你不想去那就推荐几个人吧。史燿开出一个名单：福建平章政事亦黑迷失、邓州旧军万户史弼、福建行省右丞高兴。史燿说亦黑迷失熟悉水路，可令史弼、高兴二人随他出征。

至元二十九年（1292年）二月初八，忽必烈任命亦黑迷失、史弼、高兴三人并为福建行省平章政事，率两万军队、大小海船五百艘，携带一年的粮食，远征爪哇国。赐虎符、鞍勒、弓矢、甲，另外准备了虎符十个、金符四十个、银符一百个、金衣绸缎一百端，供赏赐战功时用。这次忽必烈从国库里拨出了钞四万锭作为军费，按元代五十两白银为一锭，四万锭计两百万两，为历次海外征战耗用较大的一次。

高兴一看，才两万人马，太少了，就请求忽必烈增派兵力。忽必烈不以为然："听说爪哇人赤身裸体，而且胆小如鼠，哪里需要那么多人马？"

二十五日，大殿之上，亦黑迷失三人向忽必烈道别。忽必烈诏令："到了爪哇国后，你们要告知爪哇人，朝廷本来派人要跟爪哇友好往来，可是爪哇王不该在孟祺脸上刺了几个字。此次出兵讨伐，只想替被黥面的孟祺讨个公道。"

三人临行前，忽必烈特意吩咐，亦黑迷失不过熟悉海路而已，他只负责海上航行的事，至于打仗就交给史弼了。

六月二十三日，为了防止泄露军情机密，忽必烈又下达禁海令，在大军出发之前，暂时禁止两浙、广东、福建的商船随意下海。

九月，远征军在宁波集结，而后兵分两路，史弼、亦黑迷失两人由陆路南下泉州征调福建、江西、湖广的驻军，高兴率五千士兵和辎重器仗在宁波登船出海。十一月，三人在泉州会合。

经过近一个月的整顿之后，十二月十四日，一声炮响，五百艘战船从泉州港缓缓驶出。大军刚出海，就碰到了骤风巨浪，战船拼命地摇晃，把元兵的胆汁都快摇出来了，结果全军晕船，不吃不喝好几天。过了海南七洲群岛外洋、西沙群岛，于年底穿越交趾和占城的界海，随之紧贴着海岸线继续南下。

翌年（至元三十年，1293年）正月，船队经占城国的东董、西董山（今越南藩切市东南）、斗蜞屿（今马来西亚关丹市东南雕门岛），入混沌大洋（今越南占婆岛东南洋面）、橄榄屿（今越南南部的昆仑岛），元军顺手牵羊，沿途继续派人招抚南洋诸番，如甘不察（今柬埔寨）、南巫里（今苏门答腊岛班达牙齐）、速木都剌（在今苏门答腊岛）等国。是月底，元军船队停靠在赤道线上的假里马答、勾阑（今加里曼丹岛坤甸附近）等地，并砍伐森林造木筏。史弼远征军创造了一个纪录，成为有史以来第一支跨越赤道、征战南半球的中国军队。

二月十三日，元军穿过爪哇海，兵临爪哇国的杜板港（今图班）。传说元军在爪哇海上为飓风所困近一个月，船中的淡水都喝光了。元军将士饥渴难耐，一上岸就到处找水喝。史弼、高兴在海滩上仰天祈祷："我俩奉命出征，老天若能襄助，就赐予甘泉解渴。"祈祷之后，用刀枪猛地戳地，泉水立即呼呼冒出。

元军士气大盛，史弼下令兵分两路，进攻麻诺巴歇，准备活捉国王问罪。史弼自为一路，与福建行省参政孙某率都元帅那海、万户宁居仁等水军，沿着海岸西下新村（今印度尼西亚泗水西北的锦石），直取爪哇的咽喉要地八节涧，而后南攻麻诺巴歇。高兴、亦黑迷失、都元帅郑镇国、万户脱欢（此脱欢不是云南王）率步骑兵走陆路，以万户申元为前锋，从西面夹攻麻诺巴歇。

史弼抵达新村后，令副元帅土虎登哥，万户褚怀远、李忠为先锋，乘坐锁风船，在狭窄的泗水海峡搭起浮桥，开辟一条杀向麻诺巴歇的通天大道。

三月初一，史弼与高兴会师于八节涧。八节涧地势险要，为爪哇岛与马拉都岛夹峙而成的一线天，扼麻诺巴歇通往爪哇海的要道，历来是兵家必争之地。史弼下令在岸边扎下弯弯的偃月营，命万户王天祥留守，土虎登哥、李忠等率水军，郑镇国、伦信等领步骑兵，水陆两军齐头并进。

元军从天而降，爪哇守兵趁夜弃船，一哄而散。元军缴获了吓人的鬼头大船一百多艘，史弼令那海、宁居仁、万户郑珪、高德诚、张受镇守八节涧出海口，主力部队掉头南下，浩浩荡荡地开往麻诺巴歇。

可是大军还没有前进几步，就有一个自称是土罕必阇耶派来的使者，献上爪哇国的山川、人口图册，以及邻邦葛郎国的地图，向元军投降，并称麻诺巴歇城遭到葛郎国王哈只葛当的围攻，危在旦夕，请求元军出手相助。

原来去年忽必烈决定出兵爪哇、严惩无礼的哈只葛达那加时，爪哇国内风云变色。葛郎的土豪哈只葛当发动兵变，杀死哈只葛达那加，篡夺了王位。哈只葛达那加的女婿土罕必阇耶逃到北边马都拉岛的荒野上卧薪尝胆，最后纠集旧部，赶走了哈只葛当，夺回麻诺巴歇城。但是哈只葛当不甘失利，调集大兵卷土重来，把麻诺巴歇城围得水泄不通。

土罕必阇耶听说元军来了，决定借师助剿，就向元军派去使者。史弼、高兴纳闷不已，本来万里迢迢骑鲸蹈海而来，就是要生擒哈只葛达那加，以报孟祺黥面之耻。没想到局势急转，哈只葛达那加身死国破，不但无法替孟祺报仇，还要充当爪哇国的救命恩人。几个元将商议了一番，国王得到了报应那就既往不咎。哈只葛当弑主篡位，实在可恶。元军是正义之师，理应替天行道，扬大元天威于南洋！

史弼下令，郑镇国率军赴漳沽（今印度尼西亚爪哇莫佐克托）救援，威胁哈只葛当的老巢——葛郎国都答哈城（今印度尼西亚爪哇谏义里）。高兴按计划直取麻诺巴歇，与土罕必阇耶里应外合，夹击哈只葛当。

三月初八，元军兵至麻诺巴歇城郊，亦黑迷失、孙参政、万户李明进攻西南向之敌，高兴、脱欢进攻东南向之敌。结果亦黑迷失等没看到一个敌人，高兴则跟葛郎兵杀得天昏地暗，斩杀数百人，残部躲进山谷。中午时分，西南路又来了一大群葛郎兵，高兴抖擞精神再战一场。战至傍晚，葛郎兵大溃，哈只葛当狼狈逃回答哈城。

这时候高兴有点担忧了，"土罕必阇耶是个狡黠之人，虽说投降了，万一出尔反尔，暗中勾结葛郎国袭击我军，那就很不妙了！"

史弼就分兵三路，自己跟高兴、亦黑迷失各领一队人马，对答哈城来个分进合击。

十九日，三路元军会师答哈城下。哈只葛当倾巢而出，亲率十万大军迎战。从早晨卯时鏖战到午后未时，元军连续发起三次进攻，厮杀声惊天动地，葛郎兵大溃，被杀五千余人，坠河淹毙的不可胜数。

哈只葛当惶恐躲入答哈城，再也不敢出战。元军把城池围得铁桶似的，又派人招降。

哈只葛当见大势已去，遂于夜里戌时（晚上7时至9时）举起火把，宣布投降。哈只葛当的两个儿子昔剌八的、昔剌丹不合不愿意投降，逃进深山峡谷。高兴独自率领一千人马尾随其后，没头没脑地追了几天，终于逮住了昔剌丹不合。

土罕必阇耶见借师助剿、光复爪哇国的目的已经达到，元军一直赖在爪哇岛上早晚会出事，就借口说要回麻诺巴歇城，准备点特产进贡给忽必烈。四月初二，史弼、亦黑迷失稀里糊涂地命万户捏只不丁、甘州不花，率元兵两百人，护送土罕必阇耶回家。

等到高兴回到答哈城时，土罕必阇耶早已不见了。高兴失声大叫不好，"土罕必阇耶首鼠两端，这么一来岂不是纵虎归山，后患无穷？"

果然不出高兴所料，土罕必阇耶一到麻诺巴歇城，立即恩将仇报，翻脸不认人，纠集军队把捏只不丁的两百元兵包饺子了。继而大举进攻史弼的远征军，高兴等人率众浴血力战，才将过河拆桥的土罕必阇耶击退。但是元军损失惨重，将士战死两三千人，遗弃的财物价值不下五十万两白银。二十四日，史弼愤怒地将哈只葛当父子斩首泄恨，然后下令撤军。

八个月之后，十二月十九日，遍体鳞伤的爪哇远征军垂头丧气地回到大都城。

招抚琉求，半途而废。远征爪哇，又是虎头蛇尾，遭遇黑色的最后三分钟。忽必烈气得就要呕血，下诏把亦黑迷失、史弼、高兴三人各打五十大板，再将他们家产的三分之一没收充官。

有史以来距离最长的一次海外远征，就这样落下令人感慨万分的帷幕。

八、忽必烈的最后时光

在琉求、爪哇相继碰壁，而且磕得鼻肿眼青，让忽必烈怎么也想不通，自己竟然是内战内行，外战外行。阿里不哥狡诈多端、乃颜凶悍无比、海都野心勃勃、南宋兵强马壮，可是大军一到，无不如风吹草灰，所向披靡。偏偏几个不起眼的弹丸小邦——日本、交趾、爪哇、占城、缅国等等，无情地粉碎了元帝国锐利结实的铁爪。

失利接踵而来，忽必烈征战冲动的脉搏也逐渐在减弱，但是还没有到衰竭的地步。

一盆水无法瞬间扑灭熊熊燃烧的烈火。远征爪哇之后，忽必烈又在策划新一波的征伐交趾。

至元二十九年（1292年）三月，忽必烈册封的交趾国王陈益稷被授予湖广行中省平章政事的职务，佩戴虎符，暂居鄂州，随时待命回国即位。九月，又令梁曾、陈孚出使交趾，再次招谕交趾王入朝觐见。

次年正月，梁、陈二使抵达升龙城。自命不凡的交趾王陈日燇趾高气扬，对元帝国的使臣不屑一顾，下令打开侧门，以此来羞辱梁曾、陈孚，于是上演了交趾版的"晏子使楚"。

梁曾火冒三丈："我奉皇命而来，不走正门，有辱皇命啊！"就连续递上了三个外交通牒，把陈日燇骂得狗血喷头。陈日燇迫不得已，只好大开正门，让梁曾、陈孚大摇大摆地进城。进城之后，梁曾掏出忽必烈的诏书，命陈日燇亲自去大都走一趟。陈日燇视忽必烈的诏书如同废纸，但也不想惹来大麻烦，干脆敷衍了事，派陶子奇、梁文藻跟随梁曾赴元。

忽必烈已经下令组建安南湖广行省，调派士卒五万六千五百七十人，大小战船一千艘，任命湖广行省平章政事刘国杰、宗王亦吉里带、江西行省枢密院副使彻里蛮为统将，准备发动第四次交趾之战。结果陶子奇、梁文藻一走到金陵城，就被拘留起来。

但是刘国杰的大军还没有出发，忽必烈就病重卧榻不起了。朝中百官乱得像一团麻，大家都在忙着算计忽必烈身后的大事，谁也无心去理会那个桀骜不恭的交趾国王，攻伐交趾的计划搁浅了。

忽必烈在中年时患过足疾，大概是得了类风湿，或者像许多帝王那样骄奢放纵、体态肥胖，患上了富贵病——痛风。晚年更是行走不便，经常躺在御榻上办公。有军机大事要商议，枢密院要员都得长跪在御榻边奏报。亲征海都汗回到大都之后，忽必烈的痛风病加重，脚趾红肿热痛，特别在夜间时常发作，痛得他死去活来，辗转难眠。忽必烈这才预感到，自己留在这个繁华世界的时日无多了。当务之急，不是征服交趾、占城、爪哇，而是要尽早确定储君，早定国本。悠悠万事，唯此最大啊！

忽必烈有十个皇子，从大到小依次是朵儿只、真金、忙哥剌、那木罕、忽哥赤、爱牙赤、奥都赤、阔阔出、脱欢、忽都鲁帖木儿。其中朵儿只、真金、忙哥剌、那木罕为察必皇后所生，算是嫡系皇子，储君当出自这四人。

按照中原王朝的传统，立嫡以长不以贤、立子以贵不以长，应该立朵儿只为太子。可惜早在忽必烈称帝之前，朵儿只就驾鹤西游了。剩下的三个皇子——真金、忙哥剌和那木罕之中，忽必烈本来最喜欢那木罕，曾经说漏嘴要让他继承皇位。可是后来发现，真金更聪明、更能干，于是在至元十年（1273 年）正式册立真金为太子。

那木罕伤心得就要发疯，曾经当面质问忽必烈："真金继位之后，又将置我于何地？"忽必烈大发雷霆，把他臭骂一顿，并说不许再说这个事情！那木罕恨恨而去。

此后忽必烈接受汉人重臣郝经的建议，仿照西周天子相继册封几个皇子为王，让他们去戍边，以拱卫皇室。忙哥剌为安西王，镇守长安城；那木罕为北安王；阔阔出为宁王，先后出镇漠北；忽哥赤为云南王，出镇云南；爱牙赤为大王，镇守河西；奥都赤为西平王，出镇吐蕃；脱欢为镇南王，指挥征伐交趾的战事，等等。

真金做了十二年的太子之后，因为受到忽必烈的叱责，惊恐而死。而忙哥剌也于四年之前病终了，察必皇后的四位嫡子仅存那木罕一个。不幸的是，那木罕镇守和林时，昔里吉发动叛乱，把他捆得像一个粽子，送给海都汗。从此那木罕的地位一落千丈，离储君的宝座越来越远了。

真金的太子妃阔阔真，又名伯蓝也怯赤，弘吉剌氏人。有一个同名的阔阔真公主远嫁伊利汗国的阿鲁浑，但这个阔阔真出自卜鲁罕氏。真金与阔阔真生有三子——甘麻剌、答剌麻八剌、铁穆耳，都是储君的热门人选。甘麻剌说话结巴，而铁穆耳酗酒成性，在忽必烈看来都是孬种。答剌麻八剌成了储位的最佳人选，可惜天妒英才，至元二十九年（1292年）春，答剌麻八剌病亡，年仅二十九。答剌麻八剌走后不久，那木罕也呜呼哀哉了。

忽必烈别无选择，只能差中选优了，要么选择口吃的甘麻剌，要么选择酒鬼铁穆耳。忽必烈苦涩地摇摇头，"造化弄人啊！世界上有谁见过说话结结巴巴的皇帝？"于是忽必烈毫不犹豫地选择了铁穆耳。但忽必烈对铁穆耳这个酒囊头疼不已，再不让他戒酒，大元帝国迟早会被糟蹋成一个破破烂烂的酒坛子。可是无论怎么劝告和责骂，铁穆耳就是本性难改。忽必烈不得不采用极端的手段，三次抡起棍子将这个每日醉醺醺的嫡皇孙打得呼天抢地，又派卫士日夜监视，不许让一滴酒靠近铁穆耳。

铁穆耳身边有一个绰号叫里匝的布哈拉人，吹嘘精通炼金术和魔术，经常耍诡计偷酒给铁穆耳喝。比如让澡堂的人暗地里以酒代水，通过管子流进浴池，因而铁穆耳跟他形影不离。结果被暗探发现了，忽必烈大怒，借口将里匝调开，然后在半路把他做了。忽必烈对铁穆耳用心之苦，由此可见一斑。

甘麻剌也不是省油的灯，他自幼就受到察必皇后的抚育，跟忽必烈的感情颇深。而且他还是真金的长子，万一忽必烈耳根一软，听取那些汉人"嫡长子继承制"的建议，储君非他莫属。凡事无绝对，忽必烈虽然属意于铁穆耳，但是迟迟不肯传大宝于他，这就表明甘麻剌还有翻盘的机会。

甘麻剌、铁穆耳这两位呼声最高的储君人选，各自的资历到底如何？

甘麻剌比铁穆耳大两岁，至元二十三年（1286年），时年二十四岁的甘麻剌奉命出镇漠北，开始登上政治舞台。甘麻剌跟四叔北安王那木罕一道，分别镇守漠北东、西两头。那木罕负责看护成吉思汗的祖产——四大斡耳朵，并紧盯东道诸王。甘麻剌驻军于称海一带，重点防范日夜窥视东方的海都汗。

铁穆耳初露峥嵘是在平定乃颜叛乱的战争中。至元二十五年（1288年）铁穆耳挥师席卷东北，在大将土土哈、玉昔帖木儿的辅佐之下，扫荡叛王哈丹，夺取了一个又一个的胜利。这不但为铁穆耳树立了很高的威望，而且跟土土哈、玉昔帖木儿等军中实力派将领结成牢固的战斗情谊，从而捞取到更多的政治资本。

铁穆耳在东线凯歌高奏、战果累累，不断地凝聚人气，使自己成为众望所归的焦点。

西线与海都汗对峙的甘麻剌却时运不济，命运多舛，在杭爱山一败涂地，和林城也随之失守。要不是土土哈从天而降，恐怕甘麻剌早已步其叔那木罕后尘，成了海都汗的座上宾。

漠北危急，年迈患有脚疾的忽必烈不得不披上战甲，亲自出征。

虽然海都汗不战而逃，光复了和林城，但是甘麻剌不光彩的败绩令忽必烈大失所望。

战后甘麻剌撤往大都附近的柳林整军，实际上是忽必烈让他面壁思过。第二年，甘麻剌被封为梁王，出镇云南。那木罕死后，甘麻剌又改封晋王，移军漠北草原，接替那木罕守护蒙古人的祖业，但是甘麻剌离储君之位已经愈来愈遥远了。

铁穆耳却春风得意马蹄疾。朝中有人进谗言，说伯颜留守和林，跟海都汗暗中媾和。于是忽必烈就召回伯颜，让他在大同待命，令铁穆耳与御史大夫玉昔帖木儿到和林城去，取代伯颜。

此时的真金太子遗孀阔阔真也对皇储之争忧心忡忡。虽然甘麻剌和铁穆耳都是她的儿子，无论哪一个上台，阔阔真都将是高高在上的太后。可奇怪的是，阔阔真对铁穆耳的关怀远胜于他的哥哥甘麻剌，义无反顾站在铁穆耳那一边。有人猜测，甘麻剌并非阔阔真亲生的儿子。但不管怎么说，阔阔真的厚此薄彼，储君之争的天平进一步向铁穆耳倾斜。

铁穆耳刚刚出了大都城，阔阔真就叫来忽必烈的宠臣伯颜，此伯颜官居中书平章政事，乃是赛典赤·赡思丁之孙、纳速剌丁之子，并非镇守和林的平宋大功臣伯颜。

阔阔真话中有话："平章大人，皇帝把国事交给你，麻烦你去问一问，真金的太子宝座已经封存了九年，皇帝对此有何吩咐？"

伯颜平章赶紧向忽必烈汇报。忽必烈从病床上一跃而起，当着许多人的面，对伯颜平章竖起大拇指："人们经常说这个畏兀儿人是个坏人，可现在瞧瞧，他有一颗怜悯的心，他谈到宝座和大位，真诚地关心起我的子女，为的就是我百年之后不会发生自相残杀的悲剧。"

眼见自己风雨飘摇，立储之事迫在眉睫，忽必烈又私下征求大学者阿鲁浑萨理的意见："我现在要立储，你怎么看？"

这个阿鲁浑萨理不愧是个聪明人，马上回答："铁穆耳仁孝无比、恭敬俭约。"

"好了，不要说了。立储之事吾意已决！"忽必烈立刻让伯颜平章去把铁穆耳追回来。

至元三十年（1293 年）六月二十二日，铁穆耳风尘仆仆地回到大都城内的府邸，还没来得及坐下喝杯水，便喜从天降，阿鲁浑萨理捧着金灿灿的皇太子宝印，屁颠屁颠地来了，长达九年的储君纷争至此平息。

铁穆耳带着太子宝印跟玉昔帖木儿还没有走到三驿，海都汗的大军又来进犯了。总不能就这么拍拍屁股走人，把强敌留给储君殿下。伯颜遣使通知玉昔帖木儿："你且止步，等我先消灭了这股敌人，再走也不晚啊！"说罢伯颜跨上战马，直奔敌军而去。

可是跟敌军交手了七天，不见伯颜前进，只见他且战且退。这下子军中又是牢骚一大片，帐下诸将公然指着伯颜的鼻子，破口大骂："你既然这么怕死，为什么不早点把军队交给玉昔帖木儿！"

伯颜自有他的破敌之计："海都大军远道而来，如果盲目出击，只会打草惊蛇，把海都吓跑了。最好是诱敌深入，关门打狗。如果你们想速战速决，跑了海都，皇上怪罪下来，谁担当得起啊？"将军们再也不信任这个糊涂的老帅了，拍拍胸脯向伯颜请命："听我们的，天塌了有我们顶着。"

伯颜只好下令反击。果然不出他所料，海都汗没等到元军出动，就逃得无影无踪，结果错失了一次彻底歼灭海都大军的绝佳时机。事情坏到了这个地步，伯颜只好把帅印交给玉昔帖木儿。

铁穆耳对伯颜的离去依依不舍，摆下酒宴为他饯行。临行之前，铁穆耳问伯颜："你就要走了，有什么话交代吗？"伯颜举起酒杯，告诫铁穆耳："你要谨慎的就是我手中的这个和女色。固然要从严治军，但也须恩威并施。至于冬夏的驻营，一切依旧行事。"铁穆耳一一听从。

伯颜回到大同时已经是寒冬腊月天了，忽必烈病情恶化，一只脚已经踏入了鬼门关。

举行正式的颁诏立储典礼已经来不及了，一旦忽必烈死去，那些虎视眈眈的亲王、宗王就会像一群凶狠的野狼扑向年少的铁穆耳。能够弹压群王的，唯有手握兵权的老将伯颜。

忽必烈发布召回伯颜的诏令之后，就不省人事了。

至元三十一年（1294年）正月初一，大都城内大雪纷飞。由于忽必烈昏迷不醒，文武百官无法像往常那样齐聚一堂，祝贺皇帝新年快乐。朝廷内外人心惶惶，这回天真的要塌下来了。

次日，在皇宫中值班的御史中丞崔彧忽然收到一份奇特的礼物。翻译官阔阔术慌慌张张地跑来报告，前同政院同知硕德（成吉思汗四杰之一木华黎的玄孙）的遗孀脱脱真因为家贫，身患重病，膝下仅有一个九岁的孩子，要他帮忙变卖一件祖传珍宝，以养家糊口。

崔彧一瞧那宝物，是一颗四寸见方的印章，颜色青绿混合而玄黑，上面刻有奇怪的文字，扭扭曲曲，呈虫鸟鱼龙之状。崔彧赶紧叫来古董鉴赏专家监察御史杨桓，杨桓差点就吓出病来，不得了，这可是秦始皇镌刻的传国玉玺啊！奇宝再现，此乃国运昌盛的预兆啊！举朝上下，为之一振。

但是随着忽必烈的病情加重，传国玉玺的事很快就被人们所忘记。

弥留之际的忽必烈把伯颜、玉昔帖木儿以及中书平章政事不忽木召进宫，在御榻前给他们传授密诏。

这三位顾命大臣的身份非同小可。伯颜是知枢密院事、元军的总司令。玉昔帖木儿担任御史大夫，手握生死予夺大权，秩高从一品，从来都是由蒙古贵族担任。不忽木也不寻常，其父燕真是唆鲁禾帖尼的养子，绝对是忽必烈的死忠。

真金的遗孀阔阔真心里像打鼓似的忐忑不安，赶紧跑去问玉昔帖木儿，却被玉昔帖木儿毫不客气地抢白了一顿："女人应当远离政治啊！我等奉命行事，你只要在旁边看看就可以了。发现我犯下错误，就砍了我的脑袋。"

十九日，忽必烈病危，完全没有知觉，如同忽明忽暗的油灯，渐渐黯淡下去。二十二日，这盏燃烧了八十个春秋的长明灯耗尽最后一滴油，终于在紫檀殿悄然地熄灭了。二十四日，忽必烈的灵柩出了大都建德门，缓缓向北起行。到了蒙古人的"帝王之谷"——起辇谷，由不忽木主持葬礼。按照黄金家族的传统习俗，葬毕即刻纵马践踏，使之平整，然后在上面杀几头骆驼崽子。来年春草丛生，到处一片绿葱葱，就无法辨识埋在哪里了。要祭祀的时候，就让母骆驼引路，走到了徘徊不前、引颈悲鸣之处，那儿便是埋葬的大致位置。

由于忽必烈颇有预见的精心安排，元帝国这艘庞大的超级巨轮在掌舵主消失之后，依旧安然无恙地穿行于暴风骤浪之中。

忽必烈逝后第五天，监察御史徐毅上书阔阔真，让皇孙铁穆耳早日登基，以巩固金瓯。三天之后，几乎被人们忘却的传国玉玺再次成了万人瞩目的焦点。崔彧、杨桓、阔阔术如同一阵风，直奔阔阔真的寝宫，献上传国玉玺。接下去发生的事情就毫无悬念了，阔阔真立即召来文武百官，共同欣赏这一镇国之宝。群臣齐声山呼："天命有归！"

四月初，铁穆耳从漠北赶回上都。甘麻剌以自己是嫡长孙为由，对皇位的继承提出异议。阔阔真再次站出来了，她建议举行忽里勒台大会，让甘麻剌、铁穆耳举行一次公开的比赛，以决定汗位的继承者。比赛的题目是诵读成吉思汗的遗训，由于甘麻剌患有口吃，所以这是一次完全不对称的比赛，结果让铁穆耳轻松获胜。最后，老将伯颜手握宝剑，在大殿之上宣布忽必烈的遗诏，传位于铁穆耳。伯颜声若洪钟，辞色俱厉，闻者肃然敬惮。那些心存不轨的蒙古宗王两股战栗，吧嗒一声跪下认命。

四月十六日，由阔阔真亲授传国玉玺，铁穆耳在上都大安阁冉冉登上宝座。他就是元帝国的第二任皇帝——元成宗。元成宗靠着忽必烈的老本，发扬光大，让元帝国继续扬威于世。他出兵击败强大的海都—笃哇联军，确立了元帝国在西域的宗主地位。可是元成宗以后的元史就没有什么看头了。几个皇帝慢慢把忽必烈留下的家底挥霍得一干二净，国势一落千丈，日益衰竭。终于在忽必烈死后七十四年，曾经不可一世的蒙古人被乞丐出身的朱元璋赶出中原。

一部九十七年的大元帝国史，就是一部蒙古人入主中原的兴衰成败史。而它的缔造者忽必烈大帝，进行了一个史无前例的有趣尝试，将侵略性十足的游牧民族融入富有包容性的儒家文化之中，从而创造了辉煌的文明。

在忽必烈时代，由于受到了儒家文化的熏陶，很多蒙古人的野性渐渐蜕化。平定南唐的北宋名将曹彬成了元军将帅的楷模。每次海外出征，忽必烈必要求主将以曹彬为榜样，禁止滥杀、劫掠，以降服人心为首要目标。

除了东攻日本出现过屠戮之外，其余的几次海外远征罕有元军屠戮无辜的记录，甚至因为秋毫无犯，交趾人还给蒙军起了一个外号"佛贼"。这与西方殖民者在美洲、非洲实行种族灭绝的罪恶政策不能相提并论。可以说，成吉思汗时代蒙古人留给后世的屠夫印象，自从忽必烈披上儒家文化的堂皇富丽外衣之后，大为改观。忽必烈的海外扩张，已经成为一种互惠互利的宗藩朝贡贸易，这跟成吉思汗时代的疯狂掠夺、血腥杀戮大相径庭。

忽必烈在位三十五年，去世后被尊称为元世祖或薛禅合罕（意即睿智的君主）。正如元成宗时期波斯的史学家拉施特所言，"忽必烈合罕把无常之尘世留给了自己的子孙，愿至高无上的真主安拉，以永世的强盛和幸福，赐予他的伟大氏族！就是这些。"

壮哉！千古大帝忽必烈！这个身高不逾中人、眼睛黝黑而美丽、鼻尖微微上翘、肤色美致的众汗之王，更因其疆域之辽阔、堪比汉唐，国力之昌盛、万邦皆来朝拜，文化之发达、遥遥领先于世界，从而受到无数后人的景仰与膜拜。

忽必烈大汗的一生波澜壮阔，充满了传奇色彩，既雄心勃勃，却又勤政爱民，缔造了一个国力强盛、文化辉煌、经济发达的大元帝国。忽必烈的丰功伟绩与非凡荣耀令世人倾倒。他的成功来自于什么？是蒙古勇士的精神还是忽必烈奋进的能量？也许二者兼而有之。

忽必烈驾鹤西去之后五百年，英国著名的浪漫主义诗人塞缪尔·泰勒·柯尔律治在一个充满诗情画意的夏日午后，抒写下一首韵律铿锵的诗歌《忽必烈汗》。诗歌正如忽必烈汗不同凡响的帝王生涯一样，充满了奇幻色彩。至于柯尔律治诗歌的主旨是什么，那就仁者见仁智者见智了。诗的汉语译文如下：

忽必烈大汗曾经在上都，
敕令建造堂皇的安乐宫。
奔流着神圣的阿尔福河，
穿梭那深幽莫测的洞门，
直注入晦暗无光的大海。
沃壤方圆有十英里之广，
四周环绕着楼塔和高墙。
花园春光旖旎溪流蜿蜒，
树上鲜花怒放芬香四溢；
森林如同山丘一般邃古，
拥抱洒满阳光的青草地。

但裂谷深陷倾斜又浪漫，
横跨青青山色雪松覆盖！
这野蛮之地圣洁又迷人，
像徘徊在昏淡的月光下，
少妇抱怨她的魔鬼情人！
深谷骚乱不休焦虑翻腾，

大地似乎急促地喘口气，
蓦然间迸发出猛烈山泉，
在时断时续的爆裂之中，
巨大碎石如弹跳的冰雹，
或像脱粒机连枷下谷物，
从时刻狂舞着的岩石中，
那条神河瞬间迸流而出。
蜿蜒而行迷乱的五英里，
神河穿逾山林流过峡谷，
抵临人类无法测量之洞，
喧闹中没入死沉沉水底，
从哗嚣中忽必烈汗听到，
祖先喊声预言未来之战！

安乐宫穹顶的暗黑阴影，
倒映在飘忽忽的波涛上，
在那儿听到混杂的韵律，
来自山泉又来自那深洞。
这充满奇迹的稀世之物，
阳光明媚的安乐宫冰穹。

拿着大扬琴的妙龄少女，
曾经出现在我的幻象中，
她是阿比西尼亚的女郎，
在大扬琴上女郎演奏着，

歌唱阿伯拉高山的乐曲。
我能在内心不停地上演，
少女的交响乐和歌曲吗？
令我如痴如醉深深着迷，
乐曲不但响亮而且悠长，
使我能在空中建造宫穹，
阳光普照的宫殿和冰窟。
凡聆听者都将亲眼看到，
所有人将高呼当心当心！
他闪烁之眼神飘逸之发，
编织成一圆环绕他三圈，
在神圣戒惧中闭上双眼，
因为他靠甘露喂养长大，
还有天堂上的琼浆仙液。

附录一：忽必烈年谱

1215 年元太祖十年 -1 岁

五月初二，蒙古军攻占金国中都（燕京）。

八月二十八日，忽必烈出生。父拖雷，成吉思汗第四子；母，唆鲁禾帖尼。兄蒙哥，时年七岁。

1217 年元太祖十二年 -3 岁

是年，拖雷嫡三子旭烈兀出生。

1218 年元太祖十三年 -4 岁

是年，成吉思汗灭西辽。

1219 年元太祖十四年 -5 岁

三月，成吉思汗在大斡耳朵誓师，蒙古第一次西征开始。

是年，成吉思汗发布《大札撒》。

拖雷嫡四子阿里不哥出生。

1220 年元太祖十五年 -6 岁

是年，木华黎抄掠山东济南。

1221 年元太祖十六年 -7 岁

四月，成吉思汗攻克花剌子模旧都乌尔根奇。

八月，穆斯林收复杜姆亚特。第五次十字军战争失败。

1222 年元太祖十七年 -8 岁

是年，成吉思汗灭花剌子模，掠印度而还，回师渡阿姆河，接见全真教长春真人丘处机。

1224 年元太祖十九年 -10 岁

春，成吉思汗自西域班师，忽必烈与旭烈兀来迎，忽必烈射一兔，旭烈兀射一山羊。

1225 年元太祖二十年 -11 岁

是年，成吉思汗实行大分封，形成东道诸王和西道诸王。蒙古帝国逐渐走向分裂。

1226 年元太祖二十一年 -12 岁

春，成吉思汗进攻西夏。

是年，陈日煚建立交趾陈朝。

波斯史学家志费尼出生。

1227 年元太祖二十二年 -13 岁

正月，成吉思汗长子术赤死去，一说死于 1225 年。

七月初九，长春真人丘处机卒。十二日，成吉思汗病逝，幼子拖雷监国。蒙古灭西夏。

1228 年拖雷监国 -14 岁

是年，拖雷派遣耶律楚材前往燕京穷治盗寇。

神圣罗马帝国皇帝腓特烈二世发动第六次十字军东征。

1229 年元太宗元年 -15 岁

八月二十四日，窝阔台登上汗位，即元太宗。

1230 年元太宗二年 −16 岁

是年，拖雷、蒙哥父子率军跟随窝阔台伐金。

1231 年元太宗三年 −17 岁

是年，蒙古始立中书省，以耶律楚材为中书令。

南宋学者赵汝适病逝，生前著有地理名作《诸番志》。

1232 年元太宗四年 −18 岁

正月，拖雷大破金军于三峰山。

四月，窝阔台和拖雷北返。窝阔台病倒在官山九十九泉。

九月，拖雷卒，时年四十一岁。

1233 年元太宗五年 −19 岁

四月，速不台攻入开封。

十月，南宋名将孟珙率两万人北上夹击金国。

1234 年元太宗六年 −20 岁

正月初九，蒙宋联军攻陷蔡州，金灭。

七月，宋军收复河南三京，史称端平入洛。遭到元军的反攻，宋蒙战争开始。

1235 年元太宗七年 −21 岁

是年，窝阔台征用俘虏的汉人工匠兴建和林城万安宫。

拔都长子西征开始。

1236 年元太宗八年 −22 岁

春，拔都西征军集结于吉尔吉斯草原。

五月初二，文天祥出生。

秋，拔都西征军灭保加尔王国。

1237 年元太宗九年 −23 岁

春，拔都西征军进入钦察草原。

冬，拔都西征军横扫北俄罗斯。

1238年元太宗十年 —24岁

春，拔都西征军攻陷莫斯科城、灭弗拉基米尔大公国。此后回到钦察草原。

十一月，蒙哥出征高加索山脉的阿兰人。

1239年元太宗十一年 —25岁

正月，蒙哥灭阿兰国。拔都与贵由结怨。

1240年元太宗十二年 —26岁

秋，拔都西征军渡过顿河，进入南俄罗斯。

1241年元太宗十三年 —27岁

春，拔都西征军控制全俄，杀入东欧。

二月二十七日，勒格尼兹会战，西征军全歼日耳曼联军。二十九日，莫希会战，西征军又大破匈牙利军队，全欧震动。

十一月初七，窝阔台死，皇后脱列哥那干政，即乃马真称制。是月，西征军横渡多瑙河，进攻匈牙利格兰城。

1242年元太宗皇后称制元年 —28岁

三月，拔都下令撤军，蒙古第二次西征结束。

是年，忽必烈在漠北王府招揽中原英杰，刘秉忠（僧子聪）、姚枢、窦默、张文谦、张德辉、赵璧等相继来投。

1243年元太宗皇后称制二年 —29岁

是年，拔都以撒莱城为都，建立金帐汗国。

忽必烈次子真金出生，母弘吉剌氏的察必。

1244年元太宗皇后称制三年 —30岁

五月，蒙古中书令耶律楚材死，杨惟中代为中书令。

1245 年元太宗皇后称制四年 -31 岁

三月十八日，意大利传教士若望·柏郎嘉宾离开法国里昂，出使蒙古帝国。

1246 年元定宗元年 -32 岁

夏，蒙古王公在宿瓮都行宫举行忽里勒台大会。

七月十二日，贵由登上汗位，即元定宗。

九月初三，南宋名将孟珙去世。

十月初四，意大利传教士若望·柏郎嘉宾离开和林城。

1247 年元定宗二年 -33 岁

是年，忽必烈赐封邢州。

波斯史学家拉施特出生于哈马丹，他著有《史集》，是中世纪时期最重要的古文献之一。

1248 年元定宗三年 -34 岁

三月，贵由死于横相乙儿，海迷失皇后听政。

是年，速不台死。

数学家李治著《测圆海镜》。

第七次十字军东征（1248 年— 1254 年）。

1249 年元定宗皇后称制元年 -35 岁

三月初七，南宋法医学家宋慈逝。他著有《洗冤集录》，是世界上现存第一部系统的法医学专著。

是年，僧子聪（刘秉忠）北上，得遇忽必烈。

1250 年元定宗皇后称制二年 -36 岁

二月，宋理宗任命贾似道为两淮制置大使、淮东安抚使、知扬州。

九月，贾似道兼任淮西安抚使。

1251 年元宪宗元年 -37 岁

春，全真教主教尹志平卒。

六月十一日，蒙哥登上汗位，即元宪宗。忽必烈总领漠南汉地诸路军民，开府金莲川。

1252 年元宪宗二年 -38 岁

正月，拖雷遗孀唆鲁禾帖尼逝世。

四月，波斯史学家志费尼抵达和林，开始撰写《世界征服者史》。

六月，蒙哥处死海迷失皇后。

七月十二日，忽必烈誓师金莲川，南征赵宋、大理。

是月，《蒙古秘史》成书于克鲁伦河畔曲雕阿兰的大斡耳朵。

1253 年元宪宗三年 -39 岁

四月初九，法国传教士鲁布鲁克奉法国国王圣路易九世的密令，离开君士坦丁堡，出使金帐汗国。

九月二十五日，旭烈兀出征黑衣大食，蒙古第三次西征开始。

十月，忽必烈渡金沙江。

十二月十三日，法国传教士鲁布鲁克抵临蒙哥的营地，晋见蒙哥。

是月，忽必烈攻陷大理。

1254 年元宪宗四年 -40 岁

春，忽必烈从大理回到关中。

三月十六日，法国传教士鲁布鲁克抵达和林城。

五月初七，蒙哥汗召见鲁布鲁克。

七月初四，鲁布鲁克离开和林城。

八月初二（9 月 15 日），意大利旅行家马可·波罗出生于威尼斯。

十一月，忽必烈置京兆宣抚司，任命廉希宪为宣抚使。

1255 年元宪宗五年 -41 岁

二月，忽必烈任用许衡为京兆提学，弘扬理学。

1256 年元宪宗六年 -42 岁

三月，忽必烈命刘秉忠兴建开平城。

六月，全真教主教李志常卒，他著有《长春真人西游记》一书。

1257 年元宪宗七年 -43 岁

春，忽必烈受到蒙哥的猜忌，被解除兵权。

十月，蒙哥亲征南宋。

十二月，兀良哈台进攻交趾。

是年，金朝文学家元好问卒。

1258 年元宪宗八年 -44 岁

正月初八，旭烈兀攻陷巴格达城，灭黑衣大食阿拔斯王朝。

十一月初三，忽必烈启行南征。

是年，杀高丽籍蒙古将领洪福源。

1259 年元宪宗九年 -45 岁

正月十七日，宋蒙钓鱼城大战开始。

二月，忽必烈抵临河北邢州。

五月，忽必烈至山东濮州。

七月二十一日，蒙哥在钓鱼城外被击伤，死于金剑山温汤峡。

八月，忽必烈渡淮河南下。

九月，忽必烈进攻鄂州城。蒙哥死讯传来，忽必烈下令北撤。与贾似道议和。

闰十一月，忽必烈回到燕京城。

1260 年元世祖中统元年 -46 岁

三月二十四日，忽必烈在开平府登上汗位，即元世祖。

四月初一，置中书省。初四，颁布即位诏书。

是月，阿里不哥在按坦河畔即位，蒙古帝国分裂，内战开始。

五月十九日，忽必烈以中统为年号，蒙古开始有年号。

七月二十二日，南宋拘押忽必烈特使郝经。二十六日，阿音札鲁特之战，旭烈兀的悍将怯的不花惨死，蒙古第三次西征结束。

冬，忽必烈亲征漠北，收复和林城。

1261 年元世祖中统二年 –47 岁

七月初三，忽必烈设翰林国史院。二十九日，忽必烈诏谕全军，举兵攻宋。

十一月初四，忽必烈与阿里不哥大战于昔木土脑儿之地。阿里不哥西逃。

十二月初二，册封真金为太子。

1262 年元世祖中统三年 –48 岁

二月，江淮大都督李璮叛乱。杀平章政事王文统。

五月，阿里不哥与察合台可汗阿鲁忽相攻。

七月，元军攻陷济南城，李璮叛乱平定。

八月，伊利汗王旭烈兀与金帐大汗别儿哥互相攻杀。海都趁乱崛起，建立窝阔台汗国。

十月，忽必烈重用西域人阿合马，独揽元帝国的财政大权。

1263 年元世祖中统四年 –49 岁

三月二十三日，忽必烈在燕京城内置太庙。

五月初九，开平府升为上都，设上都路总管府。是月，置枢密院。

1264 年元世祖至元元年 –50 岁

七月二十八日，阿里不哥众叛亲离，被迫向忽必烈投诚。

八月十四日，燕京改名为中都。十六日，改年号至元。

十一月，罢领中书左右部，并入中书省，擢升阿合马为中书平章政事。令征东招讨使塔匣剌讨伐库页岛。

1265 年元世祖至元二年 −51 岁

正月二十一日，伊利大汗旭烈兀病逝，长子阿八哈继位。

四月十九日，宋度宗赵禥加贾似道太师，封魏国公。

八月十四日，安童、伯颜分别任中书右、左丞相。

九月初五，皇孙铁穆耳出生，他即后来的元成宗。生父真金，生母阔阔真。

1266 年元世祖至元三年 −52 岁

正月十八日，忽必烈立制国用使司，以阿合马为使。

年初，察合台汗王阿鲁忽死，木八剌沙继位。

秋，阿里不哥病死。

十月，忽必烈支持的八剌夺取察合台汗位。

十二月，始建上都正殿大安阁。

是年，尼科洛和马菲奥抵临元大都，觐见忽必烈。

1267 年元世祖至元四年 −53 岁

正月，黑的、殷弘第一次出使日本，至巨济岛返回。开始筑大都宫城。

二月初七，宋度宗赵禥特授贾似道平章军国重事。

十一月，南宋降将刘整向忽必烈献计进攻南宋。

1268 年元世祖至元五年 −54 岁

正月，建上都城隍庙。

七月，置御史台。

九月，宋蒙襄樊大战开始。

十二月，黑的、殷弘第二次出使日本，至对马岛虏土著塔次郎、弥次郎而回。

是年，忽必烈遣使向伊利汗王阿八哈求炮匠，阿八哈派遣造炮大师阿老瓦丁、亦思马因东赴。

1269 年元世祖至元六年 –55 岁

二月，八思巴作蒙古新字，加号"大宝法王"。十三日，忽必烈下诏颁行蒙古新字。

十一月，高丽都统领崔坦率平壤五十城归附蒙古。

十二月初二，南宋吕氏军事集团首领、少师、卫国公吕文德卒。

是年，南宋理学家、诗人刘克庄卒。

1270 年元世祖至元七年 –56 岁

二月，高丽叛将林衍死。

六月，高丽裴仲孙率三别抄军，反于江华岛。

八月，蒙军重兵围攻襄阳城。

九月，赵良弼出使日本。

是年，法王路易九世发动第八次十字军东征。

1271 年元世祖至元八年 –57 岁

五月初一，设置和林转运司。

六月十一日，宋将范文虎率舟师十万援襄阳。

九月二十八日，宋恭帝赵㬎出生，母全氏。

十月初一，封皇子忙哥剌为安西王。

十一月十五日，忽必烈采取太保刘秉忠建议，定国号大元。

是月，亦思马因试射回回炮。

是年，英格兰王储爱德华王子发动第九次十字军东征。

尼科洛、马菲奥、马可·波罗启程远赴东方。

1272 年元世祖至元九年 –58 岁

正月，并尚书省入中书省，阿合马为平章政事。

二月，中都改名为大都。

五月，赵良弼回大都，上陈忽必烈不可攻日本。

八月，宋将张顺、张贵救援襄阳失利。

1273年元世祖至元十年 -59岁

正月十一日，元军攻破樊城。

二月二十七日，南宋襄阳守将吕文焕叛降元军。

四月，高丽金方庆与忻都、洪茶丘，讨平耽罗岛叛乱，为东征日本扫清障碍。

十一月，宋度宗赵禥任命李庭芝为淮东制置使兼知扬州，夏贵为淮西制置使兼知庐州，陈奕为沿江制置使兼知黄州。

1274年元世祖至元十一年 -60岁

正月，日本龟山天皇让位于其太子，号为俊宇多天皇。

五月十一日，忽必烈之女忽都鲁揭里迷失公主下嫁高丽世子谌。

六月十五日，诏发《兴师征南诏》。十八日，高丽王禃死。高丽百官遥尊在元的世子谌为王。

七月初九，宋度宗赵禥崩于嘉福殿。赵㬎即皇帝位，是为宋恭宗。二十一日，伯颜率军出征南宋。

十月初三，元、高丽联军东征日本。初五，攻对马岛，日本守将宗助国死。十四日，转攻壹岐岛，日本守将平景隆战死。十九日，元军在九州岛博多湾登陆。二十日，飓风起，元军损失殆尽，第一次元日战争结束。二十三日，伯颜破南宋沙洋堡。

十一月十七日，伯颜攻破鄂州。二十一日，宋恭宗诏贾似道都督诸路军马。

十二月十三日，伯颜攻破南宋阳逻堡。

是年，元政治家刘秉忠卒。

制炮大师亦思马因卒。

1275 年元世祖至元十二年 -61 岁

正月初一，元兵攻陷南宋黄州。十一日，蕲州知州管景模降元。是月，高丽王谌册忽都鲁揭里迷失公主为元成公主。

二月初二，南宋将领范文虎投降元军。初七，元平章军国重事史天泽病死。二十日，宋元丁家洲之战，贾似道大败。二十五日，文天祥被任命为江西安抚副使、知赣州。二十九日，南宋谢太后罢免平章军国重事、都督诸路军马贾似道。

三月初二，伯颜进入南京。初四，忽必烈令七皇子西平王奥鲁赤征吐蕃。二十日，宋军杀害元使者廉希贤、严忠范。二十一日，元将阿里海牙攻克岳州。

夏，意大利旅行家马可·波罗抵达上都。

四月十五日，杜世忠等出使日本，抵达长门国室津。是月，文天祥率兵勤王北上吉州。元将阿术进攻扬州。

五月，忽必烈召回伯颜。

七月初二，焦山大战，宋军惨败。十四日，忽必烈令伯颜进攻临安。二十二日，南宋丞相陈宜中被免。宋廷任命文天祥为兵部尚书。

八月二十六日，文天祥至临安。

九月初七，日本幕府执权北条时宗将杜世忠等斩首于镰仓龙口刑场。

十月十三日，南宋权臣贾似道在漳州木棉庵被郑虎臣杀死。

十一月初九，伯颜兵分三路直取临安。十四日，大元帝师八思巴给忽必烈写新年祝辞。

1276 年元世祖至元十三年 -62 岁

正月初一，元将阿里海牙攻陷潭州。初五，宋廷以吴坚为左丞相兼枢密使，但是政权已濒临崩溃。十七日，宋恭宗赵㬎封吉王赵昰为益王、信王赵昺为广王。十八日，伯颜抵皋亭山。南宋监察御史杨应奎、知临安府贾余庆与宗室成员赵尹甫、赵吉甫等，携传国玉玺十二枚和降表至皋亭山，献给伯颜。十九日，谢太后任命文天祥为右丞相兼枢密使、都督诸路军马。张世杰离开临安，逃往定海。二十二日，文天祥入元营谈判，被扣留。

二月初五，宋恭宗赵㬎率文武官员在祥曦殿向北遥拜，正式发布降表和谕降诏书。初六，元军接管临安城，益王赵昰、广王赵昺逃出。谢太后命贾余庆、吴坚、谢堂、刘岊、家铉翁等为祈请使，赵若秀、杨应奎为奉表押玺官，赴大都献降表。十二日，阿塔海、阿剌罕、董文炳等进宫，向谢太后、全太后等宣读忽必烈诏书，命其北上觐见大元皇帝。二十二日，淮西制置使夏贵降元。二十五日，忽必烈离开大都，赴上都避暑。二十九日，文天祥逃出元军大营。

三月初一，文天祥逃到真州。初二，伯颜进入临安城。初十，伯颜北返。二十四日，文天祥逃至通州。

闰三月十日，宋廷祈请使团抵大都。十七日，文天祥离开通州，逃向温州。二十一日，伯颜抵大都。二十三日，伯颜前往上都，觐见忽必烈。二十四日，全太后一行抵大都。

四月初八，文天祥抵达温州。二十八日，全太后、赵㬎被送到上都。

五月初二，忽必烈举行接见南宋降君仪式。十一日，忽必烈封赵㬎为开府仪同三司、检校大司徒、瀛国公。

六月初八，阿里海牙进兵广西。二十九日，忽必烈令人赴福州，招谕陈宜中、张世杰等投降。

七月初四，文天祥开府南剑州，经略江西。十二日，扬州守将朱焕降元。二十二日，知泰州孙良臣等叛元，抗元名将李庭芝和姜才被俘。

八月初七，忽必烈下令征讨西北叛王。十三日，元将阿术杀害李庭芝和姜才。

是月，谢太后至大都，降封为寿眷郡夫人。

九月，陈宜中令文天祥移兵汀州。

十月初一，文天祥率军南行。

十一月十五日，陈宜中、张世杰等携幼帝赵昰登舟入海。

十二月初八，泉州招抚使蒲寿庚献泉州城降元。

1277 年元世祖至元十四年 -63 岁

三月，文天祥收复梅州。

八月，元将李恒在江西击败文天祥。

十一月，陈宜中逃至占城。

十二月二十二日，张世杰和陆秀夫携赵昰逃到广东井澳。

1278 年元世祖至元十五年 -64 岁

四月十五日，赵昰病亡碙洲。张世杰和陆秀夫立赵昺为主。

十二月二十日，文天祥在五坡岭被俘。

是年，江淮诸路释教都总摄唐兀人杨琏真加发掘南宋诸帝"攒宫"。

1279 年元世祖至元十六年 -65 岁

正月十二日，文天祥写下《过零丁洋》。

二月初二，厓山海战，南宋亡。

三月初三，忽必烈应郭守敬之请，在全国建立二十七所观测台站，进行大规模的天文观测活动。最北的北海观景所（北纬 64 度 5 分），已在北极圈附近。

四月，帝师八思巴死，亦邻真嗣为帝师。

七月二十九日，元使周福、栾忠、僧灵果、陈光被杀于博多太宰府。

十月初一，文天祥被送至大都。

十二月十二日，江南释教都总统杨琏真迦盗掘钱塘、绍兴宋陵。

1280 年元世祖至元十七年 -66 岁

正月，名将汉军都元帅张弘范死。

六月二十二日，忽必烈召范文虎，商议征日战事。

八月初九，占城、马八儿国奉表称臣，贡宝物犀象。

十月初五，封高丽王晫开府仪同三司、日本行省中书左丞相、行中书省事。

十一月二十六日，诏颁《授时历》。

十二月初二，杀江淮行省平章政事阿里伯、右丞燕贴木儿、左丞崔斌。

1281 年元世祖至元十八年 -67 岁

二月二十九日，察必皇后死。

三月，理学家许衡死。

夏，文天祥写《正气歌》。

五月初四，忻都、洪茶丘、金方庆率蒙古、高丽、汉军四万人，战船九百艘，发合浦。第二次元日战争开始。二十一日，攻日本对马岛及壹岐岛。

六月初五，元日大战于筑前志贺岛。

七月十九日，曾皇孙海山出生，生父答剌麻八剌，生母弘吉剌·答己。他就是后来的元武宗。

八月初一，飓风大作，征日元军战船覆没于日本肥前鹰岛。

十月十七日，立占城行省，任命唆都为右丞，刘深为左丞。

十二月初八，诏令罢去日本行省。

1282 年元世祖至元十九年 -68 岁

正月二十二日，伊利汗王阿八哈死。弟帖古迭儿夺得汗位，即阿合马汗。

二月初四，议征缅国。

三月十八日，益都千户王著、高和尚杀死权奸阿合马。

十二月初八，忽必烈亲自召见文天祥，进行最后一次劝降。初九，杀宋丞相文天祥。三十日，忽必烈诏令免除江南苛捐杂税。

1283 年元世祖至元二十年 −69 岁

正月初三，立南必皇后。初八，敕药刺海领军征缅国。

二月初三，赐俱蓝国王瓦你金符。初五，波斯史学家志费尼死。

五月，占城行省右丞唆都，率战船千艘远征占城。

八月，元使王君治、僧如智出使日本，过钓鱼岛，至黑水洋返回。

九月，相吾答儿率元军第一次进攻缅国。

是年，南宋谢太后终，年七十四岁，无子。

1284 年元世祖至元二十一年 −70 岁

四月初四，日本幕府执权北条时宗死，年三十四岁。

六月初八，封皇子脱欢为镇南王，驻鄂州。

七月十五日，元使王积翁出使日本，丧命于对马岛。

九月，大都地震。

十一月十七日，占城国王阇耶僧伽跋摩三世遣使进贡。

十二月，镇南王脱欢第一次进攻交趾。

1285 年元世祖至元二十二年 −71 岁

正月，设立上都路群牧都转运使司。唆都率部自占城北上，夹击交趾。

三月初四，忽必烈派遣太史监候张公礼、彭质等，往占城国进行天文观测。同日，曾皇孙爱育黎拔力八达出生。生父答剌麻八剌，生母弘吉剌·答己，他就是后来的元仁宗。

四月，交趾人在南宋流亡旧军的帮助下，在西结击破元军。

五月二十日，由于部将叛变，唆都战死乾满江。脱欢撤回广西，李恒战死。

九月初七，真腊、占城进贡乐工十人及药材、鳄鱼皮诸物。

十二月初十，太子真金病死。

1286 年元世祖至元二十三年 -72 岁

正月十三日，马八儿国使者进贡铜盾。

二月二十一日，命荆湖、占城行省，将江浙、湖广、江西三行省兵六万人伐交趾。

三月十三日，伊利汗国阿鲁浑接受忽必烈的赐封，正式登上汗位。

九月初一，马八儿、须门那、僧急里、南无力、马兰丹、那旺等十国，遣使入贡。

十月，雪雪的斤率大军进驻缅北重镇太公城。元军第二次进攻缅国。

是年，大都城内饥荒。

1287 年元世祖至元二十四年 -73 岁

正月，缅国内乱，那罗蒂诃波帝被庶子杀死。王子峤苴继位。

二月，忽必烈设置尚书省，任命畏兀儿人桑哥为平章政事。

三月二十六日，马八儿国遣使进贡花驴。

四月，东道宗王乃颜响应海都汗，举兵叛乱。

五月，忽必烈亲讨乃颜叛乱。

六月，西拉沐沦河之战，乃颜战败身死。

十一月，镇南王脱欢率军第二次进攻交趾。

十二月，镇南王脱欢攻占交趾国都升龙城。云南王也先帖木儿攻陷缅国都蒲甘城。

1288 年元世祖至元二十五年 -74 岁

三月初八，白藤江之战，乌马儿水师全军覆没。

四月，皇孙铁穆耳北征叛王火鲁火赤。

十月二十四日，忽必烈命赵㬎削发为僧，送至吐蕃萨斯迦寺修习佛法。

十二月，窝阔台汗国海都汗入犯。

1289 年元世祖至元二十六年 -75 岁

二月，交趾人淹杀被俘的元将乌马儿。

七月，海都汗入犯，和林失守，忽必烈亲征。

十二月，封皇子阔阔出为宁远王。

1290 年元世祖至元二十七年 -76 岁

三月，卜鲁罕氏的阔阔真公主远嫁伊利汗国，马可·波罗当于此时离开元帝国。

十月初二，封皇孙甘麻剌为梁王，赐金印，出镇云南。

1291 年元世祖至元二十八年 -77 岁

二月初九，伊利汗王阿鲁浑死。

四月十九日（5 月 18 日），埃及马木路克铁骑攻陷阿卡城，耶路撒冷王国灭亡。

七月，杀权臣桑哥。

九月十七日，交趾王陈日燇遣使入贡。十八日，忽必烈遣使招谕琉求。

1292 年元世祖至元二十九年 -78 岁

二月初八，命亦黑迷失、史弼、高兴率兵两万，远征爪哇国。

八月三十日，命不敦、忙兀鲁迷失征讨八百媳妇国。

1293 年元世祖至元三十年 -79 岁

正月，史弼远征军跨越赤道，成为史上第一支抵达南半球的中国军队。

三月十九日，史弼远征军攻陷答哈城，新柯沙里王国灭亡。

四月初二，爪哇主土罕必阇耶杀元使叛变，赶走史弼远征军，建立满者伯夷王国。

六月二十一日，授皇太子宝与皇孙铁穆耳，总兵漠北。

八月，扣留交趾使陶子奇。

1294 年元世祖至元三十一年 −80 岁

正月二十二日，忽必烈逝于大都紫檀殿，在位三十五年，寿八十。后葬于起辇谷。

四月十六日，皇孙铁穆耳抵上都，在大安阁登基，是为元成宗。

附录二：十三世纪诸国君主年表

	蒙古元朝	金帐汗国	窝阔台汗国	察合台汗国	伊利汗国	南宋	高丽	日本	交趾	占城	缅国
1215	铁木真					宁宗赵扩	王皞	土御门天皇		阇耶波密罗首跋摩二世罗	梯罗明罗王
1218									陈日煚		
1221								后堀河天皇等			
1222		术赤隐退		察合台建国							
1224						理宗赵昀					
1227	拖雷监国	术赤死									
1229	窝阔台										

	蒙古元朝	金帐汗国	窝阔台汗国	察合台汗国	伊利汗国	南宋	高丽	日本	交趾	占城	缅国
1232								四条天皇			迦娑婆王
1236		拔都西征									
1241				哈剌旭烈							
1242	脱列哥那							后嵯峨天皇			
1243		拔都建国									
1246	贵由			也速蒙哥				后深草天皇			
1248	海迷失		海都建国								
1250										乌娑那	
1251	蒙哥			兀鲁忽乃王后							
1252					旭烈兀西征					阇耶因陀罗跋摩六世	
1254											那罗蒂诃波帝
1255		撒里答									
1256		乌剌黑赤			旭烈兀建国						

	蒙古元朝	金帐汗国	窝阔台汗国	察合台汗国	伊利汗国	南宋	高丽	日本	交趾	占城	缅国
1257		别儿哥									
1258									陈日烜		
1259								龟山天皇			
1260	忽必烈			阿鲁忽			王禃				
1264						度宗赵禥					
1265				阿八哈						阇耶僧伽跋摩三世	
1266		忙哥帖木儿		八剌							
1269							王愖				
1270							王温				
1271	改号大元			聂古伯							
1272				都哇							
1274						恭宗赵㬎	王谌	后宇多天皇			
1276						端宗赵昰					
1278						末帝赵昺					
1279						宋灭			陈日㷆		

	蒙古元朝	金帐汗国	窝阔台汗国	察合台汗国	伊利汗国	南宋	高丽	日本	交趾	占城	缅国
1280		脱脱蒙哥									
1282					贴古迭儿						
1284					阿鲁浑						
1287		兀剌不花						伏见天皇			峤苴
1290		脱脱									
1291					海合都						
1293									陈烇		
1294	铁穆耳										

附录三：成吉思汗家族简表

铁木真（一）	术赤	斡儿答				白帐汗国
			撒里答②	乌剌黑赤③		
		拔都①	秃罕	巴儿图	秃剌不花⑦	金帐汗国
				忙哥帖木儿⑤	脱脱⑧	
				脱脱蒙哥⑥		
		别儿哥④				
		昔班				蓝帐汗国
	察合台	木阿秃干	也孙都哇	八剌⑤	笃哇⑧	
			哈剌旭烈①	木八剌沙④		
			不只	喀打密	秃里帖木儿⑦	察合台汗国
		也速蒙哥②				
		拜答儿	阿鲁忽③			
		撒班	聂古伯⑥			
	窝阔台（二）	贵由（三）				窝阔台汗国
		合失	海都①			

铁木真（一）	拖雷					
		蒙哥（四）	班秃			
			阿速带			
			玉龙答失			
			昔里吉			
			辨都			
		忽必烈①	朵儿只			
			真金	甘麻剌	也孙铁木儿	大元帝国
				答剌麻八剌	海山③	
					爱育黎拔力八达④	
				铁穆耳②		
			忙哥剌			
			那木罕			
			忽哥赤			
			爱牙赤			
			奥都赤			
			阔阔出			
			脱欢			
			忽都鲁帖木儿			
		旭烈兀①	阿八哈②	阿鲁浑④	合赞⑦	伊利汗国
				海合都⑤		
			贴古迭儿③			
			塔剌海	拜都⑥		
		阿里不哥（五）				

注：（一）为大蒙古帝国皇帝在位序列，①为元朝皇帝或汗国可汗在位序列。

附录四：南宋赵氏世系简表

一世	五世	六世	七世	八世	九世	十世	十一世	十二世
赵匡胤	赵令谵	赵子偁	赵眘②	赵惇③	赵扩④			
	赵令稼	赵子奭	赵伯旿	赵师意	赵希瓐	赵昀⑤		
						赵与芮	赵禥⑥	赵昰⑧
								赵㬎⑦
								赵昺⑨
赵光义	赵佶	赵构①						

注：①为南宋皇帝在位序列。